中国特色高水平专业群系列教材
高等职业教育“十四五”规划教材

U0821006

管理学基础

许继英　主　编

中国农业大学出版社
·北京·

内容简介

本教材针对高职教育的特点，以实用、够用为原则，围绕各管理环节编写应知应会的管理知识和技能，注重培养基层管理岗位的综合管理技能与素质，以培养创新精神为重点，以培养实践能力为根本。本教材分为管理认知、决策、计划、组织、领导、控制和创新7个项目，共23个任务，全面覆盖管理的各个关键方面。本教材以管理认知为切入点，潜移默化地将中国古代优秀的管理思想植入受教育者的认知中，同时吸收先进的世界管理知识，系统地阐述管理认知，深入剖析管理的决策、计划、组织、领导、控制和创新6大管理职能，即从决策环节的精准判断与策略抉择，到计划阶段的目标设定与蓝图规划；从组织架构的构建与资源调配，到领导过程的激励引领与团队导向；从控制机制的建立与绩效监控，再到创新维度的突破探索与变革推动。

本教材设置了管理名言、知识目标、技能目标、思政目标、思政园地、管理专栏与技能训练等板块，便于强化学生对管理知识的理解和对管理技能的掌握。通过体系、内容和体例的创新，力争使本教材的编写体现出"导、引、悟、练"一体化的特色。

本教材可作为高职院校、成人高校学生学习管理学理论知识和技能的教科书，同时可作为自学考试的参考用书和在职人员的培训用书，也可作为管理学爱好者的读物。

图书在版编目(CIP)数据

管理学基础 / 许继英主编. --北京 : 中国农业大学出版社, 2024.12. --ISBN 978-7-5655-3382-2

Ⅰ.C93

中国国家版本馆CIP数据核字第20241TK463号

书　　名　管理学基础
作　　者　许继英　主编

策划编辑　张　玉　　**责任编辑**　杨俊梅
封面设计　郑　川　李尘工作室
出版发行　中国农业大学出版社
社　　址　北京市海淀区圆明园西路2号　　**邮政编码**　100193
电　　话　发行部 010-62733489,1190　　读者服务部 010-62732336
　　　　编辑部 010-62732617,2618　　出　版　部 010-62733440
网　　址　http://www.caupress.cn　　**E-mail**　cbsszs@cau.edu.cn
经　　销　新华书店
印　　刷　北京溢漾印刷有限公司
版　　次　2025年2月第1版　　2025年2月第1次印刷
规　　格　185 mm×260 mm　　16开本　　13.75印张　　340千字
定　　价　42.00元

编审人员

主　编　许继英

副主编　袁　平　赵东明

参　编　赵春杰　徐世玉　郑福龙

吴昊天　石晶欣　单欣然

邱洪博

主　审　姜桂娟

前 言

管理渗透于社会生活的各个方面，大到国家治理、企业管理，小到个人事务处理，都需要管理智慧与方法。“三分技术，七分管理”强调了管理的重要性。伴随着知识经济的到来、技术的快速革新、环境的不断变化，管理能力已经成为不同岗位、不同层面人员必备的一项素质。高职教育面向生产、管理和服务一线培养高素质技术技能型人才，管理能力是高职毕业生综合素质的重要组成部分。

管理活动千差万别，但在处理具体问题时也有共性规律可循。“管理学”是揭示管理活动的基本理论、基本思想、基本规律和基本方法的一门科学，旨在培养受教育者的基本管理能力、管理艺术和素质。党的二十大报告提出：“推进职普融通、产教融合、科教融汇，优化职业教育类型定位。”针对高职高专的教育特点，本教材的编写力求突出以下特点：

1. 突出能力与素质的培养

管理是科学与艺术的统一，管理才能是一个人管理意识和管理行为的综合体现。因此，本教材注重对管理思想的培养、管理技能的训练、管理艺术的熏陶和管理素质的养成。本教材按照“任务驱动、典型案例、关键技能、素质拓展、真实体验”的理念进行编排，围绕各管理环节编写应知应会的管理知识和技能，使教材内容更加充实，形式更加活跃。

2. 坚持实用、够用原则

坚持实用、够用原则具体体现在以下3点：①坚持知识性和趣味性的有机统一，摘录生动的管理故事，采用通俗、简洁的文字阐述管理知识，营造轻松、愉快的学习氛围；②坚持继承与发展的有机统一，及时吸纳现代管理理论与思想，在普及基本管理理论知识和技能的同时，增强教材的时代感和适用性；③坚持理论与实践的有机结合，围绕技能训练和素质培养传授管理知识，突出重点，强调知识的应用性和针对性。

3. 体现编写体例的创新

本教材的编写体现了“导、引、悟、训”一体化的特色。每个项目都设置了“知识目标”“技能目标”和“思政目标”，并导入思政案例，引出教学知识技能点，使受教育者有的放矢地进行学习，明确能够解决的问题和取得的学习成果。教材中穿插受教育者对管理知识的深入理解和把握，每个项目都安排了“技能训练”板块，通过科学设定训练目标、管理情境和实训要求，实现即学即练。

本教材内容全面，覆盖管理的各个关键方面，助力受教育者构建完整的管理知识体系，深入理解管理的运作机制，掌握有效的管理实践技能，为受教育者从事管理工作或相关学习研究提供坚实的理论支撑与实践指导，将基层管理岗位的综合管理技能要点与能力要求深深刻入受教育者的行为中。

本教材由黑龙江农业经济职业学院许继英担任主编，由黑龙江农业经济职业学院袁平、赵东明担任副主编。黑龙江农业经济职业学院的赵春杰、徐世玉、郑福龙、吴昊天、石晶欣、单欣然和邱洪博也参与了本教材的编写。具体编写分工为：许继英编写项目二，袁平、赵春杰编写项目一，吴昊天编写项目三，徐世玉、石晶欣、单欣然编写项目四，邱洪博编写项目五，郑福龙编写项目六，赵东明编写项目七。本教材最后由许继英整理成书，由姜桂娟担任主审。

本教材在编写过程中，得到了黑龙江农业经济职业学院部分教师的指导，同时引用了部分图书的内容，未能一一列出，在此一并表示感谢。由于时间仓促，加之编写水平有限，书中难免有不妥之处，敬请广大读者批评指正。

编　者

2024 年 10 月

目 录

项目一　管理认知

管理名言

管理者要做的是激发和释放人本身固有的潜能，创造价值，为他人谋福祉。

——现代管理学之父　彼得·德鲁克

管理是一项系统性工作，管理系统由管理者、管理对象、管理目标、管理机制与方法和管理环境5部分构成。本项目着重介绍管理的实质、管理者及其素质要求、管理的范围与过程、环境与资源配置对管理的影响、管理的基本原理与方法和管理学产生与发展的历程。

知识目标

◆ 了解管理者的分类、角色和素质要求，明确管理范围和管理过程；

◆ 理解管理的本质以及管理与环境之间的关系；

◆ 掌握管理的概念、性质及职能，掌握管理环境、资源配置、管理的基本原理、管理机制和管理方法。

技能目标

◆ 学会运用系统分析方法分析组织与环境之间的关系；

◆ 能够根据管理者在组织中的位置确定其工作内容及工作重点。

思政目标

◆ 培养具有专业关键能力和管理能力，具有社会责任感、本土情怀和国际视野的优秀管理者和领军人才。

思政园地

在当今的全球家电市场，海尔集团犹如一颗璀璨的明星，在国际、国内取得了令人瞩目的成就，其国际影响力不断提升。

在国际舞台上，海尔的成就斐然。自2019年首次进入“凯度BrandZ最具价值全球品牌100强”榜单以来，海尔的全球排名不断攀升，到2024年已提升至全球第58名。海尔多年蝉联全球大型家电品牌零售量第一，其产品畅销全球近百个国家和地区。不仅如此，海尔还积极探索绿色低碳发展之路，率先打造出8座“灯塔工厂”，成为国内拥有“灯塔工厂”数量最多的企业，在绿色制造方面树立了行业标杆。海尔的年碳减排量达7.06万吨，为全球的环保事业做出了重要贡献。

在国内，海尔的表现同样出色。2023年12月，海尔集团4家分公司荣获“全国质量标杆”荣誉，并已累计获得该荣誉6次。海尔不断推出创新的产品和服务，如旗下的“卡萨帝”品牌打造的富有艺术格调的新生活方式，“三翼鸟”品牌提供的智慧生活全场景解决方案，都深受市场欢迎。海尔的影响力不仅体现在它的商业成就上，更体现在它对社会责任的积极担当上。海尔始终以推动中国制造业的发展为己任，不断进行技术创新和管理创新，为中国品牌走向世界树立了榜样。海尔积极响应国家政策，致力于实现制造业的高端化、智能化、绿色化转型，为国家的经济发展贡献力量。海尔积极投身公益事业，截至2024年5月，海尔在乡村教育、抗灾救援、公益医疗、爱心志愿活动等方面累计捐赠超过8亿元，援建希望学校386所，是团中央希望工程中捐建希望小学最多的企业，彰显了国际化企业的责任担当。

任务一　探索管理的实质

任务描述

管理是人类最重要的活动之一。管理无处不在，大到国家治理、企业管理，小到小饭馆的经营以及个人事务的管理，都需要管理智慧与方法。先进的管理和先进的科学技术构成了推动现代社会经济发展的“两个车轮”。那么应该如何定义管理呢？

知识准备

一、管理的概念

管理有“管辖”“处理”之意，管理活动自古有之。随着时间的推移和管理活动的日益拓展，人们对管理含义的认识逐步深化，但对管理的概念却众说纷纭。有人认为管理是管理者的一种社会职能，也有人认为管理是一种人际交往的技巧；有人认为管理是科学，也有人认为管理是艺术；有人认为管理即领导，也有人认为管理即决策；有人认为管理是一种调节，也有人认为管理是一种结合工作……上述观点只是从不同方面、不同角度提出了管理的概念，它们都有可取之处，但又没有真正完全地提出管理的本质含义。概括地说，管理就是在特定的环境下，通过决策、计划、组织、领导、控制和创新等工作来组织和协调人力、金融、物质等资源，以便实现既定目标的过程。管理系统示意图如图1-1所示。管理的含义如下：

①管理是一项有意识、有目的的活动，其核心是实现组织的目标；

②管理是一个过程，是实施决策、计划、组织、领导、控制和创新职能的过程；

③管理是在一定环境下开展的活动，有效的管理必须充分考虑组织的内外部环境；

④管理的手段是合理地配置和使用资源。

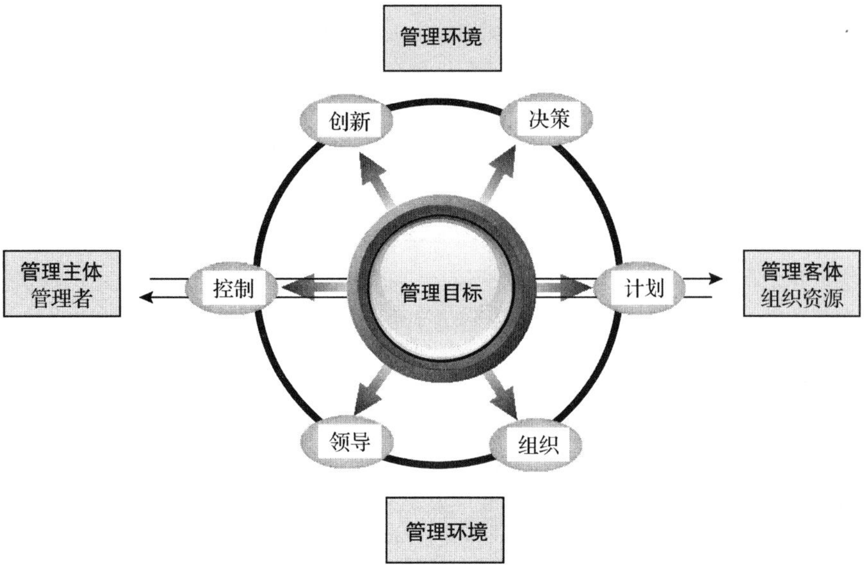

图 1-1　管理系统示意图

二、管理的本质

管理工作有别于作业工作之处,就在于它是一种“协调”活动,表现在以下 2 个方面:

①协调人际关系:一个社会组织或群体中的人际关系主要包括领导者与领导者的关系、领导者与下属的关系以及下属之间的关系等。协调人际关系的内容主要包括思想、观点和工作信心,只有在这些方面取得一致,管理工作才会有效。

②协调工作关系:在一个社会组织或群体中存在多项彼此联系、不同性质的工作,要做到各种性质的工作协调一致、相互促进,就必须处理好工作目标、工作进程及工作结果之间相互协调的问题。

三、管理的性质

管理的根本属性在于它的二重性,即管理同时具有自然属性和社会属性,如图 1-2 所示。管理的自然属性是指管理与生产力和社会化大生产相联系、由生产力发展引起和决定、反映生产力特征的属性。凡是集体活动都需要进行科学的管理,管理者都要根据事物的客观规律、劳动对象及工作特点对社会组织或群体活动过程进行科学规划、合理组织和有效控制,这样才能有效地实现管理目标。管理也是生产力,任何社会组织生产力水平的高低都取决于各种经济资源是否得到有效利用,以及社会劳动者的积极性是否得到充分发挥,而这二者都依赖于管理。管理的自然属性贯穿于各种社会活动中,它体现了管理的一般职能。管理的社会属性是指管理与生产关系和社会制度相联系、为统治阶级服务的属性,实际上体现的是“为谁管理”的问题。社会属性体现了管理的特殊职能。管理的方针、策略、方法与技术的选用因管理者而异,服从于不同管理目的的需要。管理的自然属性与社会属性是辩证统一的 2 个方面,在管理的实际工作中,忽视其中任何一方面都必然造成管理系统的破坏。

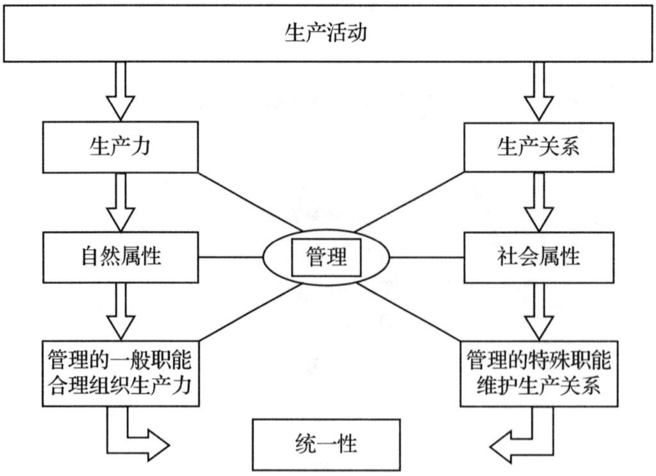

图 1-2　管理的二重性

管理专栏

管理是科学性与艺术性的统一

管理是一门科学。管理的科学性是指管理作为一个活动过程，其间存在着一系列的基本客观规律。中外学者通过近一个世纪的研究、探索和总结，逐渐形成了一套比较完整的、反映管理过程客观规律的理论知识体系，为指导管理实践提供了根本的原理、原则和方法。

管理是一门艺术。管理的艺术性是指管理者在管理实践活动中，对管理原理运用的灵活性和对管理方式和方法选择的技巧性。管理的艺术性强调了管理的实践性。成功的管理者不仅要掌握管理知识，还要熟练地、灵活地把这些知识应用于实践，根据不同的管理情境结合自身的管理经验，艺术性地解决管理问题。

管理是科学性与艺术性的统一。管理既离不开科学性，又离不开艺术性。科学性与艺术性是互补关系。不注重管理的科学性而只强调管理的艺术性，将会导致管理的随意性；不注重管理的艺术性而只强调管理的科学性，管理科学将变成僵硬的教条。

四、管理的职能

亨利·法约尔首次提出管理具有计划、组织、指挥、协调和控制 5 项职能，哈罗德·孔茨和西里尔·奥唐奈提出管理具有计划、组织、人事、指挥和控制 5 项职能。随着管理理论、管理实践活动的发展，管理的基本职能也在不断适应新的形势而有所变化。目前，管理的基本职能可以总结为决策、计划、组织、领导、控制和创新 6 项职能。

（一）决策

决策是指管理者为了实现某种目标而对未来一定时期内有关活动的方向、内容及方式的选择或调整过程。环境的复杂多变性和组织资源的有限性决定了决策在管理中的重要作用。决策是管理的首要职能，关系到管理的方向和目标，以及为实现管理目标提供优化的行动方案。决策是影响管理效率的重要因素，贯穿于管理过程的始终。无论是计划、组织、领导还是控制，其工作过程都是由决策的制定和执行2大部分活动组成的。决策渗透于管理的所有职能中，并且影响和制约其他管理职能的发挥。决策分布在各级管理活动之中，高层管理者和基层管理者的管理活动始终都贯穿着决策职能。高层管理者的决策一般是战略性的、非程序化的、难度比较大的决策，而基层管理者的决策一般是业务性的、程序化的、难度相对较小的决策。

（二）计划

计划是为确立未来要实现的目标及应采取的行动所进行的谋划和安排，实质上是对决策的展开和具体化。计划将实施决策所需要完成的活动任务进行时间和空间上的分解，并具体落实到组织中的不同部门和个人。计划指导一个组织系统地、循序渐进地去实现目标，它是管理者指挥、检查和控制管理活动的依据，也是组织合理配置资源、有效规避风险的手段。

（三）组织

组织是指管理者为有效实现组织目标，建立组织结构，配备人员，使组织协调运作的一系列活动。它包括决定组织要完成的任务，谁去完成这些任务，这些任务怎么分类组合，谁向谁报告，各种决策应在哪一级制定等。组织职能是管理活动的根本保证，任何一项决策和计划的实施，都需要做大量的组织工作。组织工作是计划的具体落实，管理者通过运用组织职能整合组织资源，发挥整体大于部分之和的优势，使有效的资源形成最佳的综合效果，确保信息、资源和任务能够在组织内顺畅流动。

（四）领导

领导是管理者利用职权和威信施展影响，指导和激励员工去实现目标的过程。人是组织中唯一具有主观能动性的因素，人的价值观和需求等因素的差异导致组织中必然存在矛盾和冲突。矛盾和冲突需要管理者通过行使领导职能加以解决，以确保组织目标的实现。领导与权力是相关的，没有一定的权力就不可能指挥、领导员工，但领导的实质体现在感召和追随上。现代组织中的领导职能除了传统的指导、激励、沟通外，还包括建设组织文化、设计发展战略、构建组织核心能力和管理创新等。

（五）控制

控制是指在动态的环境中，管理者为保证组织目标的实现而进行的各种检查和纠偏的活动或过程。控制是不可或缺的一项职能，贯穿于管理的全过程。管理者要对管理活动各个方面的实施情况进行检查，发现偏差，分析原因，采取措施予以纠正，使管理活动能按计划进行，保证预设决策目标的实现。广义的控制除了检查和纠偏活动外，还包括根据组织内外部环境的变化对计划目标和控制标准进行修改或重新制定。

（六）创新

创新是管理者为了更有效地运用资源以实现目标而进行的创新活动或过程，包括目标创新、技术创新、制度创新、组织机构和结构的创新，以及环境创新。管理的实质在于创新，组织、领导、控制是保证计划目标实现所不可缺少的职能，从某种角度讲，它们是管理的“维持职能”，其任务是保证系统按预定的方向和规则进行运转。但是，组织是在动态环境中生存的社会经济系统，它必须不断调整系统活动的内容和目标，以适应环境变化的要求，因而管理需要创新。创新职能通过其他管理职能的活动表现出自身的存在价值，决策的制定、计划的制订、组织结构的设计、人员的配备、领导者与被领导者关系的营造、信息反馈与纠偏措施的有效运作，无不蕴含着创新。

管理的6项基本职能是相互联系的，它们之间的关系如图1-3所示。

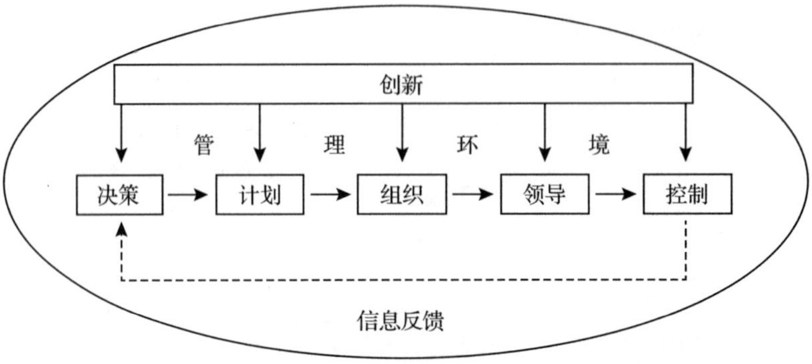

图1-3 管理的6项基本职能之间的关系

任务二 探究管理者及其素质要求

任何管理活动都是通过人来进行的，执行管理任务的人员称为管理者。管理者又称管理主体，是管理系统中最核心、最关键的要素。例如，配置资源、组织活动、推动整个管理系统运行、促进目标实现等管理行为，都要靠管理者去实施。美国管理大师彼得·德鲁克曾指出，如果一个企业运转不动了，我们当然是去找一个新的总经理，而不是另雇一批工人。

任务描述

管理的基本职能可以总结为决策、计划、组织、领导、控制和创新6项，而管理者作为管理活动的主体，是否存在不同类别呢？对不同类别的管理者有不同的素质要求吗？

知识准备

一、管理者的分类

（一）管理者的层次分类

组织中的管理者按照所处的管理层次通常可以分为高层管理者、中层管理者和基层管理者。管理者的层次分类通常呈“金字塔”式，即高层管理者最少，基层管理者最多，如图 1-4 所示。

高层管理者是指一个组织中最高领导层的组成人员，如总经理、校长等，他们主要负责组织的战略管理，对整个组织的管理负有全面责任。高层管理者的主要职责是制定组织的长远发展目标和总体战略、制定政策、分配资源和评价组织的绩效。

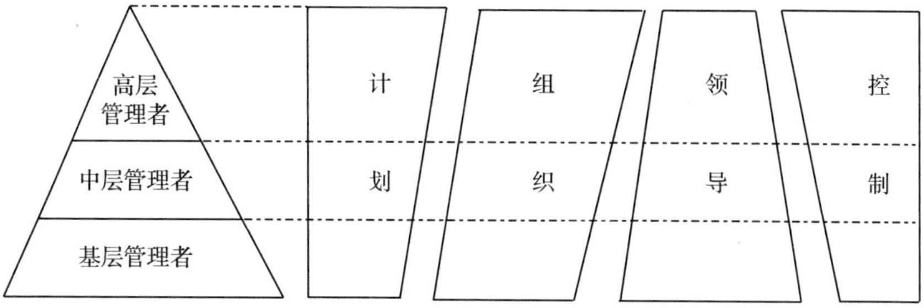

图 1-4 管理者的层次分类与管理职能

管理专栏

管理者的职责

日本松下电器公司的创始人松下幸之助有一段名言：当你仅有 100 人时，你必须站在第一线，即使你叫喊甚至打他们；但如果发展到 1 000 人，你就不可能留在第一线，而是身居其中；当企业增至 10 000 名职工时，你就必须退居到后面，并对职工们表示敬意和谢意。

中层管理者是指组织中中层机构的负责人员，负责贯彻执行高层管理者所制定的重大决策，监督和协调基层管理者的工作，在组织中起承上启下的作用，如营销部长、系主任等。

基层管理者是指第一线的管理者，是组织中处于最低层次的管理者。他们的主要职责是按照中层管理者指示的程序去组织、指挥和从事组织的具体管理活动，包括给下属分配工作，监督下属的工作情况等。如班组长、教研室主任等，都是基层管理者。

无论哪一个层次的管理者，其工作的性质和内容都涉及计划、组织、领导和控制 4 个方面。不同层次管理者在工作上不是职能本身不同，而是各项管理职能履行的程度和重点不同。高层管理者花在计划、组织和控制职能上的时间要比基层管理者多一些，而基层管理者花在领导职能上的时间要比高层管理者多一些。

(二) 管理者的领域分类

管理者还可按照其所从事管理工作的领域及专业性质的不同划分为综合管理者和专业管理者 2 大类，如图 1-5 所示。

图 1-5 管理者的领域分类

综合管理者是指负责整个组织或组织中某个部门的全部管理工作，对组织或部门目标的实现负全责的管理者，如厂长和车间主任等。

专业管理者是指负责组织中某一类活动或业务的专业管理,只对组织中某一职能或专业领域的工作目标负责的管理者,如总工程师和营销部长。根据企业专业领域性质的不同,可以将专业管理者具体划分为生产部门管理者、技术部门管理者、营销部门管理者、人事部门管理者、财务部门管理者、研发部门管理者等。不同专业领域的管理者在履行管理职能时可能会产生具体工作内容侧重点上的差别。

二、管理者的角色

管理者在工作中扮演着很多角色,每一个角色都有自己的特点和任务。管理者要根据自身的角色明晰自己的位置与职责,确定自己在与组织其他成员及外部环境相互作用中的行为方式。加拿大管理学家亨利·明茨伯格认为,管理者扮演着10种不同但又高度相关的角色,这10种角色可被归为人际关系角色、信息角色和决策角色3大类,如图1-6所示。

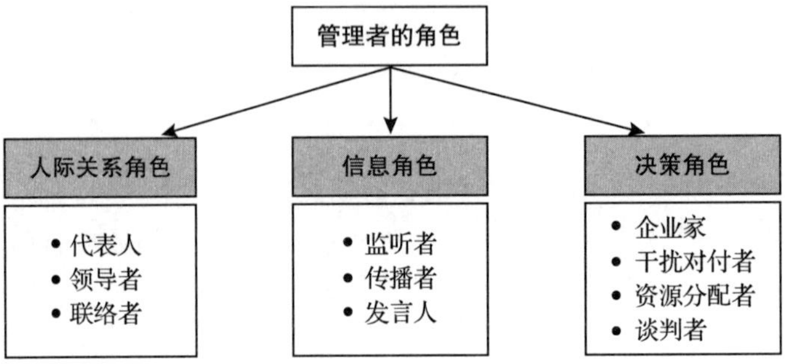

图1-6 管理者的角色

(一)人际关系角色

人际关系角色是指所有的管理者在组织中都要履行礼仪性和象征性的义务,扮演代表人、领导者和联络者的角色。管理者要参加一些社会活动或宴请重要客户,扮演代表人的角色;管理者要按照组织目标和变动的环境激励、培训、惩戒下属,扮演领导者的角色;管理者要在组织内外建立关系和网络,扮演联络者的角色。

(二)信息角色

信息角色是指所有的管理者在某种程度上既要从外部接收和传递信息,又要从组织内部某些方面接收和传递信息,扮演监听者、传播者和发言人的角色。管理者要扮演监听者,用各种办法从不同渠道获取信息,从而识别组织的潜在机会和威胁;管理者要扮演传播者,把获取的信息进行有效的传递,以便组织成员共享信息,更好地进行工作;管理者要扮演发言人,代表组织向外界公布态度、决定、报告、报表,以及进行演讲等。

(三)决策角色

管理者在组织中还要扮演企业家、干扰对付者、资源分配者和谈判者的角色。管理者要捕捉发展机会,进行战略决策,如开发新产品,扮演企业家的角色;管理者要处理组织的各种冲突或问题,如处理客户投诉,扮演干扰对付者的角色;管理者要根据组织目标对有限的资源进行分配,如对奖金进行分配,扮演资源分配者的角色;管理者要与员工、供应商、客户等进行谈判,以确保组织目标的实现,扮演谈判者的角色。

需要注意的是,处于不同管理层次、不同管理岗位的管理者扮演组织运行3大类角色的频率、程度等均有所差异,如图1-7所示。高层管理者最重要的角色是决策角色;基层管理者最重要的角色是人际关系角色;中层管理者在3大类角色的分配上基本是一致的,这与其承上启下、独当一面的工作特点相关。

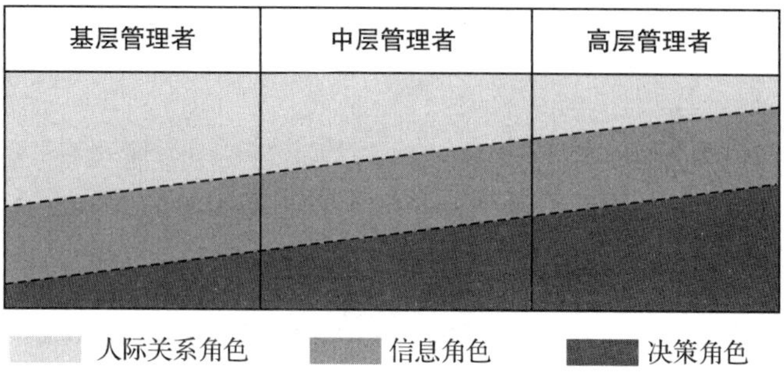

图1-7 不同层次管理者的角色分配

三、管理者的素质要求

美国著名管理学家彼得·杜拉克认为,在当今世界,管理者的素质、能力决定企业的成败存亡。没有管理者的领导,生产资源就只是资源,永远也不会变成产品。现代管理已成为一种职业,时代要求人们重视管理,希望更多具备良好素质的人从事管理工作。管理者的素质是管理水平与能力的基础,管理者素质的高低决定组织管理的成败。广义的素质包括素养、性格、品质和能力。管理者应具备的素质有物质素质和精神素质、智力素质和非智力素质,具体来讲,包括以下几个方面:

①要有良好的政治素质:管理者要有坚定的理想和信念,树立正确的世界观、人生观和价值观,能够审时度势、把握大局、正确决策,做到胸怀坦荡、高瞻远瞩;在路线、方针、政策上始终保持政治上的清醒和坚定,在事关全局、事关根本的原则问题上立场坚定、旗帜鲜明;严格遵守民主法制,正确运用手中的权力,对员工负责;要善于处理好国家、集体、个人三者之间的利益关系。

②要有高尚的思想素质:高尚的品德是管理者必不可少的素质。管理者应具有以下思想素质:忠诚正直、办事公正、勤政廉洁、大公无私、敬业奉公、豁达大度、谦虚谨慎、严于律己、勇于进取、不骄不躁和率先垂范。管理者还要有扎实的工作作风,要深入实际、脚踏实地、求真务实,说实话、办实事、求实效,不浮夸、不虚伪、不搞形式主义。

③要有健全的心理素质:心理素质是人的素质结构的核心因素,是使人的素质的各部分联系起来成为能动发展主体自身的内部根据,是包括认知能力、需要、兴趣、动机、情感、意志和性格等智力和非智力因素有机结合的复杂整体。具体来说,管理者要有坚强的意志、开朗乐观的性格、自信的心态和广泛而健康的兴趣。

④要有合理的知识素质:管理是一门综合性科学,融汇了众多的学科知识。管理活动涉及政治、经济、技术、文化等各个方面,知识是提高管理水平与管理艺术的基础。因此,管理者要掌握政治学、经济学、管理学、心理学和社会学等方面的知识。

⑤要有过硬的能力素质:要卓有成效地做好管理工作,管理者需要具备多种技能。管理学者R.L.卡兹将管理技能概括为3个方面,即技术技能、人际技能和概念技能。技术技能是指使用某一专业领域有关的工作程序、技术和知识完成组织任务的能力;人际技能是指管理者与其他个体或群体中的其他人团结协作的能力;概念技能是指管理者观察、理解和处理各种全局性复杂关系的抽象能力。这3种管理技能是各层级管理者都需要具备的,但其重要性随管理层级的变化而有所差异。如图1-8所示,基层管理者的管理成效主要取决于技术技能和人际技能,中层管理者的管理成效主要取决于人际技能和概念技能,而概念技能对于高层管理者尤为重要。

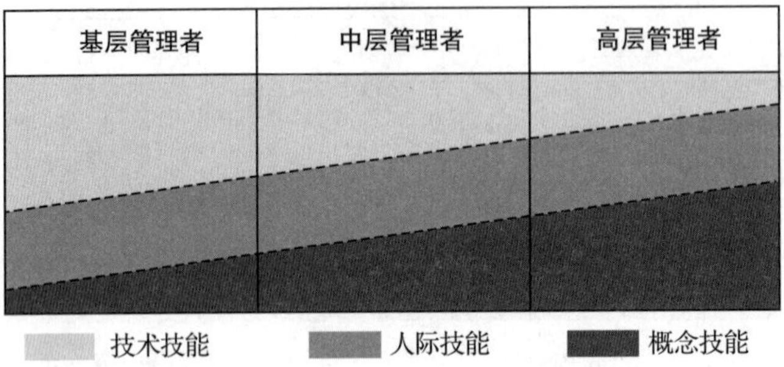

图1-8　不同层次管理者的技能分配

管理专栏

“世界第一CEO”——杰克·韦尔奇

杰克·韦尔奇(1935年11月19日—2020年3月2日)出生于美国马萨诸塞州塞勒姆市,1960年毕业于伊利诺伊大学,获化学博士学位,毕业后加入通用电气塑胶事业部;1971年底,杰克·韦尔奇成为通用电气化学与冶金事业部总经理,并不断得到晋升;1979年8月,杰克·韦尔奇成为公司副董事长;1981年4月,年仅45岁的杰克·韦尔奇成为通用电气历史上最年轻的董事长和CEO。在之后短短的20年间,这位商界传奇人物使通用电气的市场资本增长30多倍,达到了4 100亿美元,排名从世界第10位提升到第1位。他所推行的“六西格玛”标准、全球化和电子商务,几乎重新定义了现代企业。

2001年9月,杰克·韦尔奇退休,他被誉为“最受尊敬的CEO”“全球第一CEO”“美国当代最成功、最伟大的企业家”。

四、管理范围

管理范围涉及对什么进行管理的问题,即管理对象是谁。管理对象就是管理活动的承受者,是管理者影响和作用,并使之发生变化的客体。管理主要是对组织内部的资源或要素进行配置、调度、组织,以及对组织为实现目标所进行的一系列活动的计划、组织、协调和控制。任何组织的成功,无论是国内组织还是国外组织,无论是跨国公司还是小企业,无论是政府还是军队,无论是基层事务还是高层决策,都依赖于有效的管理。不同国度、不同规模、不同性质、不同领域、不同层面组织的管理事务有所差异。概括地说,管理对象涉及人、财、物、事、时间、信息6大因素。

(一)人

人是管理对象中的核心要素,所有管理要素都是以人为中心存在和发挥作用的。在管理系统中,人既是管理对象和支配对象,又是管理者和主人。管理人不只是对人的限制和约束,更重要的是调动人的主动性、积极性和创造性,做到正确使用、巧妙引导、全面考核、有效奖惩和合理流动。

管理专栏

华为:人才培养助力企业领航

华为作为中国通信行业的龙头企业,坚信企业是培养人才的摇篮。新员工入职后,需接受华为大学系统、全面的培训,培训涵盖企业文化、专业技能等多维度的内容。在实践中,导师一对一地带领新员工参与项目,使新员工能在实战中迅速积累经验,成长蜕变。同时,华为鼓励员工自我提升,并为员工提供丰富的学习资源与晋升通道,让员工在学习与挑战中实现自我价值。正因为如此,华为拥有众多高素质、富有创新精神的人才队伍,这为其在全球通信领域持续领先奠定了坚实的基础,也彰显出企业培养人才的深远意义与巨大价值。

(二)财

管财就是管理资金,资金是物的货币表现。在几乎一切社会生产和生活资料都商品化的现代社会,可以说,没有资金就什么事也干不成。无论是国家建设、社会发展,还是物质生产或商品经营,其发展速度和规模都依赖于资金的多少及资金的利用情况。资金是任何社会组织,特别是营利性经济组织极为重要的资源,是管理对象的关键性要素。管财就是要对资金筹措、资金运用、经济分析与核算过程加强管理,以降低成本,提高效益。

(三)物

物主要是指社会组织或群体中除人之外的物质成分,包括原材料、生产设备、动力资源等。对物的管理就是要做到物尽其用、物流畅通、转换及时、效能提高,为管理系统优化目标的实现提供充足的动力和基础。

(四)事

事就是管理所依附的一切具体工作,包括生产、流通、服务、科研及安全保障等。对事的管理主要是做好计划、组织和控制工作,使每一项工作的进行都有条不紊、运转有序、顺利通畅、卓有成效。小到工人的作业,大到涉及企业生产经营的高层决策,都属于“事”。

(五)时间

时间是组织的一种流动形态的资源。任何管理工作都需要时间作保证,并体现时间的价值。对时间的管理就是把时间作为一种特殊的资源加以充分利用,树立“时间就是金钱”的观念,提高时间的利用率和有效性。

(六)信息

信息是指在管理中产生及应用的各种消息、数据及资料的统称。信息、物质和能量构成现代社会的3大支柱。信息存在于一切管理活动中,是重要的管理资源。现代管理者,特别是高层管理者,已经越来越多地不再直接接触事务本身,而是同事务的信息打交道。对信息的管理,就是做好信息的收集、整理、加工和储存工作,进行信息沟通和信息交流,从而正确地利用信息并使其产生巨大的效益。

五、管理过程

管理过程是管理主体对管理客体实施管理,以实现组织目标的过程,这个过程涉及确定目标、计划决策、领导指挥、监督控制和管理激励5个方面。

(一)确定目标

管理是人类的一种有目的的活动。因此,管理者要先为管理活动制定目标,以作为管理活动的出发点和归宿点。管理目标的制定要有具体依据:①管理应解决的问题;②事物自身的发展规律;③管理内部条件所提供的可能性;④管理外部环境所提供的可行性。管理目标的制定要遵循科学性、系统性、民主参与、应变性和方案选优等原则。

(二)计划决策

组织中的各项活动几乎都离不开计划决策,计划决策是管理中最关键的一环。合理的计划决策能保证组织在众多的可行方案中选择最有价值的方案,并以此作为行动指南。

(三)领导指挥

领导指挥是管理过程的一个重要组成部分。领导指挥的有效性是组织成败的关键。领导者肩负组织领导的重任,其思想观念、心理素质和特殊心理机制不仅会影响个人工作的成败,还会影响其下属和群体作用的发挥,乃至影响整个组织的行为和绩效。

(四)监督控制

监督控制是管理过程中必不可少的一环。有效的监督控制可以保证组织计划与外界环境相匹配,保证计划与组织各部门利益的协调,以及保证计划与各级人员的素质、能力和责任相适应。

(五)管理激励

有效的管理必须对人力、物质、金融资源进行充分利用,而物质、金融资源的利用程度最终取决于具有相应才能且有工作积极性的人。在现代社会,人的积极性和创造性已经成为决定组织成败的关键因素。因此,激励是管理过程中的一项重要工作。激励的直接目的就是提高人的积极性,充分发挥人的创造性。

任务三　研究环境与资源配置对管理的影响

任务描述

组织的生存和发展除了取决于管理过程中的管理手段和管理者的能力之外，是否还受现实的外部环境及环境变化的影响呢？组织作为管理的载体，要如何审视自身所处的管理环境？如何发现机会或回避威胁？如何及时调整管理中的各种可控因素，使管理活动与环境的发展变化相适应，以实现组织目标呢？

知识准备

一、管理环境

（一）管理环境的构成

管理环境是指与社会组织或群体有关的所有外在因素和内在因素共同构成的各种联系和状态。外在因素包括国家政策、经济形势、社会习俗、科技发展、资源开发、竞争趋势、发展机会和威胁等，内在因素包括员工的工作态度、文化、结构及心理趋向等。

（二）管理环境的特性

1. 不确定性

不确定性是指环境变化难以预料。环境变化可能是多种因素共同作用的结果，或是无规律可循，或是由于组织成员的认识能力有限，这导致环境变化的不确定性。管理环境的不确定性主要体现在市场需求的变化、社会价值观的改变、人群的流动性、技术的创新、竞争对手策略的变化等方面。长期、持续、重大的外部环境变化将迫使组织进行调整和革新。因此，组织需要在适应外部环境的变化和维持内部的相对稳定之间寻求平衡。

2. 复杂性

复杂性是指组织的外部环境是由政治、经济、社会、技术和文化等构成的综合体，各种环境变化相互交织，难以迅速辨明。组织所面临的复杂性通常会在影响决策的因素中表现出来。如生产产品的质量、提供服务的数量、消费者类型、组织所在的区域以及组织所要处理的各种联盟等，都会影响管理者决策的复杂程度。

（三）管理环境分析

管理环境分析主要从以下 2 个方面着手：①管理环境的基本特征，主要表现为组织对外部环境中某些因素的依赖程度、环境的不确定程度和复杂程度；②环境变化将给组织带来的机遇和风险，以及它们的程度如何。

1. 对环境依赖程度的分析

对环境依赖程度的分析主要采取环境量度的方法，其步骤如下：

①列出主要与本组织发生往来关系的外部组织，如 A、B、C、D、E 5 个组织。

②对受外部组织影响的各种因素（如价格、销售、生产、成本、创新、质量、采购等）进行分级打分，赋值为 1~10，见表 1-1。

③列出这些组织与本组织所发生的往来活动对本组织的生存及发展的影响程度，并对各种因素进行分级打分（例如，无—0 分，很小—2 分，小—4 分，一般—6 分，大—8 分，很大—10 分）。分级打分可以通过组织专家评估小组来完成。

④加权计算各个外部组织的影响得分。

⑤比较各个组织的得分，分析得分是否符合实际，对于不符合实际的得分进行一定的调整。

⑥确定本组织对各种外部组织的依赖程度。表 1-1 显示，该组织对 A 的依赖程度最高。

表 1-1　对环境依赖程度的分析

组织名称	影响因素等级							
	价格 9	销售 9	生产 3	成本 6	创新 7	质量 8	采购 6	总分
A	10	8	0	0	8	8	4	306
B	0	0	4	4	6	6	0	126
C	8	8	0	8	6	6	2	294
D	6	6	0	10	4	2	6	248
E	2	8	8	0	0	8	4	202

2. 对机遇与风险的分析

对环境变化带来的机遇与风险的分析常采用 ETPO 法，即环境的风险与机遇描述法。首先，组建一个环境评估小组，根据掌握的各种资料，对环境中的各种因素进行分等定级打分；其次，确定各种因素对组织生存与发展的影响，并且将这些影响进行分类、分级，对每一种类别和等级确定量化的分数；再次，计算每一种因素的得分，由此确定每一种因素对组织的影响，并且将所有的因素得分相加；最后，从总体上估计环境变化给组织造成的影响是机遇大于风险，还是风险大于机遇。机遇与风险分析见表 1-2。

表 1-2　机遇与风险分析

影响级次	环境因素及其重要性					
	市场需求 5	竞争状况 3	分销条件 2	资源供应 2	政府政策 2	技术进步 6
很不利（-4）				√		
不利（-2）		√				√
中性（0）			√			
有利（2）	√					
很有利（4）					√	
环境变化给该组织带来的机遇是 18 分，带来的不利影响是 26 分，风险大于机遇，该组织必须制订对策来规避风险						

二、资源配置

(一)组织存续所需要的资源

任何组织的生存发展都需要一定的资源。一般来讲,组织共同需要的资源有以下 5 种。

1. 人力资源

人力资源是指组织成员的技能、知识、潜力和协作能力。人力资源是组织中最重要的资源。管理的首要任务就是要充分开发、利用组织的内部人力资源,积极寻求组织所缺乏的外部人力资源。

2. 金融资源

金融资源是组织所拥有的货币资本。金融资源既是各种经济资源的价值体现,又是具有一定独立性的特殊资源。组织对金融资源的运用效率决定着组织对其他资源的运用效率。对金融资源的管理就是要通过聚财、用财而不断地生财。

3. 物质资源

物质资源是指组织存续所需要的土地、厂房、办公室、材料、机器设备和设施等资源。组织管理工作的主要任务之一是有效配置和利用物质资源,开源节流,物尽其用,提高物质资源的投入产出率。

4. 信息资源

建立完善的信息系统,及时有效地获取必要的外部信息,在组织内部实行信息共享,对信息进行及时传递、客观分析和有效利用,是现代组织竞争获胜的基本保障。

5. 关系资源

关系资源是指组织与政府、银行、企业、学校、团体等各方面合作及亲善的程度。组织的存续不是孤立的,它必须与其他组织保持密切的关系,“关系就是生产力”被现代组织广泛认同。

(二)资源的有限性

任何组织都面临资源有限性的难题:一方面组织生存发展所需要的自然资源是有限的,另一方面组织赖以生存的人文社会资源也是有限的。资源的有限性迫使组织思考如何最大限度地利用资源。充分、有效地利用组织的有限资源,以实现组织目标的方式有 2 种:①在既定的资源条件下,使组织目标更好地实现,对于企业来讲就是用既定的资源获取最大的利润;②在既定产出条件下,耗费最少的资源,对于企业来讲就是获取既定的利润而投入的费用最小。资源的有限性决定了组织在现实运行中,不得不比较管理活动的成本与收益,以选择与组织资源相匹配的管理活动,这就涉及资源配置的问题。

(三)资源配置的要求

资源配置是指根据组织目标将资源在不同的时间、空间和数量上进行分配。资源配置的原因主要来自资源的稀缺性和可选择性,这 2 种特征使组织资源的配置存在合理或不合理的问题,即迫使人们对资源配置加以研究,以克服资源稀缺性和可选择性所带来的不确定性。组织资源配置研究的焦点应是资源配置的有效性和资源消耗的降低。对企业来说,最高目标是追求消耗降低和收益增长。资源配置有 2 个重要要求:①要有与产出物结构需求一致的资源配置结构,做不到这一点,有限的资源就会有滞存和浪费;②要对资源的市场价格变化做出反应,在配置过程中既要保持所需的结构,又要随时进行适当的调整,在保证产出物品质的前提下,利用资源之间的相互替代性,使资源占用费用最小。

实现资源配置 2 个重要要求的过程就是资源配置的过程。管理作为对组织内的有限资源进行有效整合的活动,贯穿于组织资源配置的全过程。管理活动与资源配置过程的关系如图 1-9 所示。

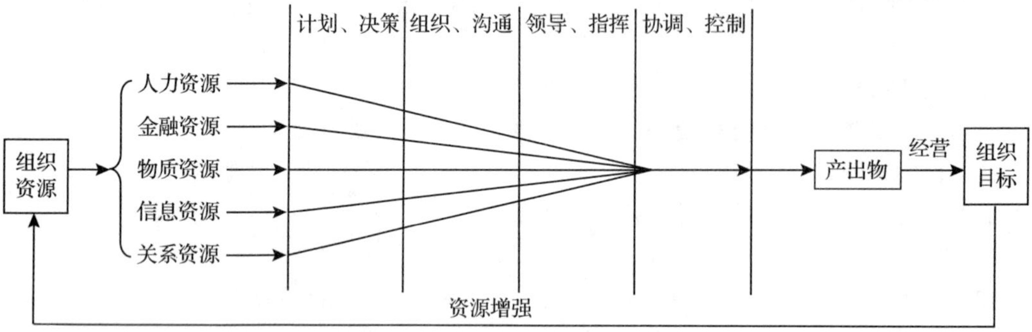

图 1-9 管理活动与资源配置过程的关系

注:摘自芮明杰的《管理学》(第四版)。

三、管理的基本原理

管理的基本原理是对各种管理现象、各项管理制度和管理方法的高度综合和概括,是对管理活动的本质及其基本运动规律的科学表述。掌握管理的基本原理是人们做好管理工作的基础。管理的基本原理主要包括系统原理、人本原理、动态原理和效益原理,其中,每一个原理又可以细化为若干管理原则。

(一)系统原理

1. 系统原理的基本内容

系统原理是指要把管理组织作为一个系统来进行设计和管理,从而使组织的各个部分、各种要素和资源按照系统的要求进行构建和运作,以快捷、有效地实现管理目标。

理解系统原理需要把握好管理系统的 3 大特性,即目的性、整体性和层次性的要求。管理系统的目的性要求任何管理系统都必须具有明确、统一的目的(或目标),并以多快好省地实现管理目标为中心,以此来设置相应的分系统和各种要素,确定其功能,合理安排其组织结构。管理系统的整体性要求人们从事现代管理工作:①要具有全局观念,充分发挥管理系统的整体功能,实现“1+1 > 2”的整体效应;②要正确处理整体与部分之间的关系;③要重视结构在整体系统中的重要作用。管理系统的层次性要求现代管理工作必须建立合理、适度的管理层次和跨度,并处理好管理系统各个层次之间的关系。

2. 坚持系统原理应遵循的原则

(1)整分合原则

整分合原则是指在对管理系统进行整体把握的前提下,实行科学的分解和总体的组织综合。在这个原则中，整体把握是前提，科学分解是关键，组织综合是保证。整分合原则要求组织从整体要求出发，制定管理系统的目标和战略措施；根据科学的分解，明确各分系统、子系统的目标；在合理分工的基础上进行总体的组织综合，从而保证管理目标的顺利实现。

(2)相对封闭原则

相对封闭原则是指任何管理系统虽然都因与外部环境存在输入和输出关系而具有开放性，但其内部必须构成一个各个环节首尾衔接、互相约束、互相促进的连续、封闭的回路，这样才能有效地发挥管理中各个环节的功能和作用，从而形成有效的管理。相对封闭原则适用于一切管理系统的活动过程、环节、机构、人员和方法等。不能相对封闭的管理只能是杂乱无章、无效与低效的管理。

(二)人本原理

1. 人本原理的基本内容

人本原理强调以人为本进行管理。人是管理活动的主体，人的积极性和创造性的充分发挥是现代管理活动成功的保证。因此，一切管理工作均应以调动人的积极性，做好人的工作为根本。

2. 坚持人本原理应遵循的原则

(1)个性化发展原则

从根本上说，以人为本的管理应该以组织成员全面、自由的发展为出发点。个性化发展原则要求组织在成员的岗位安排、教育培训、工作环境设计、文化氛围塑造、资源配置等方面均应考虑是否有利于当事人按其本意，充分发挥其特性、潜质，以及是否有利于当事人的长远发展，决不能简单地进行处置，更不能仅从组织的功利性目标出发。

(2)能级原则

按照人的能力大小而科学地将其安排在相应职级的工作岗位上，做到人尽其才，各尽所能，这就是现代管理的能级原则。人本原理要求管理者在管理中必须把调动和发挥人的积极性放在首位。因此，按照能力大小来合理安排使用人员，就是管理者需要最先考虑的一个问题。

(3)动力原则

任何管理活动都存在动力。现代管理要持续、高效地运行，就必须充分重视并正确地运用动力，这就是现代管理的动力原则。按照人本原理，遵循动力原则的中心点就是根据管理活动的目标，运用现代心理学和行为学的基本原理和方法，激励人的行为，充分调动人的工作积极性，增加现代管理工作的活力。

(4)自我管理原则

人本原理注重组织中成员的自我管理，强调以引导来代替权威和命令，以引导来协调自我管理的组织成员的行为；通过创设良好的个性化发展环境，在实现成员个人发展目标的同时，实现组织目标。

(三)动态原理

1. 动态原理的基本内容

动态原理强调在管理活动中，要注意把握管理对象运动、变化的情况，及时调节管理的各个环节和各种关系,保证管理活动向着预定目标前进。

动态原理反映了现代管理活动过程之间内在的、本质的联系。实行动态管理,既是系统科学理论的要求,又是唯物辩证法的要求,它是运动变化的哲学观在管理实践中的运用和体现,是不以人的意志为转移的客观规律。面对瞬息万变的环境和管理对象,现代管理必须坚持动态原理才能把握管理活动的动向,控制管理工作的局面,以保证不偏离预定的管理目标。

2. 坚持动态原理应遵循的原则

(1)反馈原则

现代管理要有效地控制不断变化的管理活动向着预期目标发展,就必须具备健全、灵敏、准确、高效的信息反馈机制,对管理过程中出现的新情况、新问题及时给予信息反馈,采取相应的变革措施,把问题和矛盾解决于萌芽状态之中,这就是反馈原则。任何一个控制系统,如果没有反馈,实际上也就失去了控制。

(2)弹性原则

弹性原则是指管理方法、手段、措施都必须留有余地,保持一定的弹性,以适应客观事物可能发生的各种变化,有效地实现动态管理。

现代管理活动所涉及的问题、因素、关系的高度复杂性和现代管理活动的不确定性,决定了现代管理必须遵循弹性原则。弹性原则强调在新情况、新问题面前充分发挥人的主观能动性和积极性,事先设计可供选择的多种调节方案,充分分析事态的多种可能的发展趋势,制订多种应急措施,保证管理活动在动态中向着预定目标前进。

(四)效益原理

1. 效益原理的基本内容

一切管理工作都力图以最小的投入和消耗,获取最大的效益。管理者在管理活动中要牢固树立效益观念,把追求最大的社会效益和经济效益放在管理工作的首要位置,克服一切忽视效益的管理思想和方式,这就是现代管理的效益原理。

2. 坚持效益原理应遵循的原则

现代管理的目的是社会效益与经济效益的有机统一。在具体管理工作中,它表现为社会价值与经济价值的统一。因此,坚持效益原理,必须遵循价值原则。价值原则是指管理的各个环节、各项工作都应紧紧围绕提高社会效益和经济效益,科学、节约、高效地使用管理的各种资源,以实现最大的社会价值和经济价值。

四、管理机制

(一)管理机制的含义

管理机制是指管理系统的结构及其运行机理,它是决定组织管理成效的核心问题。管理者在管理中存在何种管理关系、采取何种管理行为、达到何种管理效果,归根结底是由管理机制决定的。管理机制不是具体的管理办法,也不是具体的管理行为,而是管理办法的内在机理,是管理行为的内驱力。

（二）管理机制的构成

管理机制主要由运行机制、动力机制和约束机制3个子机制构成，如图1-10所示。

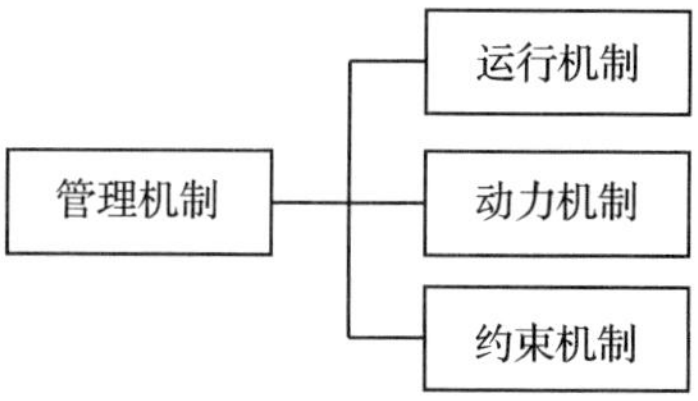

图1-10　管理机制的构成

1. 运行机制

运行机制是指组织基本职能的活动方式、系统功能和运行原理，是组织中最基本的管理机制。国家有国民经济运行机制，企业有生产经营运行机制，学校有教学管理运行机制。例如，现代企业按市场需要组织生产，生产出的产品通过多种营销渠道和手段在市场上进行销售，企业的效益取决于市场，形成了市场型、多功能型、自主型的运行机制。

2. 动力机制

动力机制是指管理系统动力产生与运作的机理，是一种极为重要的管理机制。动力机制主要由3个方面构成，见表1-3。

表1-3　动力机制的构成

构成	具体解释	举例
利益驱动（由经济规律决定）	管理者运用物质利益吸引管理对象主动采取有助于组织功能实现的行动，是社会组织动力机制中最基本的力量	企业建立"多劳多得，少劳少得"的分配制度，员工为了"多得"而"多劳"
政令推动（由社会规律决定）	管理者凭借行政权威，强制性地要求管理对象采取有助于组织功能实现的行动，以此推动整个系统的运行	管理者通过下达命令等方式，要求员工完成工作
社会心理推动（由社会与心理规律决定）	管理者利用各种管理手段或措施，对管理对象进行富有成效的教育和激励，以调动其积极性，使其自觉地为实现组织目标而努力	管理者对员工进行人生观教育，调动员工的积极性

3. 约束机制

约束机制是指对管理系统的行为进行限定与修正的功能与机理，主要包括4个约束因素，见表1-4。

表1-4　约束机制的4个约束因素

构成	具体解释	举例
权力约束	既要利用权力对系统的运行进行约束，又要对权力的拥有与运用进行约束	下达保证实现目标的命令
利益约束	既要以物质利益为手段，对运行过程施加影响，又要对运行过程中的利益因素加以约束	奖励有助于实现目标的行为
责任约束	通过明确相关系统及人员的责任来限定或修正系统的行为	明确规定企业法人代表对国有资产保值、增值负有责任
社会心理约束	运用教育、激励、社会舆论、道德与价值观等手段，对管理者及有关人员的行为进行约束	对违法乱纪行为进行报道

五、管理方法

管理方法是管理者在管理活动中为了实现管理目标所采取的一系列管理方式、手段和技术等的统称。管理方法是管理机制的实现形式,是管理理论和管理原理的实践化,是实现管理目标的途径和手段。常用的管理方法有经济方法、法律方法、行政方法、社会心理学方法等。

(一)经济方法

经济方法是最基本的管理方法,它是指依靠利益驱动,利用经济手段,通过调节和影响管理对象的物质需要而促进管理目标实现的方法。经济方法具有利益驱动性、普遍性和持久性等特点,其主要形式有价格、税收、信贷、经济核算、利润、工资、奖金、罚款和定额管理等。

(二)法律方法

法律方法是指借助国家法律法规和组织制度,严格约束管理对象为实现组织目标而工作的一种方法。法律方法一般具有严肃性、规范性和强制性等特点,其主要形式有国家法律法规、组织内部的规章制度、司法和仲裁等。

(三)行政方法

行政方法是指依靠行政权威,借助行政手段,直接指挥和协调管理对象的方法,是管理中最常用、最普遍的方法。行政方法一般具有强制性、直接性、垂直性和无偿性等特点,其主要要形式有命令、计划、指挥、监督、检查、协调和仲裁等。

(四)社会心理学方法

社会心理学方法是指借助社会学和心理学原理,运用教育、激励、沟通等手段,通过满足管理对象的社会心理需要来调动其积极性的方法。社会心理学方法具有自愿性和持久性的特点,其主要形式有宣传教育、思想沟通和各种形式的激励等。

任务四　借鉴管理思想与理论

任务描述

管理思想来源于人类社会的管理实践。在长期的管理实践中,由于社会生产的发展及需要,管理思想逐渐演变为系统的管理理论。请列举我国和西方早期的管理思想及古典管理理论。

知识准备

管理思想来源于人类社会的管理实践。在长期的管理实践中,由于社会生产的发展及需要,管理思想逐渐演变为系统的管理理论。

一、古代的管理思想(19 世纪末以前)

人类很早就开始了对管理活动规律的探索。在管理实践活动的基础上,通过一些思想家的归纳、总结,开始形成零星的管理原则,并且将其用于指导管理实践。

(一)中国古代的管理思想

中国古代有许多成功的管理经验,也形成了丰富、独具特色的管理思想。有些管理思想先于西方几千年被提出。受到当时生产力发展水平的限制,这些管理思想零星分散,至今未能形成独立的科学体系,但许多管理思想的精华对今天的管理实践仍具有借鉴意义。

1. 儒家的管理思想

儒家思想的代表人物是孔子、孟子和荀子。孔子认为,管理者应具有"仁者爱人"的道德观,并把"为人君,止于仁;为人臣,止于敬;为人子,止于孝;为人父,止于慈;与国人交,止于信"(《大学》)作为各种社会关系的道德规范。在此基础上,儒家进一步提出了"修身、齐家、治国、平天下",即"天下之本在国,国之本在家,家之本在身"的道理。孟子提出"以和为贵"的观点,即要保持人与人之间的和谐关系,以达到群体的安定、和谐。孟子还提出人生来就有"恻隐之心""羞恶之心""恭敬之心""是非之心"的性善论观点。荀子的"人生而有欲,欲而不得,则不能无求,求而无度量分界,则不能无争,争则乱,乱则穷"(《荀子·礼论》),因而管理应当研究人的欲望,满足人的需要的性恶论观点,集中体现了儒家管理思想关于人性和行为的深刻见解。

2. 道家的管理思想

道家管理思想的主要代表人物是老子,"道"是老子哲学的最高范畴,是指法则和规律。老子认为,"道法自然""道常无为而无不为"(《老子》)。"无为而治"是道家管理思想的核心。首先,"无为"的思想从宏观的角度要求组织对个人少干预或不干预;其次,它强调人的行动及其指导思想必须符合自然规律,不能凭主观意志行事;再次,它要求管理者要善于管理大事,将具体工作交于组织成员自主完成;最后,它强调政策要有稳定性,不可朝令夕改。

3. 法家的管理思想

法家管理思想的核心是"法治",即认为只有以成文法或不成文法为标准,以赏罚为手段,才能进行有效管理。法家管理思想的主要代表人物韩非主张"立法为教",反对"人治"。《孙子兵法》是体现法家管理思想的重要著作,其中的许多观点都对今天的管理工作有重要的借鉴意义。

管理专栏

我国古代的兵书《孙子兵法》不但是中国兵家的经典,也被全世界视作智慧宝库,早已被翻译成多种语言,在世界军事史上具有重要的地位。《孙子兵法》全书共 13 篇,论述了军事学的主要问题。和"三十六计"这种纯战术性的指导策略不同,《孙子兵法》的 13 篇不仅包含战术内容,更重要的是它在宏观上的战略布局。除了中国以外,西方国家,特别是美国,更是将《孙子兵法》用在了包括战场、商场、企业管理等诸多领域。"自古知兵非好战",中华民族是热爱和平的民族,研究《孙子兵法》也并不意味着只能在战场上使用它。从更广阔的意义上说,在一切领域做决策,无不需要量力而行,从实际出发和灵活应对,而这部兵家经典里仍然有许多我们可以汲取的古老智慧。

4. 商家的经营管理思想

商家是先秦至西汉前期的一个思想流派，在我国管理思想史上占有重要位置。商家的主要代表人物范蠡提出的"只有了解季节和需求的关系，才能知道货物供需的行情"和"不要将货币压在手中，要加速商品和货币的周转"等仍具有现实意义。商家经营管理思想中另一个重要的组成部分是战国时期白圭的"治生之学"，其核心思想是在经营管理活动中要"乐观时变"等。

（二）西方古代的管理思想

几千年前，古埃及人动用大量人力，历时20多年建造了金字塔。完成这样庞大的工程，不仅需要技术方面的知识，还要求高水平的组织、调度和管理。公元前18世纪，古巴比伦颁布了《汉谟拉比法典》，对诸如个人财产保护、臣民应遵守的规范、货物贸易的原则、最低工资标准、家庭纠纷和犯罪的处理等方面做出了规定。这些都孕育着管理思想。

西方古代管理思想主要是指西方产业革命之后至泰勒的科学管理产生之前这段时间内的管理思想，主要代表人物有英国重商主义经济学家詹姆斯·斯图亚特、英国古典经济学家亚当·斯密、英国数学家和科学家查尔斯·巴贝奇和英国空想社会主义者罗伯特·欧文。

1. 詹姆斯·斯图亚特的管理思想

英国重商主义经济学家詹姆斯·斯图亚特在《政治经济学原理研究》一书中提出了许多重要的管理思想，如刺激工资的思想、工作方法研究、管理者与工人之间的分工理念等。

2. 亚当·斯密的管理思想

英国古典经济学家亚当·斯密在1776年发表的代表作——《国民财富的性质和原因的研究》（简称《国富论》）中系统阐述了劳动价值论和劳动分工理论。斯密认为，劳动是国民财富的源泉，各国人民每年消费的一切生活日用必需品的源泉是本国人民每年的劳动。斯密在分析提高"劳动生产率"的因素时，特别强调了分工对提高劳动生产率的作用。此外，斯密还提出了"经济人"的观点，认为人都是要追求自身经济利益的，指出了管理控制和投资回收期的必要性。

3. 查尔斯·巴贝奇的管理思想

英国数学家和科学家查尔斯·巴贝奇在1832年发表了管理史上的一部重要文献——《论机器与制造业的经济》。该书着重论述了专业分工与机器、工具的使用、时间研究、批量生产、均衡生产和成本记录等。他还提出了有利于调动劳动者积极性的工资利润分享制度。

4. 罗伯特·欧文的管理思想

英国空想社会主义者罗伯特·欧文最早注意到企业内部人力资源的重要性。他认为，就人和机器而言，至少要像对待无生命的机器那样重视有生命的人的福利。在一系列试验的基础上，他提出在工厂生产中要重视人的因素，要缩短工人的工作时间，提高工资，改善工人住宅。他的改革试验证实，重视人的作用和尊重人的地位也可以使工厂获得更多的利润。

二、近代管理理论（19世纪末—1930年）

（一）弗雷德里克·温斯洛·泰勒的科学管理理论

弗雷德里克·温斯洛·泰勒是美国著名的发明家和管理工程师，被誉为"科学管理之父"。他的主要贡献是将管理学发展成为一门新兴的独立学科，并注重将理论知识运用于管理实践中。泰勒的科学管理理论着重研究如何提高单个工人的生产率，其理论要点包括以下几个方面。

1. 管理的中心问题是效率问题

泰勒认为，管理的中心问题是效率问题，科学管理的目的就是要提高效率。泰勒的科学管理理论主要围绕如何提高组织的工作效率而展开，并且主要集中在定额研究以及劳动力与劳动手段之间的合理配置上。

2. 工作定额与标准化

泰勒指出，提高工作效率的关键是要用科学的管理方法取代传统的经验管理方法，要通过科学的实验确定工时定额和其他的工作定额；企业都要重视对工时、工作定额的研究，建立各种明确的规定、条例、标准，使一切管理和劳动都科学化、制度化。

3. 差别计件工资制

差别计件工资制就是根据工人完成其定额的情况而采取不同的工资率。完成或超额完成定额的工人就按高工资率付酬，未完成定额的工人则按低工资率付酬，从而提高工人的劳动积极性。

管理专栏

瑞蚨祥绸布店的差别计件工资制

瑞蚨祥创立于晚清时期，是中国著名的绸布店。在经营管理中，它推行差别计件工资制。对于店内的裁缝师傅，它依据其制作服装的数量与质量评定工资。若服装制作精美、制作数量达标，则单件工资很高；若服装制作质量不过关或数量未达标，则单件工资大幅降低。例如，制作熟练且做工精细的李师傅，在一个月内精心制作了大量高品质的旗袍与长衫，他当月的收入颇为丰厚；而另一位张师傅，因手艺稍逊色且产量低，工资明显较少。这一制度极大地激发了员工的积极性与创造力，员工们为提高收入而主动提升技艺，提高效率。同时，这一制度也促使员工注重产品质量，因为质量直接与工资相关联。瑞蚨祥凭借这一制度，在众多绸布店中脱颖而出，不仅生产出众多精美的服饰，赢得了顾客的青睐，而且还使店铺的运营效率得到大幅提升，员工队伍也在良性竞争中不断成长。这些都为瑞蚨祥在近代竞争激烈的商业环境里长期保持繁荣奠定了坚实的人力与管理基础，充分展现出差别计件工资制在企业管理中的卓越智慧与显著成效。

4. 合理用人

泰勒指出，为了提高劳动生产率，必须为工作挑选“第一流的工人”，并使工人的能力同工作相匹配。他强调对工人进行培训，教授他们科学的工作方法，激发他们的劳动热情。

5. 管理职能与作业职能相分离

泰勒主张设立专门的管理部门，其职责是进行标准化研究，制定标准，下达任务，控制和指导工人的工作。同时，管理者也要进行专业分工，每个管理者只承担1~2种管理职能。

6. 实行“例外原则”

“例外原则”强调高层管理者应把处理一般事务的权力下放给下级管理者，自己只保留对例外事项（组织经营决策的重大问题）的决定权和监督权。

（二）亨利·法约尔的一般管理理论

亨利·法约尔是法国著名的管理学家，他从管理过程的角度对管理学进行了系统、全面的研究，其代表作是《工业管理与一般管理》。他是第一个概括和阐述一般管理原理的管理学家，被称为“现代经营管理之父”。法约尔的一般管理理论的要点如下。

1. 企业的6种基本活动

①技术活动：指生产、制造、加工等活动；

②商业活动：指采购、销售和交换等活动；

③财务活动：指资金的筹措、运用和控制等活动；

④会计活动：指货物盘点、会计、成本统计、核算等活动；

⑤安全活动：指设备维护、商品和人员保护等活动；

⑥管理活动：包括计划、组织、指挥、协调和控制5项职能活动。

2. 管理的5项职能

①计划：探索未来的发展趋向，制订指导管理活动的行动方案；

②组织：通过人员的合理分工以及人与事的合理组合来更有效地利用各种资源，实现管理目标；

③指挥：通过命令、指示等信息的传递，让他人更有效地进行工作；

④协调：通过科学地调节各方面的关系，使工作顺利进行；

⑤控制：利用科学的手段和方法，使管理过程中的一切活动都按预定的计划、命令和规章制度的要求进行。

3. 管理的“14条原则”

①劳动分工：实行专业化的劳动分工，可以提高效率，增加产出；

②权力与责任：权力与责任互为因果关系，权力与责任要对应与统一；

③纪律：要严明纪律，纪律松弛是管理不善的结果，但纪律的执行要以尊重人为基础；

④统一指挥：一个员工只能接受一位上司的命令而行动，不能出现一个员工接受多位上司的多重命令的现象；

⑤统一领导：为达成同一个目标的工作应该由同一个管理者按照一个统一的计划加以领导；

⑥个人利益服从整体利益：在一个社会组织或群体中，个人或部门的利益不能置于整体的利益之上；

⑦人员的报酬要公平合理：报酬要公平合理，这能够奖励有益的工作成果和激发全体员工的工作热情；

⑧集权与分权：要根据组织的性质、条件和环境，以及人员的素质来恰当地决定集权和分权的程度；

⑨等级制度：工作责任和权力要和工作等级相适应，做到各管理阶层关系明确、信息通畅；

⑩秩序：每位员工必须各就其位，各司其职，各得其所；

⑪公平：上级对下级要公正、平等，以博得下级对上级的积极拥护和大力支持；

⑫人员的稳定：管理者要有秩序地安排并补充人力资源，以适应工作需要；

⑬首创精神：管理者不仅本人要有首创精神，还要鼓励全体成员发挥首创精神；

⑭团结合作：要努力营造组织和群体间的融洽关系，团结协作。

(三)马克斯·韦伯的行政组织体系理论

马克斯·韦伯是德国著名的社会学家、经济学家和古典管理理论的代表人物,他对管理思想最大的贡献是对理想的官僚组织模式的描绘。他提出了理想的行政组织体系理论,被尊称为“组织理论之父”,其代表作有《社会组织和经济组织理论》《一般经济史》和《新教伦理与资本主义精神》。韦伯认为,组织活动要通过职务或职位来进行管理,而不是通过个人或世袭的地位来进行管理。所谓“理想的”,并不是指最合乎需要的,而是指组织的“纯粹形态”,即最有效和合理的组织形式。

理想的行政组织体系理论主要涉及以下几个方面:

(1)明确的分工

要明确规定每一个成员的权力和责任,并且将这些权力和责任作为正式的职责合法化。

(2)自下而上的等级系统

各种职位按权力等级排列,下级要服从上级的命令和指挥。

(3)按职务要求决定人员任用

人员的任用完全根据职务的要求,要通过正式考试或教育培训,考核合格后方可任用。

(4)理性的成员关系

组织成员之间的关系是一种不受个人情感影响,完全以理性准则为指导的关系。这种公正不倚的态度,不仅适用于组织内部,还适用于组织与外界的关系。

(5)管理者的职业化

管理者有固定薪金和明文规定的晋升制度,是一种职业管理者。

(6)严明的规则和纪律

管理者必须严格遵守社会组织或群体中的规章制度、纪律,以及办事程序。这些规章制度和纪律不受个人情感的影响,在任何情况下都适用。

韦伯认为,这种高度结构化、正式化、非人格化的理想的行政组织体系是进行强制控制的合理手段,是实现目标、提高效率的最有效的形式,特别适用于工业社会中庞大、复杂的组织。

三、现代管理学说(1930年以后)

现代管理学的主体是行为科学理论。行为管理科学的形成与发展分为前、后2个时期:前期称为“人际关系学说”,出现于20世纪20年代;后期称为“行为科学理论”,它在20世纪60年代中叶又发展成为“组织行为学”。

(一)乔治·埃尔顿·梅奥的人际关系学说

乔治·埃尔顿·梅奥是一位心理学家和管理学家,原籍澳大利亚,后移居美国。他在霍桑实验的基础上,提出了人际关系学说,其基本观点如下。

1. 员工是社会人

古典管理理论将人看作“经济人”,认为金钱是刺激积极性的唯一动力,生产效率受到工作方法和工作条件的制约。霍桑实验表明:工人还要受到社会和心理的影响;生产效率主要取决于工人的积极性,取决于工人家庭、社会生活,以及企业中人与人之间的关系。

2. 社会组织或群体中存在着“非正式组织”

古典管理理论只注重管理组织机构、职权划分、规章制度等，而霍桑实验表明除正式团体外，组织中还存在“非正式组织”的小团体，小团体通过不成文的规定左右成员的感情倾向和行为。

3. 新型的领导能力在于提高员工的满意度

梅奥认为，提高生产效率的主要途径是提高员工的满意度，即员工对社会因素，特别是人际关系的满意程度。如果满意度高，则员工工作的积极性、主动性就高，从而生产效率就高。因此，管理者要善于提高员工的士气，营造良好的人际关系。

梅奥的人际关系学说为管理思想的发展开辟了新领域，弥补了以往管理理论忽视人的因素的不足，并为行为科学的发展奠定了基础。

(二)亚伯拉罕·马斯洛的需要层次理论

需要层次理论是由美国心理学家亚伯拉罕·马斯洛提出来的，其理论要点如下。

1. 人的需要的种类

马斯洛认为，人的需要可以分为生理需要、安全需要、社交需要、尊重需要和自我实现需要5个相互联系而递进的层次，如图1-11所示。

①生理需要：维持生活和繁衍后代所必需的各种物质上的需要；

②安全需要：有关免除危险或威胁的各种需要；

③社交需要：涉及感情交往和社会归属方面的需要；

④尊重需要：追求社会地位，提高个人在人们心目中的地位方面的需要；

⑤自我实现需要：最高层次的需要，是指人们对充分发挥自己的才能和取得各种成功的需要。

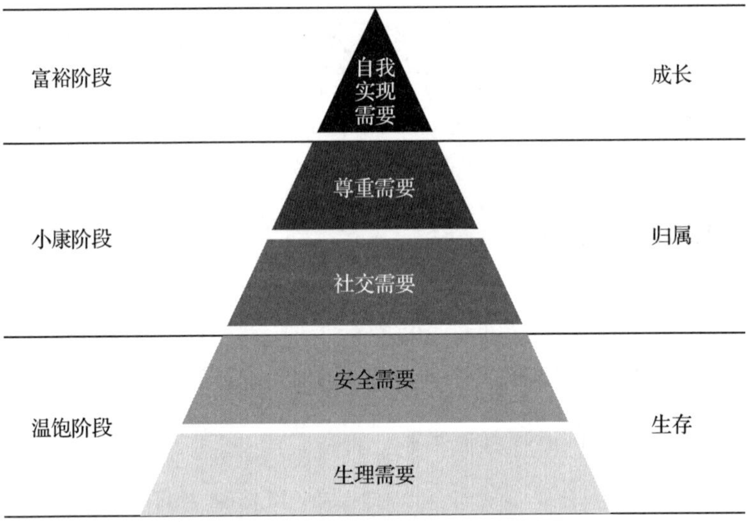

图1-11 马斯洛的需要层次理论

2. 人的需要层次之间的关系

①人的需要一般是由低向高逐级发展的，满足需要不再是行为的激励力量，但会在此基础上产生高层次的需要；

②低层次需要的满足大多与物质因素有关，高层次需要的满足与信息和精神因素有关，

但二者的界限是模糊的，且因人而异；

③高层次需要被满足的程度相对较低，实现的难度较大；

④人的不同层次的需要可能同时存在，在其实现和付诸实践的排列顺序上优先考虑高层次需要的人要有较大的进取心和较强的忍耐力，且人数较少。

对行为科学理论做出贡献的学者，除了梅奥和马斯洛外，还有美国学者道格拉斯·麦格雷戈（X 理论和 Y 理论）、弗雷德里克·赫茨伯格（双因素理论）、维克托·弗鲁姆（期望理论）、伯尔赫斯·弗雷德里克·斯金纳（强化理论）、罗伯特·坦南鲍姆和沃伦·H. 施密特（领导行为连续统一体理论）、罗伯特·布莱克和简·莫顿（管理方格理论）等。

（三）现代管理理论丛林

第二次世界大战后，随着高新技术的发展和新技术革命的展开，劳动生产率不断提高，市场不断扩大，竞争日趋激烈。管理实践及环境的多变性使许多学者开始关注管理问题，创立了许多新的管理理论和方法，美国管理学家哈罗德·孔茨将其称为“管理理论丛林”。现代管理理论丛林主要有以下几个学派：管理过程学派、社会系统学派、决策理论学派、管理科学学派、权变理论学派、行为科学学派、社会技术系统学派、系统管理学派和经验主义学派等。下面就以下几个学派进行简单介绍。

1. 管理过程学派

管理过程学派又称管理程序学派或管理职能学派，该学派的主要代表人物是哈罗德·孔茨和西里尔·奥唐奈，代表作为二人合著的《管理学》。管理过程学派将管理划分为若干职能，这些职能构成了管理过程，通过对管理过程的研究，力图把与管理者职能相联系的有关管理知识汇集起来，把用于管理实践的概念、原则、理论和方法糅合在一起，形成一个管理学科。

2. 社会系统学派

社会系统学派是运用社会学的观点来研究各种组织和组织理论的。该学派的主要代表人物是切斯特·巴纳德，其代表作为《经理的职能》。社会系统学派认为，组织是一个人们有意识地加以协调的各种活动的系统；正式组织无论规模大小，其存在和发展必须具备 3 个条件，即明确的目标、协作意愿和信息交流，管理者的职责就在于做好这 3 方面的工作；组织能否继续生存取决于组织在实现目标的过程中能否使成员顺利达到个人的目的，也取决于组织对环境适应的程度。

3. 决策理论学派

决策理论学派的代表人物是诺贝尔经济学奖获得者、美国的赫伯特·亚历山大·西蒙，其代表作为《管理决策新科学》。决策理论学派认为，管理的实质就是决策，决策贯穿于管理的全过程；决策是一个复杂的过程，包括提出问题、拟订可行方案、选择方案、评价方案 4 个阶段；方案的选择要遵从“满意标准”等。

4. 管理科学学派

管理科学学派的代表人物是美国的埃尔伍德·斯潘塞·伯法，其代表作为《现代生产管理》。管理科学学派认为，管理是一个合乎逻辑的过程，研究者可以把这个过程用数学模型来加以描述和表达，也可以用数学方法求解这个模型的最优解。该学派强调使用先进的科学理论和管理方法，减少决策受个人因素的影响，提出要以经济效果作为评价的依据。

5. 权变理论学派

权变理论学派的代表人物是美国学者琼·伍德沃德，其代表作为《工业组织：理论和实践》。权变理论学派认为,不存在一成不变、无条件适用于一切组织的最好的管理方法。因此,管理者要根据组织内外部环境的变化而随机应变,采用不同的管理方法和手段。

6. 经验主义学派

经验主义学派又称案例学派,代表人物是欧内斯特·戴尔和彼得·德鲁克。经验主义学派主张通过案例分析来研究管理,认为要通过案例分析提炼出成功经验的共性,并使这些共性系统化、理论化,从而使管理者掌握管理的诀窍。

思政园地

管理学具有中国情境的文化和时代价值底蕴

管理活动在不同制度环境下会体现出一定的情景差异性,中国情境下的管理学理论最初是基于西方经典管理理论逐渐应用和发展形成的,不断将中国优秀传统文化和管理思想融入现代管理理论,丰富和发展了管理学的理论与概念体系。随着中国改革开放和管理实践的不断深入,中国管理活动的土壤和环境发生了重大变化,数字经济和新一代信息技术从各个层面影响了管理活动。因此,要基于中国情境,以既有经典管理理论为基础,通过兼容并蓄和交叉融合,推动管理学知识的继承拓展与创新发展,进而体现出新时代中国特色的管理理论和管理思想。

技能训练

准备36张数字小卡片,请同学们每人抽取一张卡片。其中,1~6号为胜战计组,7~12号为敌战计组,13~18号为攻战计组,19~24号为混战计组,25~30号为并战计组,31~36号为败战计组。

每人想方设法地通过自己的表述让同学们熟记“三十六计”。能轻松让别人记住“三十六计”者给予加分奖励。

①瞒天过海:认为准备得万分周到,就容易意志松懈;平时看惯了的事物,往往不再怀疑;机密的计谋隐藏在公开的事物中,而不是和公开的事物相对立,非常公开的事物往往蕴藏着非常机密的计谋。

②围魏救赵:树敌不可过多,对敌要各个击破;对于现在还不忙于消灭的敌人,要隐藏自己的意图。

③借刀杀人:敌已明,友未定,引友杀敌,不出自力,以《损》推演。

④以逸待劳:困敌之势,不以战;损刚益柔。控制敌方力量发展的命脉来扼杀敌方,而不采取进攻的形式,这就是“损刚益柔”原理的运用。

⑤趁火打劫:敌方的危机很大,就乘机取利,用优势力量攻击软弱的敌方。

⑥声东击西:乱志乱萃,不虞“坤下兑上”之象;利其不自主而取之。

⑦无中生有:原指本来没有却硬说有,现在形容凭空捏造。

⑧暗度陈仓:指从正面迷惑敌人,从侧翼进行突然袭击。

⑨隔岸观火:比喻对别人的危难不予援救而在一旁看热闹。

⑩笑里藏刀:比喻外表和气而内心阴险。

⑪李代桃僵：指互相顶替或代人受过。

⑫顺手牵羊：指乘机拿走人家东西的偷窃行为。

⑬打草惊蛇：有怀疑的情况就要侦察实情，完全掌握了实情再行动。反复侦察，而后采取相应的行动，是发现隐藏的敌人的重要手段。

⑭借尸还魂：有用者，不可借；不能用者，求借。借不能用者而用之，匪我求童蒙，童蒙求我。

⑮调虎离山：比喻为了便于行事，设法引诱人离开原来的地方。

⑯欲擒故纵：比喻为了进一步控制，先故意放松一步。

⑰抛砖引玉：以自己粗浅的意见引出别人高明的见解。

⑱擒贼擒王：作战时要先擒拿主要敌手，比喻做事要抓关键点。

⑲釜底抽薪：从锅底抽掉柴火，比喻从根本上解决问题。

⑳浑水摸鱼：比喻趁混乱时机攫取不正当的利益。

㉑金蝉脱壳：蝉变为成虫时要脱去幼虫的壳，比喻用计脱身。

㉒关门捉贼：关起门来捉拿进入屋内的盗贼。

㉓远交近攻：结交离得远的国家而进攻邻近的国家。

㉔假道伐虢：以借路为名，实际上要侵占该国。

㉕偷梁换柱：比喻暗中玩弄手法，以假代真。

㉖指桑骂槐：指着桑树骂槐树，比喻借题发挥，指着这个骂那个。

㉗假痴不癫：假装痴呆，掩人耳目，另有所图。

㉘上屋抽梯：上楼以后拿掉梯子，借指与人密谈；也用于比喻怂恿人，使人上当。

㉙树上开花：比喻将本求利，别有收获。

㉚反客为主：指在一定的场合采取主动措施，以声势压倒别人。

㉛美人计：指以美女诱惑人的计策。

㉜空城计：指掩饰自己力量空虚，迷惑对方的策略。

㉝反间计：指用计谋离间敌人，引起敌人内讧。

㉞苦肉计：故意毁伤身体以骗取对方信任，从而进行反间的计谋。

㉟连环计：指一个接一个相互关联的计策。

㊱走为上计：多用于指做事时如果形势不利，没有成功的希望，就选择退却、逃避的态度。

项目二 决 策

管理名言

世界上每100家破产倒闭的大企业中,85%是因为企业管理者的决策不慎造成的。

——美国兰德公司

知识目标

◆ 明确决策的含义、类型和影响决策的因素;
◆ 掌握决策的原则、程序和方法。

技能目标

◆ 学会鉴别不同层面面临的不同决策问题;
◆ 学会区分确定型、风险型和非确定型决策;
◆ 学会运用决策方法来解决不同类型的决策问题。

思政目标

◆ 了解管理者承担的重要职责、肩负的重要使命,当好管理决策程序与原则的“守护人”。

随着决策理论和实践的不断发展,人们在决策中采用的方法也不断得到充实和完善。目前,经常使用的企业经营决策方法分为2大类:①定性决策方法;②定量决策方法。决策方法的分类如图2-1所示。

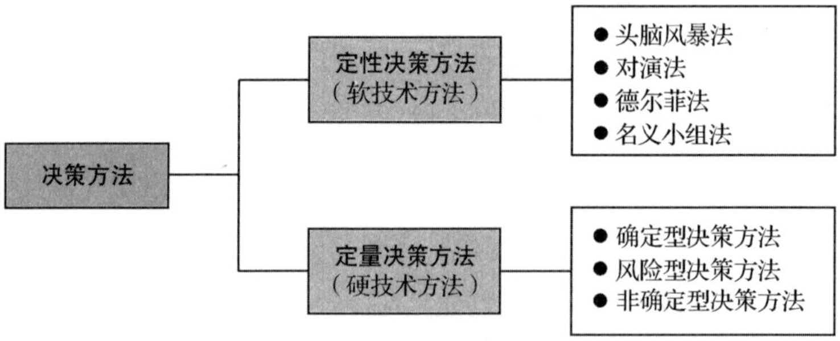

图2-1 决策方法的分类

任务一 定性决策方法的应用

任务描述

在当今竞争激烈的商业环境中,如何在满足业务需求的基础上不断创新和改进产品与服务,提高市场竞争力,拓展业务范围,成为产品设计师关注的重要问题。在校园网络管理系统的设计中,如何结合系统的结构、布局、交互流程等方面的信息设计出满足信息架构、人机交互、视觉效果要求的交互设计方案?

知识准备

一、决策认知

(一)决策的含义

思政园地

"一带一路"倡议

"丝绸之路经济带"和"21世纪海上丝绸之路"合称为"一带一路"。"一带一路"是促进共同发展、实现共同繁荣的合作共赢之路,是增进理解信任、加强全方位交流的和平友谊之路。"一带一路"贯穿亚欧非大陆,一头是活跃的东亚经济圈,另一头是发达的欧洲经济圈,中间广大腹地国家的经济发展潜力巨大。

对中国而言,"一带一路"有利于促进国际产能合作,如基建行业可以在沿线国家承接众多项目,并带动原材料的出口与技术标准的输出,助力产业升级。在贸易方面,"带一路"有利于中国开辟新市场,拓宽资源获取的渠道,保障能源安全。文化交流也随之加强,有利于提升国家的软实力与塑造良好的国际形象。

沿线其他国家同样获益颇丰。众多发展中国家的基础设施建设得以加速推进,如巴基斯坦瓜达尔港的建设,改善了当地的交通与物流条件,带动了临港经济的发展,创造了大量的就业岗位。各国间的互联互通促进了贸易自由化,加强了区域经济一体化,激发了市场活力,提升了产业竞争力,推动了技术的交流与创新,让沿线国家共享全球化红利,缩小了与发达国家和地区之间的差距,最终实现各国携手共进、多方合作共赢的良好格局。这些都充分彰显了这一倡议的高瞻远瞩与深谋远虑。

每个人从不同层面来看都是一个管理者,每天要做出大量决策。对于管理者,尤其是高层管理者来讲,最难的事情就是如何做出正确的决策。决策是管理的核心,是管理的首要职能。西蒙曾将管理定义为决策。这一论断强调了决策在管理中的战略地位。管理实际上是由一连串的决策组成的,决策始终伴随管理工作过程的每一个环节,决策质量的好坏对于管理的各项职能工作的效率和效果都有着不容忽视的影响。决策可以定义为在既定的环境下,为实现预定的目标,从备选方案中选择一个行动方案的分析、判断、选择或调整的过程。这一定义包括以下几层含义:

①决策要有明确的目标,没有目标,人们将难以对未来的活动方向、内容和方式做出选择和调整。目标既是决策的起点,又是决策最终要达到的目的。

②决策要具有选择性,也就是说,决策要有 2 个以上的备选方案。

③决策需要进行分析和判断:一方面决策是对未来一定时期活动的安排,需要对环境变化有正确的预见;另一方面,备选方案对资源的要求、可能的结果以及风险程度均有所不同。因此,决策就需要集思广益和进行科学的分析、判断。

④决策是一个过程,它不仅包括在某一瞬间做出明确、果断的决定,还包括在做决定之前的一系列准备活动和做决定之后采取具体措施、落实决策方案的全过程。

⑤决策不仅包括方案的选择,还包括方案的调整。

(二)决策的类型

1. 按决策问题的重要程度分类

(1)战略决策

战略决策是指关系到组织的根本性、全局性、长期性,影响组织生存和发展的决策,一般由高层管理者做出。战略决策是所有决策中最重要的决策,主要是为了适应外部环境的变化,对组织的大政方针、战略目标等重大事项所进行的决策活动,如组织的长远规划、国内外市场的开拓、组织结构的调整和高级管理层的人事变动等。

(2)战术决策

战术决策又称管理决策,是在执行战略决策的过程中对具体经营问题、管理问题、业务问题和技术问题所做的具体决策,主要由中层管理者负责。战术决策旨在实现组织内部各环节活动的高度协调和资源的合理使用,以提高经济效益和管理效能,如企业的生产计划、销售计划、更新设备选择、新产品定价和流动资金筹措等。战术决策不直接决定组织的命运,但决策行为的质量将在很大程度上影响组织目标的实现程度和组织效率的高低。

(3)业务决策

业务决策又称执行性决策,是指在日常业务活动中为提高工作效率与生产效率,合理组织业务活动进程所做的决策,主要由基层管理者负责。业务决策是组织中所有决策的基础,也是组织运行的基础,如日常工作任务的分配与检查、工作日程(生产进度)的监督与管理、岗位责任制度的制定与执行、企业的库存控制和材料采购等。

2. 按决策的重复程度分类

(1)程序化决策

程序化决策又称重复性决策、定型化决策、常规决策或例行决策,是指按规定的程序、处理方法和标准去解决管理中经常重复出现的问题,一般用于解决业务问题,如订货采购、材料的出入、产品的生产和工资发放等。这类问题产生的背景,即内部与外部的有关因素,已全部或基本上被决策者掌握,决策者可依靠长期处理此类问题的经验或求助于一个系统化的程序、规则和政策来完成决策。在一个组织中,不同管理层面对的程序化决策的情况不同,如图 2-2 所示。

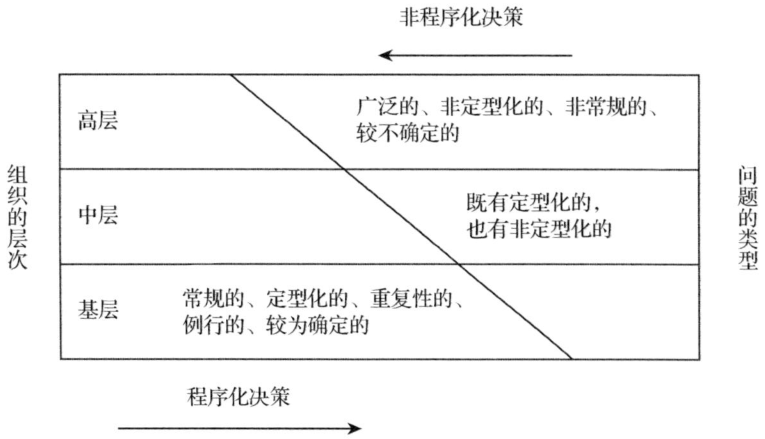

图 2-2 不同管理层面对的程序化决策的情况

(2)非程序化决策

非程序化决策又称非定型化决策或非常规决策，是指为解决以往无先例可循的新问题所做的决策。所决策的问题具有极大的偶然性和随机性，很少重复发生；或由于问题复杂，牵涉面很广或问题极度重要，没有既定的程序可被用于处理这类问题，只能做特殊处理，如新产品开发、组织结构调整和重大投资等。这类决策受企业内外部条件和环境的影响较大，无法用常规的办法来进行处理；除采用定量分析外，决策者个人的经验、知识、洞察力、直觉和信念等主观因素都非常重要。

3. 按决策问题的可控程度分类

(1)确定型决策

确定型决策是指在可控条件下进行的决策，即每种备选方案只有一种确定的结果。也就是说，决策事件未来的自然状态明确，只要比较各方案的结果即能选出最优方案。这类决策问题一般可以用数学模型求得最优解，如企业的作业计划、库存量的确定、项目管理中的日程安排和设备修理计划等，可以采用线性规划、数量模型分析等方法。

(2)风险型决策

风险型决策也称随机决策，它是处在风险状态下的决策，而且各决策方案潜在的收益和风险与估计的概率有关。一种方案的执行可能会出现几种不同的结果，但对每种结果发生的概率可进行客观估计。风险型决策的关键在于衡量各备选方案成败的概率，权衡各自的利弊，做出选择，所以不管选择哪个备选方案都有一定的风险。

(3)非确定型决策

非确定型决策是指决策事件未来的各种自然状态完全未知，各种状态出现的概率也无法估计，只能由决策者靠经验、直觉、判断能力做出的决策。因此，决策的难度和风险就更大。事实上，大多数企业的决策都属于非确定型决策。如某公司海外业务的拓展，可以选择间接出口、直接出口或直接投资 3 种方式，但由于环境变化的高度不稳定性、目标国可能存在的政治风险、国际金融市场汇率波动造成的外汇风险和当地文化习惯不同造成的对产品消费倾向的不同等多种因素的不确定性，每个备选方案都有成功的机会和失败的可能，决策的关键在于决策者对信息资料掌握的程度、信息资料的质量以及决策者对未来形势的准确判断。

4. 按决策层次分类

(1)高层决策

高层决策是由企业最高层管理者所做的决策。高层决策是解决企业全局问题或涉及面大、比较重要、政策性较强和利害关系影响较大的决策。

(2)中层决策

中层决策是由企业中级管理者所做的决策,如企业执行性的管理决策和业务决策。

(3)基层决策

基层决策是由基层管理者所做的决策,主要用于解决作业任务的安排问题。

5. 按决策主体分类

(1)个体决策

个体决策是指由单个人做出的决策。个体决策主要用于处理常规问题,以及信息较为准确、相对简单的问题。

(2)群体决策

群体决策是指由多人共同做出的决策。相对个体决策而言,群体决策能够更好地保证决策结果的合理性和正确性,并增加有关人员对决策的接受度,但也具有效率较低和时效性较差的缺点。

6. 按决策的起点分类

(1)初始决策

初始决策是决策者对从事某种活动或从事该活动的方案所进行的初次选择。初始决策是决策者在对内外部环境的某种认识的基础上做出的。

(2)追踪决策

追踪决策是在初始决策的基础上对组织活动方向、内容或方式的重新调整。追踪决策是由于内外部环境发生了变化,或者是由于对组织环境特点的认识发生了变化而引起的。

7. 按决策时间分类

(1)长期决策

长期决策是指决策结果对组织的影响时间长,对组织今后的发展方向具有长远性、全面性的重大影响的决策。如对于投资方向的选择、人力资源的开发和组织规模的确定等问题的决策,均属于长期决策。

(2)短期决策

短期决策是指决策结果对组织的影响时间较短,是实现长期战略目标所采取的短期策略手段。如企业的日常营销决策、物资储备决策和生产中的资源调配决策等,均属于短期决策。

8. 按决策时间的紧迫性分类

美国学者威廉·R. 金和大卫·I. 克里兰把决策分为时间敏感型决策和知识敏感型决策。时间敏感型决策是指那些必须迅速做出而且尽量准确的决策,往往着眼于决策的速度;而知识敏感型决策对时间的要求不是那么严格,其执行效果主要取决于质量,而非速度。

(三)决策的原则

决策的原则是指决策必须遵循的指导原理和行为准则。决策是一项非常复杂的工作,它涉及组织内外的众多因素。决策者要做出科学、合理的决策,必须遵循以下原则。

1. 整体性原则

整体性原则又称系统性原则,它要求把决策对象视为一个系统,处理好组织内部条件与外部环境、整体与局部、局部与局部、长远利益与当前利益和主要目标与次要目标之间的关系。因此,在进行决策时,应该将各个子系统的特性放到大系统的整体中去权衡,以整体系统的总目标来协调各个子系统的目标。

2. 相对满意原则

决策遵循的是满意原则,而不是最优化原则。对决策者来说,要想使决策最优,必须具备下列条件:①容易获得与决策有关的全部信息;②真实了解全部信息的价值所在,并据此制订所有可能的方案;③准确预测每个方案在未来的执行结果。

但在现实中,组织内外存在的一切情况对组织的现在和未来都会直接或间接地产生某种程度的影响,但决策者很难收集到反映这一切情况的信息;同时,对于收集到的有限信息,决策者的利用能力也是有限的,从而决策者只能制订数量有限的方案;加之任何方案都要在未来得到实施,而人们对未来的认识是不全面的,对未来的影响也是有限的,从而决策时所预测的未来状况可能与实际的未来状况有出入。因此,上述 3 个条件往往得不到满足,决策者难以做出最优决策,只能做出相对满意的决策。

3. 预测在先原则

预测是决策的前提和依据。预测是依据已知推断未知,或者说是根据过去、现在预测未来。要提高决策的合理性,必须用科学的预见来克服没有科学根据的主观臆测,防止盲目进行决策。决策的正确与否,取决于决策者对未来预测的准确程度,而收集和运用各种可靠的信息资料是保证预测准确的前提条件。

4. 可行性原则

决策要具有相对于决策环境的适用性和在组织现有条件下的可行性。可行性原则是指对所有能实现决策目标的备选方案进行可行性分析论证,通过广泛调查、反复对比和全面分析,科学论证备选方案的可行性,然后选定有较大把握实现的方案。掌握可行性原则必须认真研究分析各种制约因素,包括自然条件的制约和决策本身目标系统的制约。

5. 经济性原则

经济性原则就是研究做决策所付出的代价和取得收益的关系,即研究投入与产出的关系。决策必须以经济效益为中心,并且要把经济效益同社会效益结合起来,以较小的劳动消耗和物资消耗取得最大的成果。如果一项决策所付出的代价大于所得,那么这项决策就是不经济的。

6. 民主性原则

民主性原则是指决策者要充分发扬民主作风,避免“长官意志”和“一言堂”,调动决策参与者,甚至决策执行者的积极性和创造性,使他们共同参与决策活动;充分听取不同的意见,并善于集中和依靠集体的智慧与力量进行决策。

(四)影响决策的因素

1. 环境因素

环境从 2 个方面对决策施加影响:①环境的特点影响组织的决策。就企业而言,如果市场相对稳定,那么今天的决策基本上是昨天决策的翻版与延续;如果市场急剧变化,就需要经常对经营方向和内容进行调整。处在垄断市场上的企业,通常将经营重点放在内部生产条件的改善、生产规模的扩大以及生产成本的降低上;而处在竞争市场上的企业,则需要密切关注竞争对手的动向,不断推出新产品,努力改善促销宣传条件,建立健全销售网络。②对环境的习惯反应模式也影响组织的决策。对于相同的环境,不同的组织可能做出不同的反应,而这种调整组织与环境关系的模式一旦形成,就会趋于稳固,限制决策者对行动方案的选择。

2. 历史因素

历史总要以这种或那种方式影响未来。在大多数情况下,组织的决策不是在一张白纸上进行的初始决策,而是对初始决策的完善、调整或改革。过去决策是目前决策的起点,过去方案的实施给组织内部状况和外部环境带来了某种程度的变化,进而给"非零起点"的目前决策带来了影响。过去决策对目前决策的影响程度取决于过去决策与现任决策者的关系。如果过去决策是由现任决策者做出的,决策者考虑到要对自己当初的选择负责,就不愿意对组织活动进行重大调整,而倾向于将大部分资源继续投入过去决策的执行中,以证明自己的一贯正确;相反,如果现任决策者与过去决策没有什么关系,重大改变就可能被其接受。

3. 决策者因素

决策者的经历、胆识、气质、经济实力,以及对风险的态度会影响其对方案的选择。喜好风险的人通常会选取风险程度较高但收益也较高的行动方案,而保守的人通常会选取较安全同时收益水平也较低的行动方案。

4. 组织文化因素

在决策过程中,任何方案的选择都意味着对过去某种程度的否定,任何方案的实施都意味着组织要发生某种程度的变化。在偏向保守、怀旧、维持的组织中,人们总是根据过去的标准来判断现在的决策,而对将要发生的变化产生怀疑、害怕、抗拒的心理与行为;相反,在具有开拓、创新精神的组织中,人们总是以发展的眼光来分析决策的合理性,总是希望在可能发生的变化中得到什么,因此渴望变化,欢迎变化,支持变化。很明显,欢迎变化的组织文化有利于新方案的通过与实施,而抵御变化的组织文化不利于那些对过去进行重大改变的方案的通过,即使决策者几经周折让方案勉强通过,也要在正式实施前,设法创建一种有利于变化的组织文化。

(五)决策的程序

无论是哪种决策,一般都涉及决策者、决策目标、决策准则、决策对象、决策工具和决策结果 6 个要素。

决策活动是一个科学的动态过程,人们在进行决策时要按照一定的程序和步骤。一般可将决策程序分为以下 7 个步骤,如图 2-3 所示。

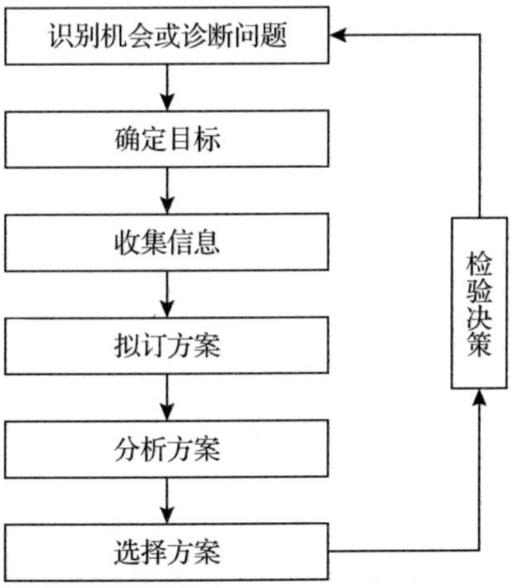

图 2-3　决策程序示意图

1. 识别机会或诊断问题

决策者必须知道哪里需要行动,因此,决策过程的第一步是识别机会或诊断问题。识别机会主要是为是否扩大生产规模、是否开拓某市场等问题的决策做准备;通过诊断问题,明确问题的性质、范围、程度、价值、影响,以及产生的原因。

2. 确定目标

明确问题后，就要研究针对所存在问题采取的措施需要符合哪些要求，必须实现何种效果，即明确决策的目标。决策目标既是制订和选择决策方案的依据，又是执行决策、评价决策执行效果的标准。确定决策目标时要注意以下几个问题：

①目标体系：目标要有层次结构，要建立目标体系。目标是由总目标、子目标、二级子目标等从总到分、从上到下组成的一个有层次的体系，是一个动态的复杂系统。

②目标定量：目标应尽可能定量化，可以明确计量成果，规定时间，确定责任。

③目标约束：任何目标都存在一定的约束条件，约束条件主要有资源条件、质量规格、时间要求及法律、制度、政策等限制性规定。决策执行的结果如果不符合约束条件，即使完成了目标，也不能认为实现了目标。

④价值标准：建立衡量决策的近期、中期、远期效果的三级价值标准。建立科学价值、经济价值及社会价值指标，并进行综合权衡，以构成价值系统，以此价值系统作为评价标准。

⑤专家论证：目标的确定要经过专家与决策者的集体论证。

3. 收集信息

收集信息即收集组织所处环境中有关经济、技术、社会的各方面的信息以及组织内部的有关情况。要做出科学的决策，就要对决策对象的现状、发展规律及其所处的外部条件可能发生的变化进行科学预测。

4. 拟订方案

确定目标之后，就应从多方面寻找和发现实现目标的途径和措施，通过创造性的活动，拟订出各种可行性方案，以供进一步选择。备选方案通常包括 2 个方面的内容：①落实决策总目标的各种次级目标及实现这些目标的途径；②目标实现过程中的主要约束条件及其可控和不可控的程度。

制订备选方案时往往会受到多方面的限制，如政府法律、传统道德观念、管理者本身的权力与能力、技术条件和经济因素等方面的限制。例如，进行采购问题的决策时，需考虑的因素有价格(成本)、品质、交货时间、交货持续性、售后服务、互惠条件和累计折扣等。不同的决策问题有不同的考虑因素，决策者必须针对特定问题，思考可能的相关因素，以免遗漏。

例如，某电器公司的工厂建在上海，但其产品行销西南地区。目前，该公司仅有一个仓库及分公司在昆明，竞争力和售后服务均感不足。公司业务经理建议在昆明设立一个装配厂，以便于就近服务顾客。公司总部在决定是否采纳此建议前，必须考虑以下相关的限制因素：

①运送成品及零件到昆明的运输成本；

②在昆明设立装配厂的工资成本、管理费用、生产成本、固定资产投资及其资金来源；

③影响西南地区电器需求的季节性因素及企业适应季节性变化的能力；

④该装配厂对当地顾客服务水平的影响，如送货、修理及其他售后服务等；

⑤新厂管理的难度；

⑥当地政府对该厂的财税优惠政策；

⑦新厂设立对公司总销售和总利润的影响。

5. 分析方案

在比较备选方案的过程中，必须先确定相关的限制因素，并把它们作为计算与比较的基础；然后，再针对每一个备选方案及相关因素，估计方案的结果，以利于备选方案间的比较。

从上述电器公司的案例来看,电器公司的经理必须逐一回答7个问题,或分析每一个因素的优劣,并针对每一个重要的相关限制因素做出定量化的评价。

着重对每个备选方案的可行性、满意度和可能产生的结果进行分析和评估。备选方案的分析步骤如图2-4所示。

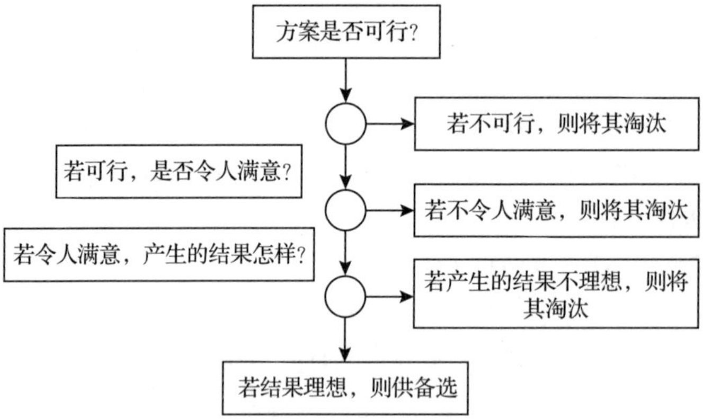

图2-4　备选方案的分析步骤

①可行性评估:评估方案是否可行。如受资金、法律、人力与物力的限制,某些方案无法得到实施,即无可行性,需要将该方案淘汰;若方案有可行性,就需要进一步分析该方案是否能达到令人满意的程度。

②满意度分析:所谓满意,就是指某一方案是否满足了决策所处条件下的各个要求。如果方案不令人满意,则将其淘汰;若令人满意,但是往往也会因付出的代价大于收益而被放弃。因此,仍然需要对该方案试行后可能产生的结果进行评估。

③可能结果评估:对该方案可能付出的代价和产生的收益进行分析评估。如果该方案被采用,将会给组织内的各个部门带来什么影响?这些影响又将付出多少代价,得到多少好处?

6. 选择方案

在分析方案的基础上,权衡各个方案的利弊得失,将各方案按优先顺序排列,提出取舍意见。选择最优方案是决策的关键一环,要做好方案优选工作,需要满足2个条件:①要有合理的选择标准;②要有科学的选择方法。

(1)选择方案的标准

选择方案的标准要根据决策目标而定。凡是能够定量化的方案都要定出量化标准,如利润达到多少等;对于难于定量化的方案,可以做出详细的定性说明,如安全可靠性等。如果利用评分法进行综合评价,就要规定评分标准和档次等,这样才能做出较有科学依据的选择。

(2)选择方案的方法

选择方案的方法很多,归纳起来有经验判断法、归纳法、数学法和试验法等。各种选择方案的方法都各有利弊,采用何种方法还要从实际出发,灵活运用。

在选择方案时,要注意方案之间的可比性和差异性,应把不可比因素尽量转化为可比因素,着重对其差异进行比较与分析;同时,还要考虑方案可能带来的不良影响和潜在的问题,以权衡利弊得失,做出正确的决断。

7. 检验决策

在决策实施过程中，由于主、客观因素的变化，可能会产生与决策目标相偏离的情况。因此，要实施反馈控制，进行追踪检查。通过评估和审查，可以把决策的具体实施情况反馈给决策者。如果出现了偏差，就及时纠正偏差，保证决策能够被顺利实施，或者在必要的情况下修正原决策。

二、定性决策方法

定性决策方法也称决策的软技术，是指在决策过程中充分利用专家集体的智慧、能力和经验，在系统调查分析的基础上，根据掌握的情况和资料进行决策的方法。定性决策方法被较多地应用于综合抽象程度较高的高层次战略问题的决策，主要依赖于决策者的分析判断，难以用数学方法来解决。定性决策方法主要包括头脑风暴法、对演法、德尔菲法和名义小组法。

（一）头脑风暴法

头脑风暴法是一种著名的创新方法，被广泛应用于创新设计、决策制定和团队建设等方面，便于发表创造性意见，是一种集思广益的方法。头脑风暴法通常是将对解决某一问题有兴趣的人集合在一起，在完全不受约束的条件下，敞开思路，畅所欲言，没有批评或评论，以激发灵感，产生创造性思维。这种方法的时间安排应为 1~2 小时，参加者以 5~6 人为宜。头脑风暴法是由美国的亚历克斯·奥斯本最先提出的，他强调该决策方法的实施要坚持以下 4 项原则：①对别人的建议不进行任何评价，将相互讨论限制在最低限度内；②建议越多越好，在这个阶段，参与者不要考虑自己建议的质量，想到什么就应该说出来；③鼓励每个人独立思考，广开思路，想法越新颖、奇异越好；④可以补充和完善已有的建议，以使它更具有说服力。

1. 头脑风暴法的优点

头脑风暴法具有以下几个优点：

①激发创造性思维和灵感：头脑风暴是一种自由、开放的创意思维方式，可以让参与者发散自己的思维，提高自己的创造性思维能力。设计师和开发人员可以通过该方法来汇聚不同的想法和意见，以便更好地发掘创新性的设计方案。

②促进团队的协作和沟通：通过头脑风暴法，不同的团队成员可以在一个开放、平等的环境中交流、讨论各自的想法和见解，这有助于促进团队成员之间的协作和沟通，提高团队的创造力和创新能力。

③提升设计的多样性和创新性：头脑风暴法可以使参与者的想象力和创造力得到更大的发挥，从而提高设计的多样性和创新性。头脑风暴法可以帮助设计师和开发人员发现一些非传统的设计思路和方案，这些思路和方案可能会为项目带来全新的视角和灵感。

2. 头脑风暴法的步骤

下面围绕校园网络系统管理 B 端工作场景中的头脑风暴为主题，从以下几个方面探讨如何在实际应用中发挥头脑风暴的潜力，具体步骤如下：

①明确主题和目标：在该项目的交互方案分析中，头脑风暴的主题需要由团队成员一起讨论并确定，如如何提高用户的工作效率，如何优化不同角色用户的使用体验等。在确定头脑风暴的主题后，需要仔细了解校方的业务需求。了解校方的业务需求可以帮助交互设计师更好地理解业务方的需求和用户的期望，这将有助于限制创意范围并使创意更具有针对性，从而更好地开展头脑风暴。

②确定参与者和规则:在头脑风暴开始前,设计团队应该确定参与头脑风暴的成员和规则,通过规则来确保将团队的注意力集中在一个主题上,并避免过度思考或讨论。参与者应该是有相关经验和知识的人员,例如设计师、产品经理和开发工程师等。需要给参与者发送电子邮件、即时通信或会议邀请,告知他们头脑风暴的主题、目标、流程和规则,同时要求他们在头脑风暴中分享想法和意见。头脑风暴的时间限制通常为 30 分钟 ~1 小时,这样可以保证头脑风暴的效率。

③环境氛围的创造:在头脑风暴开始时,参与者应该先进行发散思考,保持一种自由思考的状态,目的是创造一种自由、宽松、祥和的氛围,以便活跃气氛。主持人宣布开会后,要先说明会议的规则,然后随便谈点有趣的话题或问题,例如讲笑话、猜谜语和听音乐等,让大家的思维处于轻松和活跃的状态。

④畅谈:是头脑风暴法的创意阶段。为了使大家能够畅所欲言,需要制定一些规则。主持人要先向大家宣布这些规则,如果时间允许,可以让每个人先就所需解决的问题独立思考 10 分钟;随后主持人引导大家自由发言、自由想象、自由发挥,使彼此相互启发、相互补充,真正做到知无不言、言无不尽。参与者可以按顺序发表意见,如果被轮到的人当时无新构想,可以由下一个人发表意见。如此循环,新想法便一一出现。参与者每讲出一个方案,就由速记员马上写在白板上,并使每个人都能看见,以利于激发出新的方案。经过一段时间的讨论后,大家对问题已经有了较深程度的理解。为了使大家对问题的表述能够具有新角度、新思维,主持人或速记员要对发言记录进行归纳、整理,找出富有创意的见解,以及具有启发性的表述,供下一步头脑风暴参考。

⑤筛选阶段:在头脑风暴期间,参与者可能会提出很多不同的创意、观点,当发散思考结束后,应该确保所有想法都被记录下来,以便于后续的评估和筛选。可以将所有被提出的想法和问题进行可视化汇总和分类。例如,利用工具如白板、便利贴或者在线协作工具,将相似的想法和问题放在一起,或按照主题进行分类,以便于后续的进一步分析。根据重要性和紧迫性,对想法和问题进行优先级排序。这有助于后期更好地规划设计过程和开发时间,并确保最优方案被优先考虑。高优先级的想法可以是最有可能被采用和实施的想法,或者是与当前设计需要相符合的想法。此外,团队成员还应该考虑这些想法是否能够解决用户的问题或痛点,是否符合产品的定位和目标用户群等。

⑥汇总和分类:这一步可以帮助交互设计师更清晰地了解所有想法和问题,并发现它们之间的联系和差异。筛选出最有价值的想法后,应该将它们进行归纳和整理,以便于后续的设计工作。在归纳想法和问题的过程中,可以按照它们的相似性或主题进行分类和整理,以便设计团队可以更好地理解和使用它们。在该环节中,交互设计师需要保持开放的心态和灵活的思维方式,以便更好地发现和解决问题;同时,还需要与团队进行密切合作,并不断进行反思和反馈,以确保设计过程和最终方案能够实现团队的目标和满足用户的需求。

⑦优化改进:最后还需要进一步整合、深化、完善想法,生成设计方案和交互模型图。在这一步中,交互设计师需要根据最佳想法与需求,结合该系统的结构、布局和交互流程等方面的信息,设计出满足信息架构、人机交互和视觉效果要求的交互设计方案,并把方案提交给团队的其他成员进行共同评估和修改。该过程需要团队成员的合作,以确保方案的实现能够与团队的技术能力相匹配,让所有设计都可以成功落地;同时,最终的方案需要符合业务的需求和期望,保证设计方案的所有变化和改进都能更好地满足业务方的需求和提升用户的使用体验。

头脑风暴法是一个非常重要的方法，它可以帮助设计师发散思维，挖掘出更多的创意和解决方案。但需要注意的是，头脑风暴法并非是万能的方法，有时候可能会产生一些无意义或不切实际的想法。因此，在进行头脑风暴的过程中，团队需要保持理性和判断力，对所有的想法进行筛选和评估，结合实际情况进行优化，这样才能在B端交互设计中创造出最好的用户体验。

（二）对演法

对演法也是以召开会议的形式来解决问题的，其特点是会议上有几个持有不同观点的小组。这些小组各抒己见，在会议上展开辩论，互攻其短，扬己之长。这样就可以充分暴露矛盾，展现各种方法的优缺点，暴露出各方案的片面性，便于综合出一套最满意的解决问题的方案。

（三）德尔菲法

德尔菲法是由美国兰德公司提出的，它是被用于听取专家关于处理某一问题的意见的一种专家决策法。专家可以是来自一线的管理者，也可以是高层经理；既可以来自组织内部，也可以来自组织外部，包括在该问题方面有经验的大学教授、研究人员和管理者等。德尔菲法的过程如下：管理者邀请一些专家，把要解决的关键问题分别告诉专家们，请他们单独无记名地发表自己的意见；在此基础上，管理者收集并综合各位专家的意见，然后把综合后的意见反馈给各位专家，让他们再次进行分析并发表意见。如此反复多次，用逐次逼近法最终形成代表专家组一致意见的方案。德尔菲法一般包括建立预测工作组、选择专家、设计调查表、组织调查实施、预测结果输出5个步骤，如图2-5所示。

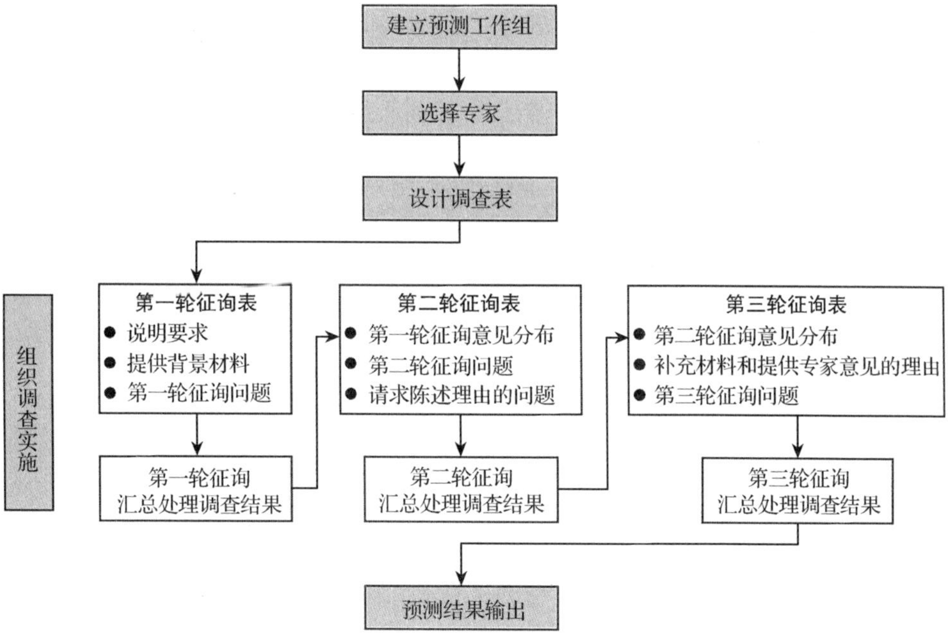

图2-5 德尔菲法程序示意图

在此过程中，如果遇到差别很大的意见，就把提供这些意见的专家集中起来进行讨论并将意见进行综合。如此反复多次，最终形成代表专家组意见的方案。德尔菲法最大的优点是能充分发挥专家的作用，而且由于匿名性和回避性，避免了从众行为；缺点是比较耗费时间，成本高，不易邀请到合适的专家，对日常性的决策不适用。

运用德尔菲法进行决策时，要注意以下3个问题：①选择好专家，这主要取决于决策所涉及问题或机会的性质；②确定好专家人数，一般以10~50人为宜；③拟订好意见征询表，因为它的质量直接关系到决策的有效性。

（四）名义小组法

在集体决策中，如果对问题的性质不完全了解且意见分歧严重，就可采用名义小组法。在这种方法中，小组成员不在一起讨论、协商，小组只是名义上的。这种名义上的小组可以有效地激发个人的创造力和想象力。

在这种方法中，管理者先召集一些有知识的人，把要解决的关键问题告诉他们，并请他们进行独立思考，要求每个人尽可能把自己的备选方案和意见写下来，然后按次序陈述自己的备选方案和意见。在此基础上，由小组成员对提出的全部备选方案进行投票。根据投票结果，赞成人数最多的备选方案即为入选的方案。当然，管理者仍有权决定最终是否采用这个方案。

任务二　定量决策方法的应用

定量决策方法又称决策的硬技术，是指根据现有数据，运用数学模型进行决策的一种方法，它能使决策精确化和程序化。定量决策方法主要应用于对组织在既定方向从事一定活动的不同方案做出选择，如提高产量、利润或降低成本等，其核心是把决策的变量与变量、变量与目标之间的关系用数学式表示出来，建立数学模型，然后根据条件，通过计算求得答案。由于决策包含的变量、面临环境的不确定程度不同，需要在决策中运用不同的数学工具。这里主要介绍确定型决策、风险型决策和非确定型决策3种方法。

任务描述

1. 盈亏平衡分析法

王力毕业后打算自主创业，通过加盟的方式经营一家奶茶店，于是他做了详细的市场调研，见表2-1。

表2-1　项目费用

项目费用	金额
租金/万元	10
品牌加盟费/万元	5
工作人员年薪/万元	10
单位材料成本/元	5
销售单价/元	10

预计平均每天销售奶茶300杯，请分析王力同学的奶茶店能否盈利，这个创业方案是否可行。

2. 风险型决策方法

某施工单位需要进行露天作业，施工所在的地区夏季高温多雨，且有一批施工机械暂时闲置。施工单位有2种选择：①将机械运走，需要运费10万元；②将机械留在原地。留在原地也有2种选择：①用4万元建造一个平台放置机械，这样可以防御高水位，但不能防御大洪水；②不建平台，正常水位时没有损失，高水位时损失40万元。如果遇到大洪水，无论有无平台，价值100万元的机械会全部被冲走。根据水文资料预测，该地区发生大洪水的概率为3%，高水位的概率为22%，正常水位的概率为75%。请根据上述资料做出决策。2种方案的损失金额情况见表2-2。

表2-2 2种方案的损失金额情况

万元

方案		概率	损失金额
运走			10
留在原地	建平台	大洪水的概率为3%	104
		高水位的概率为22%	4
		正常水位的概率为75%	4
	不建平台	大洪水的概率为3%	100
		高水位的概率为22%	40
		正常水位的概率为75%	0

3. 非确定型决策方法

某企业打算生产某产品，据市场预测，产品需求量有4种情况：需求量较高、需求量一般、需求量较低和需求量很低。对每种情况出现的概率均无法进行预测。现有3种方案：A方案是自己动手，改造原有设备；B方案是全部更新，购进新设备；C方案是购进关键设备，其余自己制造。该产品计划生产5年。据估计，各方案在各种自然状态下的预期损益值见表2-3。

表2-3 各方案在各种自然状态下的预期损益值

万元

方案	需求量较高	需求量一般	需求量较低	需求量很低
A	80	60	40	20
B	100	80	30	-20
C	85	65	25	5

请分别运用乐观准则、悲观准则、机会均等准则与遗憾准则进行决策。

知识准备

一、确定型决策方法

确定型决策方法是指决策的自然状态是一种既定的情况，即影响决策的因素、条件和决策的发展前景比较清晰、明确，从而进行最佳方案选择的决策方法。确定型决策的主要方法是盈亏平衡分析法。

盈亏平衡分析法又称损益平衡分析法或本量利分析法，是指通过分析产品成本、产量、利润之间的关系，掌握盈亏变化的规律，指导企业选择经营方案。其中，方案盈利和亏损的临界点称为盈亏平衡点或保本点。

在某一个生产时期内，企业的生产总成本按照成本的变化习性可以分为固定成本和变动成本 2 大类。固定成本是指成本总额在一定业务量范围内不受业务量变动的影响而固定不变的成本，如固定资产折旧费、办公费等。变动成本是指成本总额在一定业务量范围内随业务量增减变动而成比例增减变动的成本，如直接用于产品生产的原材料费、燃料成本和计件工资等。在实际经营过程中，假设总成本 = 固定成本 + 变动成本 = 固定成本 + 单位变动成本 × 业务量，则盈亏平衡分析的基本方程式为：

$$E=PX-BX-A \tag{2-1}$$

式中，E—目标利润；X—业务量；A—固定成本总额；B—单位变动成本；P—产品价格。

当 $E=0$ 时，则保本点销售量 X_1 可以用下面的公式进行计算：

$$X_1=A/(P-B) \tag{2-2}$$

保本点销售额的计算公式为：

$$PX_1=PA/(P-B) \tag{2-3}$$

当 $E\neq 0$ 时，则实现目标利润的销售量 X_2 可以用下面的公式进行计算：

$$X_2=(E+A)/(P-B) \tag{2-4}$$

针对王力同学开奶茶店的方案，采用盈亏平衡分析法分析如下：

固定成本 =10+5+10=25（万元）；盈亏平衡产量 $X_1=A/(P-B)=25/(10-5)=5$（万杯）=50 000（杯）；年营业量 =300 × 365=109 500（杯），大于盈亏平衡产量。因此，这个创业方案是可行的，预计年盈利 =10 × 109 500-（250 000+5 × 109 500）=297 500（元）。

二、风险型决策方法

风险型决策方法研究怎样根据决策事件的各种自然状态及其概率，做出合理决策的问题。这类决策方法主要采用决策树法。决策树法是用树状图来描述各种方案在不同情况（或自然状态）下的收益，据此计算每种方案的期望收益，从而做出决策的方法。

决策树由决策点、决策枝（方案枝）、状态节点、概率枝和期望值构成。其中，决策点为决策出发点，用“□”表示；决策点引出若干条决策枝，每一条决策枝代表一个方案；决策枝末端为状态节点，用“○”表示；状态节点又引出概率枝，每一条概率枝代表一种自然状态；概率枝末端标出每种自然状态的期望值（收益值或损失值），用“△”表示。决策树示意图如图 2-6 所示。

以“任务描述”部分施工单位的方案选择为例，决策树分析的步骤如下：

①绘制决策树状图：先分析所有决策条件，然后自左向右绘制决策树状图（图 2-7）。

②计算期望值：自右向左计算期望值。用每种自然状态的收益值或损失值乘以各自概率枝上的概率，然后将各概率枝的计算值相加，算出各方案的综合收益值，将结果标于状态节点上方。

节点 4：(-4) × 75%+(-4) × 22%+(-104) × 3%=-7（万元）；

节点 5：0 × 75%+(-40) × 22%+(-100) × 3%=-11.8（万元）；

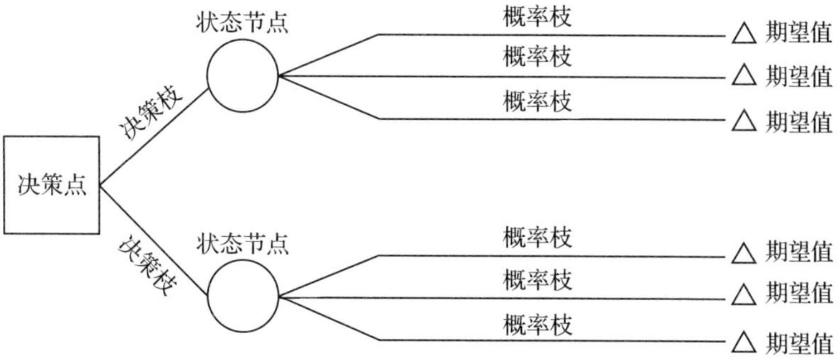

图 2-6 决策树示意图

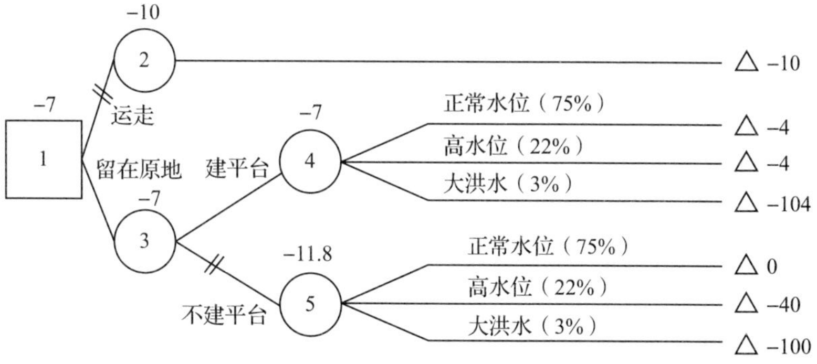

图 2-7 决策树状图

节点 2：运走方案的综合收益值为 -10 万元；

节点 3：建平台方案的综合收益值为 -7 万元。

③选择最佳方案：比较选出期望值最大的方案作为最佳方案，并将此最大值标于决策点的方框上方。同时，未被选用的方案用 2 条平行短线截断，称为“剪枝”。比较节点 4、5，将不建平台的方案剪掉；比较节点 2、3，将运走方案剪掉；最终，留在原地建平台的方案为最佳方案。

三、非确定型决策方法

非确定型决策是在对未来自然状态完全不能确定的情况下进行的。由于决策主要依靠决策者的经验、智慧，这就产生不同的评选标准，因而形成多种具体的决策方法。非确定型决策方法常采用乐观准则、悲观准则、机会均等准则和遗憾准则 4 种准则。下面通过“任务描述”部分“3. 非确定型决策方法”的案例来介绍上述 4 种准则。

1. 乐观准则

乐观准则是指把可能达到的最高回收额极大化，即比较各方案所产生的最大收益，选取其中最大收益最大的一个方案。采用这种方法的管理者对未来持乐观的态度，认为未来会出现最好的自然状态，因此无论采取哪种方案，都能获取该方案的最大收益。采用乐观准则进行决策时，先找出各方案所带来的最大收益，即在最好自然状态下的收益，然后将其进行比较，选择在最好的自然状态下最大收益最大的方案作为决策方案。在案例中，A 方案的最大收益为 80 万元，B 方案的最大收益为 100 万元，C 方案的最大收益为 85 万元。经过比较，B 方案的最大收益最大，所以选择 B 方案。这种方法有时也很危险，因为它忽视了可能受到的亏损以及能获利或不能获利的各种概率。

2. 悲观准则

悲观准则把可能达到的最低回收额极大化，即比较各方案所产生的最小收益，选取最小收益最大的一个方案。采用这种方法的管理者对未来持悲观的态度，认为未来会出现最差的自然状态，因此无论采取哪种方案，都只能获取该方案的最小收益。采用悲观准则进行决策时，先找出各方案所带来的最小收益，即在最差自然状态下的收益，然后将其进行比较，选择在最差的自然状态下最小收益最大的方案作为决策方案。在案例中，A 方案的最小收益为 20 万元，B 方案的最小收益为 -20 万元，C 方案的最小收益为 5 万元。经过比较，A 方案的最小收益最大，所以选择 A 方案。

3. 机会均等准则

对每种可能发生的自然状态设定相等的概率，即如果管理者不知道各种自然状态发生的概率，他们可以假设所有的自然状态都有同等的出现概率。也就是说，他们可以为每一种自然状态设计相等的概率。

A 方案的期望值 =(80+60+40+20)/4=50(万元)；

B 方案的期望值 = [100+80+30+(-20)]/4=47.5(万元)；

C 方案的期望值 =(85+65+25+5)/4=45(万元)。

经过比较，A 方案的收益最大，所以选择 A 方案。

4. 遗憾准则

遗憾准则是指把可能引起决策者最大遗憾的收益极小化。管理者在选择了某方案后，如果将来发生的自然状态表明其他方案的收益更大，那么他会为自己的选择而后悔。遗憾准则就是使最大后悔值最小的方法。采用这种方法进行决策时，先计算各方案在各自然状态下的后悔值(某方案在某自然状态下的后悔值 = 该自然状态下的最大收益 - 该方案在该自然状态下的收益)，并找出各方案的最大后悔值，然后将其进行比较，选择最大后悔值最小的方案作为决策方案。在表 2-4 中，3 个方案的最大后悔值分别为 20 万元、40 万元、15 万元。C 方案的最大后悔值最小，因此选择 C 方案。

表 2-4 各方案在各种自然状态下的后悔值 万元

方案	需求量较高	需求量一般	需求量较低	需求量很低	最大后悔值
A	20	20	0	0	20
B	0	0	10	40	40
C	15	15	15	15	15

上述 4 种方法在实际中往往同时运用，并将被 4 种决策方法选中次数最多的方案作为决策方案。

技能训练

1. 某企业产品的销售单价为10万元/台，单位变动成本为6万元，固定成本为400万元。试求盈亏平衡点的产量和销售额。若完成200台销售量，该企业能否盈利，盈利额是多少？

2. 某企业拟生产一种新产品，由于缺乏资料，企业对这种产品的市场需求量只能估计为4种情况：需求量较高、需求量一般、需求量较低和需求量很低。对这4种自然状态发生的概率无法进行预测。该企业有4个可行方案，各方案在各种自然状态下的损益情况见表2-5。请分别运用乐观准则、悲观准则、机会均等准则与遗憾准则进行决策。

表2-5　各方案在各种自然状态下的损益情况　　万元

方案	需求量较高	需求量一般	需求量较低	需求量很低
A	600	200	-100	-350
B	850	420	-150	-400
C	300	200	50	-100
D	400	250	90	50

项目三 计 划

管理名言

管理就是让大家知道你的规划，理解你的规划，理解你的实施计划和要求，同时让利益联系你我他。

——余世维

知识目标

◆ 理解计划的含义、作用与基本特征；
◆ 熟悉计划的种类及表现形式；
◆ 掌握计划的编制程序及常见的编制方法。

技能目标

◆ 能够运用计划流程，学会如何分析环境、分解任务目标和制订计划；
◆ 能够根据管理任务，运用计划编制的常用方法编制各种计划。

思政目标

◆ 培养具有坚定中国特色社会主义信仰、热爱祖国、拥护中国共产党领导、具有良好道德品质和社会责任感的管理人才；

◆ 能够结合理论与实践，善于运用计划解决问题，具备实践创新和跨学科综合能力，为国家和社会的现代化建设和发展做出积极贡献。

思政园地

"一五"计划的实施，为我国的工业化奠定了初步基础；"三五"至"五五"计划的实施，为建立比较完整的工业体系和国民经济体系做出了巨大贡献；"七五"计划后，我国基本上解决了温饱问题；"九五"计划期末，人民生活总体达到小康水平，进入世界银行划分的下中等收入国家行列；"十一五"时期，我国实现了从下中等收入国家行列到上中等收入国家行列的跨越；"十三五"时期，我国全面建成小康社会，并为开启全面建设社会主义现代化国家新征程奠定扎实的基础。

从"十一五"开始，我国将"五年计划"变成了"五年规划"。我国已连续编制实施了14个五年计划或规划，对推动国家发展发挥了重要作用。"五年规划"是中国国民经济计划的重要组成部分，主要对国家重大建设项目、生产力分布和国民经济重要比例关系等做出规划，为国民经济发展远景规定目标和方向。

计划是管理的职能之一，是在对某个组织的外部环境和内部条件进行研究的基础上，运用科学的方法对组织活动的目标和实现目标的途径做出的筹划和安排。它对组织活动目标的确立和实现起着至关重要的作用。本项目将着重介绍计划的含义、种类和表现形式，计划工作编制的程序和编制方法。

任务一 计划认知

任务描述

全体离地

1. 活动目的

让组员体会自己的团队在接到任务后，如何制订计划，分派工作，进行沟通及合作，并以最快的方法来完成任务。

2. 操作程序

①培训师发给每个小组 9 根粗木棍和 9 条小白绳；

②每个小组必须在 20 分钟内建立起一个架构，该架构可以使全体组员同时离地 3 分钟。

知识准备

一、计划概述

（一）计划的含义

计划作为管理的一项基本职能，是 20 世纪初由古典管理学派的主要代表人物之一——法国管理学家亨利·法约尔最先提出来的。法约尔在 1916 年出版的《工业管理与一般管理》一书中首次提出了著名的企业管理的 5 项职能，即计划、组织、指挥、协调和控制。他指出，计划是规划未来、确定目标，以及提出实现目标的途径和方法的一种管理活动。他说："管理应当预见未来。"这句格言使人们对工商企业计划工作的重要性有所理解。古典管理学派认为，计划职能包括确定最终目标以及实现最终目标的适当手段的全部管理活动。

计划是指为实现一定目标而科学预计和制订的未来行动的方案。狭义的计划是指一个组织在未来一定时期内，用文字和指标等具体形式表达的关于组织成员的行动方针、行动目标、行动内容和行动安排的管理文件或方案。广义的计划是指管理者制订计划、执行计划和检查计划执行情况的过程，即计划工作，它是贯彻执行组织所确定的目标、任务的具体实践过程。我国的企业把计划看作企业经营思想、经营方针、经营目标、经营决策和经营策略的具体化。计划是统率企业人、财、物、供、产、销各项生产技术经济活动的龙头，是统一企业全体员工行为的行动纲领。

计划是针对将来的工作而制订的，因此它应在预测未来不确定因素影响的基础上，通过管理者的创造性管理思想预先提出解决办法，这也体现了计划制订者的管理智慧。同时，计划工作指向具体的管理活动。因此,计划工作必然事先为组织活动可能涉及的资源的筹措和优化配置提供依据,其实质是强调资源使用的效率性。此外,计划工作也为组织活动的检查和控制提供依据。

计划是一个完整的过程,即通过调查研究,预测未来,进行决策,从而制定组织目标,明确实现目标的行动方案,统一组织各个部门、各级单位与各类人员的思想和行为,以实现组织目标的一种管理活动。它涉及做什么、为什么做、何时做、何地做、谁来做和如何做等具体问题,即“5W1H”。

①做什么(What):要明确所要进行的具体活动的内容及其要求;

②为什么做(Why):要明确计划的宗旨、目标和战略,并论证计划的可行性;

③何时做(When):要规定计划中各项工作开始和完成的时间,工作能力和资源要相匹配和相平衡;

④何地做(Where):要规定计划实施的地点和场所,合理安排计划实施的空间;

⑤谁来做(Who):要规定由哪些部门和人员负责实施计划;

⑥如何做(How):要制定实现计划的措施、政策和规则等,并进行最后的综合平衡。

(二)计划的作用

计划工作具有承上启下的作用:一方面,计划工作是决策的逻辑延续,为决策选择的目标活动提供组织实施保证;另一方面,计划工作又是组织、领导、控制和创新等管理活动的基础,是组织内不同部门、不同成员行动的依据。

1. 计划是管理工作的依据

计划为管理工作提供了基础,是管理者行动的依据。管理者要根据计划分派任务,确定下属的权力和责任,使组织中全体成员的活动方向趋于一致、协调行动,以利于组织目标的实现。计划使管理者的指挥、控制、协调更加有效,使管理工作的监督、检查和纠偏具有明确的依据。

2. 计划是合理配置资源的手段

计划明确了组织的不同部门从事各项活动所需资源的时间、数量和种类等,为合理配置资源提供了依据。科学的计划可以减少资源的浪费,并通过预先的估计,做好资源的采购、运输等管理工作。

3. 计划是降低风险、掌握主动的依据

计划作为一种对未来行动的筹划,促使管理者展望未来,预见变化,考虑内外部环境变化给组织带来的冲击,制订适当的对策,以最合理的方案安排组织的各项活动,从而降低组织未来活动的风险。

4. 计划是实施控制的依据

计划的重要内容是组织目标,它是制定控制标准的主要依据。有了控制标准,才能衡量计划实施的实际效果,发现偏差并及时进行纠正,使组织活动不脱离管理者期望的发展方向。没有计划,控制就成为无本之木。实际上,许多控制方法本身就是计划方法,如目标管理和网络计划技术等。

(三)计划的基本特征

1. 目的性

任何组织或个人制订计划都是为了有效实现预期目标。在制订计划之前,这种目标可能还不是特别具体。例如,某企业总裁希望下一个季度的销售额和利润有较大幅度的增长,这是不明确的目标。为此就要制订计划,必须根据过去的情况和现在的条件确定一个可行目标,如销售额增长 30%,利润增长 10%。具体的目标不是单凭主观愿望就能确定的,它要符合实际情况,要通过对内部条件和外部环境进行预测和分析加以确定。在计划工作过程的最初阶段,制定具体、明确的目标是首要任务,之后的所有工作都要围绕目标进行。

2. 首位性

计划在管理职能中处于首要地位,是进行其他管理职能的基础或前提条件。换言之,计划在前,行动在后。首位性主要基于 2 种情况:①该项目只能有一种结果,没有必要采取进一步行动。例如,某医药企业拟开发一个新药品种,这项工作的首要任务就是进行可行性分析和市场调查。若分析结果表明不合适,那么所有工作就告一段落,无须进行其他管理职能。②管理过程中的其他职能都是为了支持、保证计划目标的实现,组织、领导、控制职能都是依照计划而转移的。仍以某制药企业为例,如果该企业在对新产品的开发计划进行可行性分析以后,认为可以继续开发,则开发该产品需要其他管理职能的支持,该项目计划继续进行。

只有在制订出计划的前提下,管理者才便于了解需要什么样的组织关系、什么样的人员,按照什么样的方针去领导下属,以及采用什么样的控制标准等。因此,要使所有其他的管理职能发挥效用,就必须优先制订好计划。计划先于其他管理职能的示意图如图 3-1 所示。

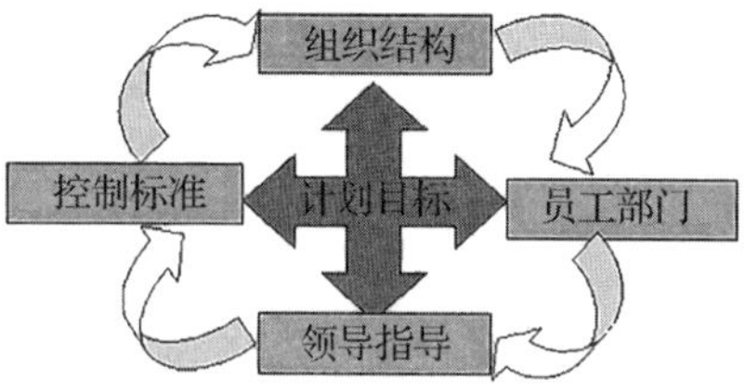

图 3-1 计划先于其他管理职能的示意图

3. 普遍性

在组织中,计划涉及组织管理区域内的每一个层次、每一位管理者及员工。高层管理者不可能,也没必要对组织内部的一切活动做出确切的说明,这是有效管理者必须遵循的原则。高层管理者仅对组织活动制订结构性计划,即只负责制订战略性计划;而中、低层管理者负责制订战术性计划或行动计划。这样做可以减轻高层管理者的负担,同时授予下属某些权力,有助于调动员工的积极性,挖掘下属的潜在能力。因此,计划是各层级管理者的一个基本职能,具有普遍性。

4. 效率性

计划的目的就是促使组织的活动获得良好的经济效益和社会效益。计划的效率性主要是指时效性和经济性 2 个方面。计划的时效性是指对计划期及实施计划时机的选择,必须在计划期开始前完成计划的制订工作,并慎重选择计划期的起止时间。计划的经济性是指组织计划应以最少的资源投入获得尽可能多的产出。如果一个计划能够实现目标,但它需要付出的代价太大,那么这个计划的经济性就很低,它就不是一份好的计划。只有能够实现收入大于支出,并且兼顾国家、集体和个人三者利益的计划才是完美的计划,才能真正体现出计划的效率性。

5. 创新性

计划是针对需要解决的新问题和可能产生的新变化、新机会而做出的决定,因而计划是一个创新性的管理过程。类似于一个产品或工程的设计,产品畅销或工程成功都需要创新,成功的计划也依赖于创新。

管理专栏

创新制胜

当拿破仑得知“意大利军团”处境极端危险的消息后,毅然改变计划,决定选择经大圣伯纳德山口那条比较短但异常险峻的路线去翻越阿尔卑斯山。

“能不能穿过那条小路?”拿破仑在行军前夕问那些从圣伯纳德险路归来的工程师。

“也许能。”他们吞吞吐吐地回答,“在可能的范围之内。”

“那么就前进。”这位矮个子男人全然不顾他们所描述的种种不可逾越的困难。英国人和奥地利人对他要翻过阿尔卑斯山的想法嗤之以鼻,因为“没有车轮从那里碾过,也不可能从那里碾过”,更何况这是一支6万人的队伍,并且拖着笨重的大炮、成吨的弹药,以及大量的军需品。

当这项“不可想象的”壮举被完成后,人们才意识到这项壮举在很久以前就能完成。从前,将军们总是找借口说这些困难是不可逾越的,而不去克服困难。还有许多人虽有充足的补给、顽强的战士和必需的工具,却唯独缺乏拿破仑的气魄和决心。

6. 可操作性

制订的计划要易于理解、能被接受,便于落实、执行、监督和评估。太过完美或超前的计划脱离现实,可操作性不强;太烦琐、复杂的计划,则使计划执行困难,最终可能导致计划的执行效果大打折扣,甚至计划执行失败。

二、计划的种类

可以根据实际工作的需要,采用不同的方法对计划进行分类。一般常用的分类方法有以下几种:按时间可分为长期计划、中期计划和短期计划;按层次可分为战略性计划和行动计划;按强制程度可分为指令性计划和指导性计划;按对象可分为综合性计划和专业性计划;按主体可分为基层计划、中层计划和高层计划;按专业职能可分为生产计划、财务计划、供应计划、销售计划和人力资源计划等,见表3-1。

表3-1 计划的种类

分类标准	类型	分类标准	类型
时间	长期计划、中期计划和短期计划	对象	综合性计划、专业性计划
层次	战略性计划、行动计划	主体	基层计划、中层计划和高层计划
强制程度	指令性计划、指导性计划	专业职能	生产计划、财务计划、供应计划、销售计划和人力资源计划

(一)长期计划、中期计划和短期计划

1. 长期计划

长期计划一般是指5年及以上的计划,主要是规划组织在较长时期内的发展方针、发展方向、应达到的规模和水平、应实现的目标和要求,展示了组织的长远发展蓝图。

2. 中期计划

中期计划一般是指 1 年以上、5 年以下的计划。企业常用的是年度计划，主要是按照长期计划的要求，确定 1 个年度的计划的指导方针及其应当完成的目标任务。

3. 短期计划

短期计划是指 1 年以内的计划，在企业中通常是指季度计划和月份计划。短期计划是贯彻执行年度计划的具体行动计划，主要是明确规定组织内各个部门、各级单位和各类人员在最近一段时间内要完成的具体任务、应达到的目标和需满足的要求。

（二）战略性计划和行动计划

1. 战略性计划

战略性计划是指从战略的高度出发，规划组织在较长时期内涉及的全局性发展目标和整体性目标，进行重大战略性部署的综合性计划。对一个企业来说，战略性计划应包括企业使命、经营方针、经营目标、整体布局、技术进步、产品开发、人力资源开发、市场规划、法人治理结构、组织机构建设、企业竞争战略和企业发展策略等方面的总体计划。

2. 行动计划

行动计划又称作业计划，是依据战略性计划的内容和要求，贯彻落实到组织下属的各个部门、各基层单位在某一阶段内如何分步实施战略性计划的具体计划。战略性计划是制订行动计划的依据，行动计划是实现战略性计划的保证，二者是相辅相成的。

（三）指令性计划和指导性计划

1. 指令性计划

指令性计划是指带有行政权威性与强制性，有明确的计划目标和必须满足的要求，下属机构和人员必须严格执行且没有自由处置权的计划。指令性计划主要用于部署解决组织的重大事项，实现关系全局的核心指标。

2. 指导性计划

指导性计划是指不带有行政强制性，没有明确规定的目标与要求，只提出一般的指导方针和原则性的意见，下属机构和人员有一定自由处置权的计划。指导性计划多用于应对复杂多变的外部环境，可以灵活机动地处理组织的应变问题及一般问题。

（四）综合性计划和专业性计划

1. 综合性计划

综合性计划是指对组织业务经营过程的各个方面所做的全面规划和安排，是关系组织多个目标和多方面内容的计划。在较长时期内执行的战略性计划往往是覆盖面较广泛的综合性计划；短期计划也有综合性的，如企业的年度综合经营计划。

2. 专业性计划

专业性计划是指按照专业职能分工的各个职能管理部门的业务工作计划，包括销售计划、生产计划、劳资计划、财务成本计划、物资供应计划、产品质量计划、新产品开发计划、生产技术准备计划、设备维修计划、工具计划、动力计划、运输计划、技术组织措施计划、环保计划和基本建设计划等，它是生产经营管理各个部门、各个环节具体业务工作的行动计划。专业性计划一般通过具体的计划指标来体现。

计划指标是指组织在计划期内用数字表示的各方面活动所应完成的目标任务和所应达到的发展水平，是组织目标的量化表示。组织的各项计划除通过必要的文字部分表示外，还通过一系列数据指标来集中表示。指标是构成计划的主要内容，如企业的人、财、物、供、产、销等各项指标，它们是相互联系、相互制约的，这就构成了企业生产经营计划的指标体系。

组织的各项计划指标根据其内容、性质和表现形式的不同，可以划分为以下几种：

(1)数量指标与质量指标

①数量指标：指组织在计划期内的各方面活动应满足的数量要求，一般用绝对值来表示。企业计划中的数量指标包括商品产量、总产值、净产值、员工人数、工资总额、总成本、销售收入和利润总额等。

②质量指标：指组织在计划期内各方面活动应满足的质量要求，一般用相对值来表示。常用的相对值有百分率、比例和比值等，主要用于表明资源的利用程度、生产力的发展水平及质量和成本水平等，如企业计划中的劳动生产率、设备利用率、工时利用率、材料利用率、资金利润率、可比产品成本降低率和产品合格率等。

(2)实物指标与价值指标

①实物指标：指根据现象的属性和特征，采用自然单位或公认标准计量单位计量的计划指标，如以实物的体积、面积、容积、长度和质量等单位计算的指标。实物指标的特征是直接反映使用价值，表示某种现象的规模、水平，比较直观、具体，是计算价值指标的基础。但不同性质的实物因其计量单位不同，无法直接相加，有一定的局限性。

②价值指标：指以货币形式及货币单位来反映和计量的计划指标。价值指标由于统一使用货币单位来进行计量，可以把各种不同的实物按照价值尺度来进行衡量，因而具有很强的综合能力和广泛的用途。价值指标能综合反映经济活动的总规模、总水平和总成果，在各种组织的管理活动中得到普遍使用。

(3)正指标与反指标

计划指标还可以按其对组织活动效益的影响情况划分为正指标和反指标。

①正指标：指与效益成正比例变化的指标，如企业计划指标中的产量、销售量和销售收入等。在一般情况下，这些指标越大，企业的利润就越多，经济效益就越好。

②反指标：指与效益成反比例变化的指标，如企业计划指标中的成本、费用和原材料消耗等。一般来说，这些指标越大，企业的利润就越少，经济效益就越差。

三、计划的表现形式

计划的表现形式多种多样。根据计划对组织的不同意义，计划的表现形式由低到高可以分为 9 个层次，即预算、规划、规则、程序、政策、宗旨、战略、目标和使命，如图 3-2 所示。

(一)预算

预算作为一种计划，是用数字表示预期结果的报告书，也称为“数字化”计划。例如，企业通过制订财务收支预算，进行未来一段时期内的现金流量、收入、费用和资金支出等的具体安排。预算还是一种主要的控制手段，是计划和控制工作的连接点——计划的“数字化”产生预算，而预算又将作为控制的衡量基准。

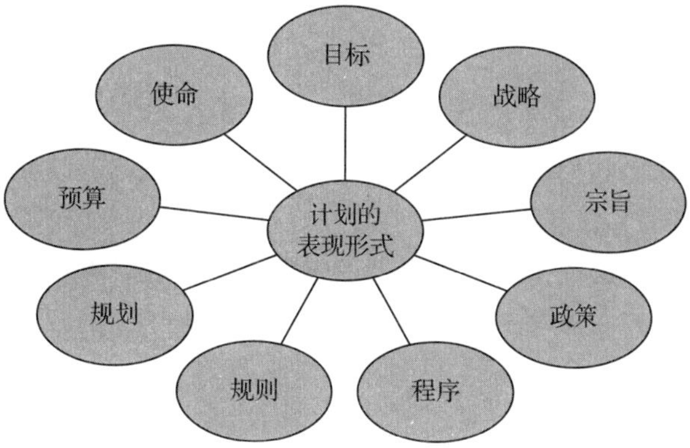

图 3-2 计划的表现形式

（二）规划

规划是一种综合性计划，包括目标、政策、程序、规则、任务分配、步骤执行、资源使用，以及完成既定行动方针所需要的其他因素。组织的规划是一种综合性、纲要性的计划。

（三）规则

规则是在具体场合和具体情况下，允许或不允许采取某一种特定行动的规则，它是最简单的一种计划。政策、规则和程序之间容易混淆，所以要特别注意区分。规则和政策之间的区别在于：规则在应用中不具有自由处置权，而政策在决策时有一定的自由处置权（虽然有时不是很广泛）。规则与程序之间的区别在于：规则不规定时间顺序，程序可以被看作一系列规则的总和。规则和程序实质上是抑制思考的，所以有些组织只是在不希望员工运用自由处置权的情况下才加以采用。

（四）程序

程序是一种经过优化的计划，它是对经常发生的问题的解决方法和步骤的提炼和规范化，规定了处理那些重复发生的问题的标准方法。通俗地说，程序就是办事手续，是真正的行动指南而不是思想指南，是对所要进行的行动规定的操作顺序，也是一种工作步骤。管理者一般把重复出现的业务制成程序，一旦该项业务再次出现，就可以调用原来编好的程序。程序可以提高工作效率，管理的程序化水平是管理水平高低的重要标志。程序确定了管理者在一个特定的情况下应采取的行动，因此，相对政策而言，程序要具体得多。

（五）政策

政策是指在决策或处理问题时用于指导思想与行动方针的明文规定。政策规定了组织活动的范围与界限，以保证行动与目标的一致性，有助于目标的实现。作为明文规定的一般政策，一般被列入计划之中；而一项重大的政策，往往被单独发布。政策规定了范围与方向，但其目的不是约束下属，使之不敢擅自决策，而是鼓励下属在规定的范围内自由处置问题，主动承担责任。它将一定范围内的决策权授予下属，使下属在不违反政策的前提下，尽可能发挥自己的判断力，做出更符合实际的决定。为了有助于组织目标的实现，政策必须保持一贯性和完整性。

(六)宗旨

宗旨描述组织的价值观、组织的抱负和组织存在的原因,它是着重表明社会对该组织的基本要求、组织的基本作用和根本任务的计划。一个组织的宗旨可以被看作它最基本的目标,也是组织继续生存的目的和原因。一个组织的宗旨可以概括为2类:①对组织以外的自然、社会所做的贡献;②组织内部的成员生存和发展的必需条件。这二者相辅相成。例如,英特尔公司的宗旨是:在工艺技术和营业这两方面都成为并被认为是最好的、领先的,是第一流的。

(七)战略

战略是为了实现组织目标而采取的行动和资源利用的总计划。组织的使命和目标只能指明组织服务的领域和预期结果,而要实现组织的使命和目标必须制定科学的战略,主要涉及组织的活动方向、工作重点和资源配置优先次序的总体框架。战略并不确切地概述组织如何实现目标,而是为组织提供指导思想和行动框架。

(八)目标

组织使命说明了组织要从事的事业,目标则更具体地说明了组织从事这项事业的预期结果。目标不仅是计划的终点,也是组织工作、人事工作、领导工作和控制活动所要得到的结果。组织的目标包括组织在一定时期内的目标和组织各个部门的具体目标2个方面的内容。组织中不同层次的管理者涉及不同类型的目标。也就是说,目标具有层次性,高级的宏观目标支配低级的目标,但不如低级的目标具体;同时,目标具有多重性,现代组织是一个复杂的社会机构,它需要在多重目标和需要之间求得平衡。过分强调某一个目标会忽视其他目标,依靠单一的标准是难以有效衡量和评价一个组织是否成功履行其使命的。

管理专栏

凭智慧战胜对手

1984年,东京国际马拉松邀请赛上,名不见经传的日本选手山田本一郎出人意料地夺得了世界冠军。当记者问他凭什么取得如此惊人的成绩时,他说:"凭智慧战胜对手。"许多人听后,觉得这个貌不惊人的矮个子是在故弄玄虚,马拉松赛是体力和耐力的运动,与智慧有何关系? 2年后,在意大利国际马拉松比赛上,山田本一郎又获得了世界冠军。记者又请他谈获胜的经验,他的回答仍是:"凭智慧战胜对手。"

10年后,他在自传中写道:"每次比赛之前,我都要乘车把比赛线路仔细勘察一遍,并把沿途比较醒目的标志画下来。比如,第一个标志是银行,第二个标志是一棵大树,第三个标志是一座红房子……依次,一直画到赛程终点。比赛开始以后,我以百米冲刺的速度奋力向第一个目标冲去;到达第一个目标后,我又以同样的速度向第二个目标冲去。40多公里的赛程,我就这样轻松跑完了。起初,我总是把目标定在40多公里外位于终点线的那面旗帜上,结果我跑到十几公里时,已经疲惫不堪,无法想象前面还有一大段路程要完成。"

（九）使命

明确了组织宗旨以后，管理者要选择能最好地实现这一宗旨的服务领域或事业，被选定的服务领域或事业就是组织使命。如一家制药企业和一家汽车制造公司同样为了创造利润，一个选择提供以健康民生为主的医药产品，一个选择提供交通运输工具——汽车产品。总之，使命是组织实现宗旨的手段，而不是宗旨存在的理由。组织为了自己的宗旨，可以选择不同的事业。例如，杜邦公司的具体使命是“通过化学方法生产更好的产品”。

四、计划工作的原理

在制订计划的过程中，应遵循限制因素原理、许诺原理、灵活性原理和改变航道原理。

（一）限制因素原理

限制因素是指妨碍目标得以实现的因素。在制订计划的过程中，要努力寻找和把握好这些限制因素。在其他因素不变的情况下，抓住这些因素就能顺利实现期望的目标。

（二）许诺原理

许诺原理是指任何一项计划都是对完成各项工作做出的承诺。因此，许诺越大，实现许诺的时间就越长，实现许诺的可能性就越小。这一原理涉及计划期限的问题。要选择合理的计划期限，做到长计划短安排。

（三）灵活性原理

计划体现的灵活性越大，未来意外事件引起损失的风险性就越小，但是不能总是以推迟决策的时间来确保计划的灵活性；同时弹性越大，指导性就越小，要正确处理好灵活性与指导性之间的关系。

（四）改变航道原理

改变航道原理强调在计划执行过程中要具有应变能力。因计划的制订不可能面面俱到，而且环境复杂多变，管理者要定期地检查现状，并与目标和计划相比对。就像航海家一样，必须经常核对航线，如果遇到情况，可适当修订计划，改变航线，绕道而行。

任务二 计划的编制程序与方法

计划的表现形式和种类多种多样，科学、合理地编制工作计划，是成功管理的关键。总体而言，计划的编制需要经过收集资料、目标分解、综合平衡和编制行动计划等环节。企业需要根据内部条件和外部环境等相关信息的分析，科学、合理地确定自身的发展目标；对目标进行分解，形成多种可行方案；通过综合平衡，选择最适宜的计划，并付诸实施和进行反馈。

任务描述

“拾荒”游戏

1. 任务背景介绍

这个任务由传统的“拾荒”游戏改编而来。“拾荒”游戏可以在会场或者周边地区举行，可以是乡村环境，也可以是城市环境。每个小组都发有一张地图，上面有任务组织者设计的一系列谜语。他们沿着地图上的路线前进，并通过辨认沿途的一些事物(或地点)来解开谜语。城市背景中的一些例子见表 3-2。

表 3-2　城市背景中的一些例子

序号	谜语	辨认的事物
1	路过时，抬头往上看，你将会看到一块牌子	在一个商店门口上方挂着的一个印有啤酒广告的招牌
2	一个富人或名流常来此度假的地方	一处名胜
3	如果你敢进去，这是一个可以让你歇脚的地方	冒险客栈
4	看门人的名字分别叫“春季”“夏季”“秋季”“冬季”，这是什么地方	四季旅馆

任务的组织者必须先进行实地勘察，并设计出一系列的谜语。富有创造性的组织者将会在他的准备过程中发现乐趣，而团队的成员也将在这个游戏里得到快乐。

2. 准备工作

①实地勘察并选择合适的地点；

②简要地记下一些建筑、场所的名字，以便用于谜语之中(如表 3-2 所述)；

③设计一些谜语来代表这些建筑或场所，并留下一些空白让团队成员填写答案；

④画一张地图，给团队成员指明前进路线(如果那里有指路牌之类的设施，可以不必使用地图，只需将他们送出门，让他们自己去寻找)。

3. 任务步骤

①介绍任务并分发课堂资料。

②将整个团队分成几个小组(5~8 个人一组比较合适，因为他们能够合作得较好)，将地图与谜语分发给各个小组。如果团队的人数比较多，要保证每个小组能够拿到几份地图与谜语的复印件，以使每个成员都能方便地参与任务。

③根据任务覆盖的区域范围，给每个小组合适的时间去完成任务。

④当各个小组回来的时候，马上核对他们的答案，并表彰获胜小组，也就是得分最高的小组。

⑤进行各个小组的总结汇报，即给各个小组分发汇报稿，根据预期的讨论深度，请各个小组用 15~30 分钟的时间完成汇报(此步骤为可选项)。

4. 讨论

①当小组成员接到任务的时候，做的第一件事情是什么?

②在整个任务中,哪一部分任务会让小组成员步调不一致?

5. 总结与评估

①对于任务中最困难的部分应该事先有所计划;

②有计划、配合好是良好的团队合作精神的体现。

“拾荒”游戏规则

①所有成员必须始终在一起,这样才有资格获胜;

②每得到一个正确答案加 2 分;

③最快完成的小组将得到 2 分奖励分;

④得分最高的小组获胜。

思政园地

国家“十四五”发展规划的编制流程

“十四五”时期(2021—2025 年)是我国由全面建成小康社会向基本实现社会主义现代化迈进的关键时期,“十四五”规划是开启全面建设社会主义现代化国家新征程的第一个五年规划。绘好“十四五”发展蓝图,对各地方政府、国有企业意义重大。指导思想上,要坚持习近平新时代中国特色社会主义思想;编制思路上,要贯彻现代化新征程全局战略;编制方法上,要科学运用各类战略工具与方法。“十四五”规划研究制定的主要程序如下:

①全面调研:开展经济和社会发展的全面系统调研。全面调研是规划有效编制的基础与重要保障。有针对性、全面性的调研工作可以确保规划制定者充分、全面地掌握现状,找准痛点。

②前期研究:开展“十四五”经济社会重大课题研究和专项规划编制。首先,一般以产业为核心内容,对于本地区的基础产业进行系统分析研究,形成针对各个产业领域的专项研究成果,梳理本地区的经济发展核心思路;其次,针对区域重大社会发展问题进行分析研究,如对人才发展、环境发展和社会公共服务等领域进行专项研究,以期提升本地区的综合竞争力。

③确定思路:形成“十四五”经济社会发展的基本思路并上报上级单位。

④规划编制:结合国家、上级规划的思路及要求,编制“十四五”国民经济和社会发展规划纲要。

⑤规划论证:对“十四五”国民经济和社会发展规划纲要进行论证。

⑥规划上报:将“十四五”国民经济和社会发展规划纲要上报全国人民代表大会通过。

知识准备

一、计划的编制程序

计划编制本身是一个复杂的过程，通常包括以下 8 个环节，如图 3-3 所示。

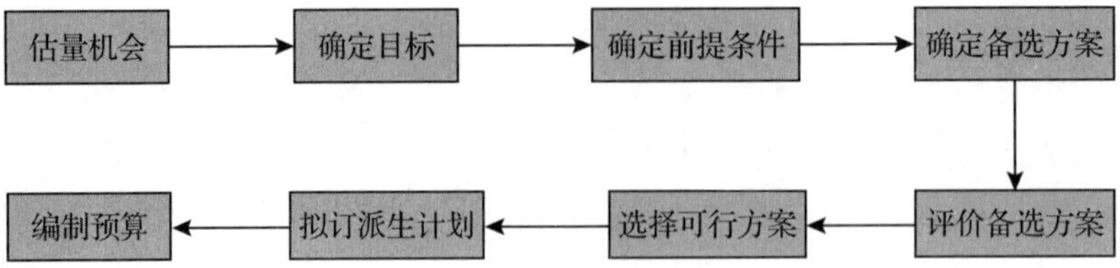

图 3-3　计划的编制程序

（一）估量机会

估量机会是在实际的计划工作开始之前就着手进行，它是对将来可能出现的机会加以估量，并在全面、清楚地了解这些机会的基础上，进行初步探讨。组织的管理者要充分认识到自身的优势、劣势，分析组织在市场因素、竞争环境、顾客需要等方面面临的机会和威胁；要做到心中有数、知己知彼，摆正自己的位置；要明确组织希望解决的问题、解决这些问题的原因，以及期望得到的结果等。虽然估量机会要在实际计划编制之前进行，不作为计划工作的一个组成部分，但它却是计划工作的真正起点。在估量机会的基础上，确定可行性目标。

（二）确定目标

计划工作的目标是指组织在一定时期内所要达到的效果。目标是一个组织的灵魂，是组织期望得到的最终结果。在确定目标的过程中，要说明基本方针和要实现的目标是什么，明确战略、政策、程序、规划和预算的任务，指出工作的重点。目标的确定要符合实际条件，体现出一定的弹性。同时，要对目标进行层层分解，形成合理的目标结构。目标的分解可以沿空间和时间 2 个方向进行，即将决策确定的组织目标分解落实到各个部门、各个活动环节乃至各个人，同时也将长期目标分解为各个阶段的目标。

目标分解的结果会在组织内形成 2 种目标结构：目标的空间结构和目标的时间结构。目标结构描述了组织中较高层次或较长时期的目标与较低层次或较短时期的目标间的指导及保证关系。在目标分解过程中，应进行目标结构的合理性分析，着重分析较低层次或较短时期目标对较高层次或较长时期目标的保证能否落实。

管理专栏

目标明确的力量

在茂密的森林里，有 3 只松鼠，分别叫小跳、小奔和小悠。

冬天将至，它们面临食物储备的任务。小跳目标明确，它计划收集 300 颗松果，并且每天努力寻找和搬运松果，风雨无阻，一心朝着目标前进。小奔则没有明确的计划，它看到榛子就捡，遇到栗子也收，忙碌却杂乱无章。小悠只想着玩耍，偶尔才收集一点食物。

冬天来临，小跳的松果堆成小山，安然度过寒冬；小奔虽有收获，但因食物种类繁杂且保存不善，部分食物已经变质，它只能勉强维持生活；小悠则因食物短缺而饥寒交迫。

管理启示：明确的目标如同灯塔，指引行动的方向，让人专注、高效地执行任务，最终得到理想的成果；如果缺乏目标或目标模糊，即使努力，也可能事倍功半，甚至陷入困境。

（三）确定前提条件

计划工作的前提条件就是计划工作的假设条件，也就是执行计划时的预期环境。确定前提条件，就是要对组织未来的内外部环境和所具备的条件进行分析和预测，弄清计划执行过程中可能存在的有利条件和不利条件。确定计划的前提条件主要靠预测，但未来预期环境的内容多种多样、错综复杂，影响计划的因素很多。这些因素有的可以控制，如开发新产品、新市场和进行资源分配等；有的不能控制，如宏观环境、政府政策等。一般来说，不可控因素越多，预测工作的难度就越大，对管理者的素质要求就越高。

（四）确定备选方案

在计划的前提条件明确以后，就要着手去寻找实现目标的方案和途径。完成某一项任务总会有很多方法，即每一项行动都存在异途，这就是“异途原理”。方案不是越多越好，我们要做的工作是将备选方案的数量逐步地减少，对一些最有希望的方案进行分析。通常，最显眼的方案不一定是最佳方案，只有发掘了各种可行的方案，才有可能从中选出最佳方案。计划工作者往往要通过数学方法和计算机手段来择优，并排除希望最小的方案。

（五）评价备选方案

评价备选方案就是要根据计划的目标和前提来权衡各种因素，比较各个备选方案的优点和缺点，对各个备选方案进行评价。各种备选方案都有其优点和缺点，如有的方案利润高，但支出多，风险高；有的方案利润低，但收益稳定，风险低；有的方案对长远规划有益，而有的方案对眼前形势有利。这就要求管理者根据组织的目标并结合自己的经验和判断能力对方案做出评价，在分析时可借助数学模型和计算机手段，做到定性分析和定量分析相结合，这样才能选择出一个最合适的方案。

（六）选择可行方案

选择可行方案就是选择行为过程，正式通过方案。选择方案是计划工作最关键的一步，也是抉择的实质性阶段。在做出抉择时，应当考虑将可行性、满意度和可能效益 3 方面结合得最好的方案。有时在评选中会发现一个最佳方案，但更多的时候可能有 2 个或多个方案是合适的。在这种情况下，管理者应决定先采用哪个方案，并将其余的方案进行细化和完善，作为后备方案。

(七)拟订派生计划

派生计划是总计划的分计划,其作用是支持总计划的贯彻落实。一个总计划总是需要若干派生计划来支持,只有在完成派生计划的基础上,才可能完成总计划。例如,要想完成销售利润计划,就必须先完成销售量计划、销售额计划、销售成本计划、销售费用计划和销售税金计划等,而销售量计划、销售额计划、销售成本计划、销售费用计划、销售税金计划就属于派生计划。

(八)编制预算

计划工作的最后一步是编制预算,使计划"数字化",即将选定的方案用数字更加具体地表现出来,如收入和费用总额、取得的利润和产生的亏损等。通过编制预算,对组织的各类计划进行汇总和综合平衡,控制计划的完成进度,才能保证计划目标的实现。

二、"PDCA 循环"的运转

由于管理的环境是动态的,管理活动也在不断地变化和发展。计划是行动之前的安排,因此计划工作是一种连续不断的循环。一份好的计划必须有充分的弹性,计划、再计划,不断循环,不断提高。上述过程实质上是按照"计划(Plan)→实施(Do)→检查(Check)→处理(Action)"4 个过程组成的循环周而复始地运转的,这个循环被称为"PDCA 循环"。

"PDCA 循环"是大循环套小循环,一环扣一环;小循环保证大循环,推动大循环,如图 3-4 所示。

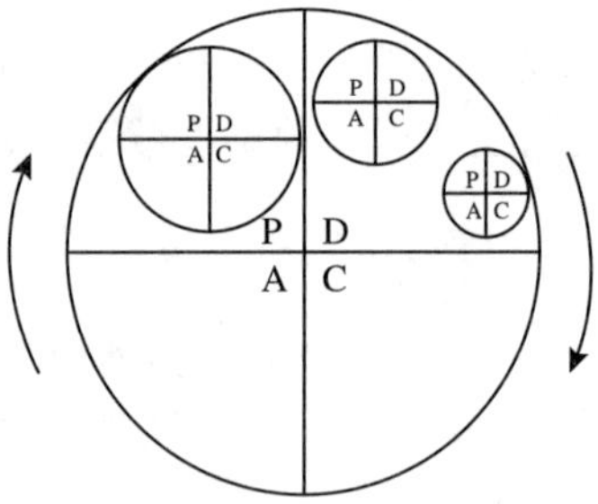

图 3-4 "PDCA 循环"示意图

"PDCA 循环"作为科学方法,可用于经济活动组织各个环节、各个方面的计划工作。"PDCA 循环"使经济活动组织各个环节、各个方面的管理有机结合,互相促进,形成一个整体。整个经济活动组织的计划工作体系构成一个大的"PDAC 循环",而各部门、各单位又都有各自的"PDCA 循环",依次又有更小的"PDCA 循环",从而形成了一个大循环套小循环的综合体系。上一级"PDCA 循环"是下一级"PDCA 循环"的根据,下一级"PDCA 循环"又是上一级"PDCA 循环"的具体保证。通过大、小"PDCA 循环"的不停转动,经济活动组织的各个环节、各项工作有机地组成统一的计划工作系统,以实现总目标。因此,"PDCA 循环"的转动不是个人的力量,而是组织的力量、集体的力量,是整个经济活动组织全员推动的结果。

"PDCA 循环"是螺旋式上升的,每循环一次、转动一圈,就前进一步,上升到一个新的高度,并在新的基础上,制定新的目标,赋予新的内容,开始新的循环,如图 3-5 所示。这样存在或发现的问题就不断地被解决,新形势的需要就不断被满足,管理水平也就不断地得到提高。

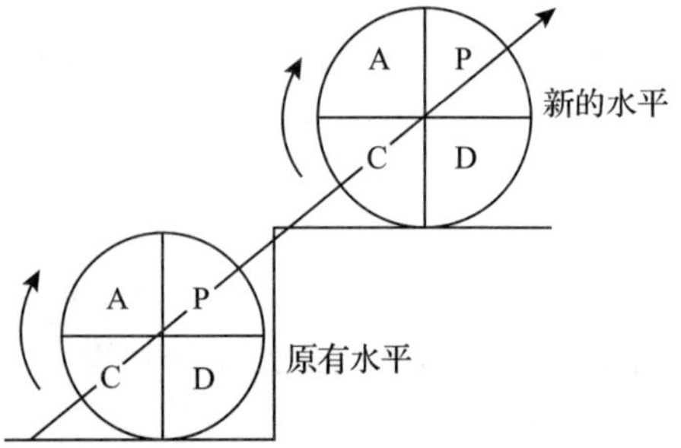

图 3-5 "PDCA 循环"运转示意图

"PDCA 循环"是综合性的循环。"PDCA 循环"4 个阶段是相对的,各阶段之间不是截然分开的,而是紧密衔接连成一体的，甚至是边计划、边执行，边执行、边检查，边检查、边总结，边总结、边改进地交叉进行的。

“PDCA”循环一般需要经历 4 个阶段 8 个步骤。“PDCA”循环不停地运转，原有经济活动组织管理中存在的问题被解决之后，又会产生新的问题。问题不断地产生，又不断地被解决，如此往复，这就是管理循环不断前进的过程。

(一)计划制订阶段

计划制订阶段是确定计划目标、制定目标值、拟订措施、编制经济活动组织计划的阶段，包括 4 个步骤：

第一步：收集资料，分析经济活动现状，找出存在的问题。这一步是非常关键的，要有的放矢地分析经济活动的现状，通过调查、收集各种数据，对数据进行对比、检查、分析，找出其中存在的问题。信息来源包括企业的经营目标及生产战略、用户的直接订单、市场需求的分析及预测、未来的库存计划、资源供给分析和能力分析等。

第二步：分析经济活动组织产生问题的各种具体原因及影响因素。企业要通过内部和外部 2 个方面对影响经济活动生产经营管理的因素进行分析，包括人、商品、技术设备等方面的因素，同时要充分考虑政治、经济、社会、文化以及同行业的发展因素。

第三步：从经济活动组织内部的可控制因素中找出关键因素和主要因素。从解决最关键的问题入手，解决质量问题。

第四步：针对经济活动组织影响生产经营工作的主要原因制订对策，拟订管理、技术措施，提出计划和预期结果。

(二)计划实施阶段

计划实施阶段，也就是第五步，是按照预定的计划目标去执行计划。

(三)计划检查阶段

计划检查阶段是第六步，就是把计划实施的结果和计划的要求进行对比，检查计划的执行情况和实施的效果如何，是否实现预期目标。明确哪些是成功的，其成功的经验是什么；哪些做得不好或是失败的，其教训是什么；是什么原因致使计划没有实现预期目标。在此过程中，要注意将事前检查、事中检查和事后检查相结合，掌握好进度，确保检查效果和找出问题。

(四)计划处理阶段

计划处理阶段也是总结经验教训、找出存在的问题并修订计划的阶段。

第七步：总结经验教训，巩固成绩并对出现的问题加以处理。把成功的经验和失败的教训都纳入相应的标准、制度或规定之中，以巩固已经取得的成绩，避免发生已经发生过的问题。

第八步：修订计划。经济活动组织计划是人们通过对资料的收集和分析，对总体发展提出的设想，是一种主观的预测。这种预测有时会随着环境条件的变化出现问题，需要及时进行修订。

计划修订就是根据经济活动组织内部条件和外部环境的变化，围绕组织自身的目标，不断修订经济活动组织计划体系，使其重新协调与平衡，以使计划随时符合经济活动组织这个总系统的发展规律。计划修订通常采用滚动计划法。

管理专栏

目标管理专家——彼得·德鲁克

彼得·德鲁克(1909—2005年),奥地利裔美国人,是世界著名的管理大师,1933年在伦敦成为投资银行家,移居美国后在报业部门工作。在他的职业生涯中,他曾做过许多家大公司的咨询顾问。他的主要著作有《管理的实践》《卓有成效的管理者》《管理:使命、责任、实践》《管理前沿》等。

他是一位涉及管理各个方面的作家和思想家。他所写的《管理的实践》被公认是最早论述目标管理的著作。目标管理综合过程的完善应归功于德鲁克,是他把所有的要素结合在一起,并将其融入目标管理的管理哲学之中。在他的职业生涯中,最引人注目的是他非凡的洞察力。德鲁克预言了现在所谓的后工业主义,并且研究了它将如何影响管理的最佳实践。对管理新天地的讨论,如果没有包括20世纪最有影响力的管理思想家德鲁克的讨论,就不完整。德鲁克对当代管理理论及管理思想有着深远的影响,被誉为“现代管理学之父”。

他的目标管理思想集中体现在目标管理的3个要素上,即可以传达的目标、让员工参与目标的制定和对履行情况进行评估。

三、计划的编制方法

计划的编制方法有很多,这里着重介绍滚动计划法、甘特图、运筹学方法和网络分析技术4种方法。

(一)滚动计划法

1. 滚动计划法的基本原理

滚动计划法是一种动态编制计划的方法。它是指在制订或调整计划时,根据本期计划的执行情况和客观环境的变化情况,逐期往后推移,将短期计划、中期计划和长期计划有机结合起来,连续、滚动地编制计划。滚动计划法的主要特征是以滚动形式编制出具有弹性的计划,计划内容采用“近细远粗”的形式,使组织在适应环境变化的同时,保持运作的稳定性和灵活性。

2. 滚动计划的编制原则和方法

在现实的计划工作中,往往很难准确地预测将来企业经营所面临的经济、政治、文化、技术、产业和顾客等各种因素的变化,而且随着计划期的延长,这种不确定性越来越大。因此,若机械地按几年以前的计划实施,或机械、静态地执行战略性计划,则可能导致巨大的错误和损失。滚动计划的编制就是要避免这种不确定性可能带来的不良后果。因此,“近细远粗”是编制滚动计划的基本原则,也是编制滚动计划的基本思想。

滚动计划具体的编制方法是:把计划分为若干段,前段是比较详细的实施计划,也叫执行计划;后段是比较粗略的预算计划,也叫展望计划。当一个计划被执行完成后,相关部门应根据实施计划的完成情况及滚动期内各种内外部环境因素的变化情况,对拟订计划进行调整,并续编一段计划,以始终保持该计划的规模。滚动计划法既适用于长期计划的编制,又适用于短期计划的编制,所以被许多单位用于编制五年发展计划。某公司采用滚动计划法编制了五年滚动计划，如图 3-6 所示。

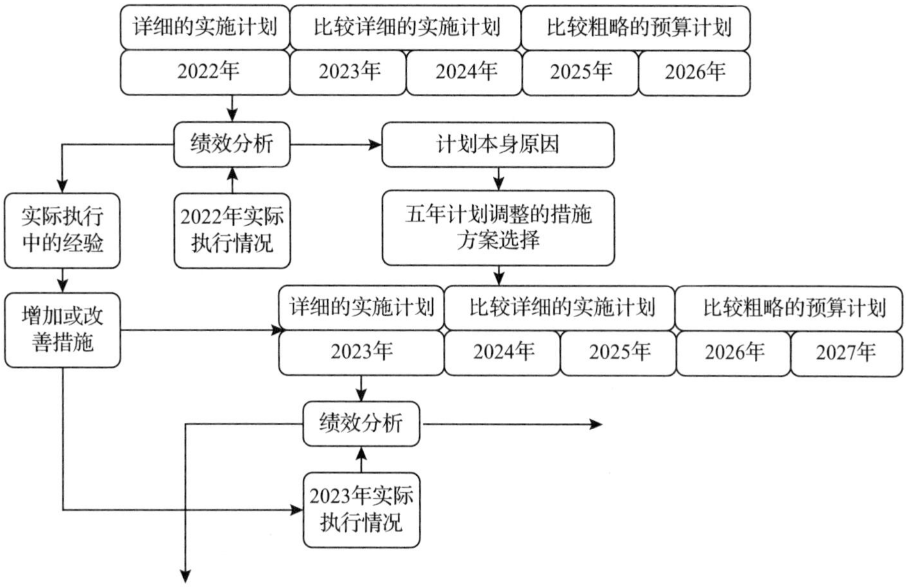

图 3-6　五年滚动计划

由图 3-6 可以看出，在计划期的第一阶段结束时，要根据该阶段计划的实际执行情况和内外部有关因素的变化情况，对原计划进行修订，并根据同样的原则逐期滚动执行计划。每次修订都使整个计划向前滚动一个阶段。

3. 滚动计划法的评价

滚动计划法虽然使计划编制和工作实施的任务量加大，但在计算机时代，其优点十分明显：

①计划更加切合实际，并且使战略性计划的实施也更加切合实际。人们无法对未来的环境变化做出准确的估计和判断，所以计划期越长，不准确性就越大，计划的实施难度也越大。滚动计划法相对缩短了计划期，提高了计划的准确性和可操作性，从而是实施战略性计划的有效方法。

②滚动计划法使长期计划、中期计划与短期计划相互衔接，并使短期计划内部的各阶段相互衔接。这就保证当由于环境变化出现某些不平衡时，也能及时地调整计划，使各期计划基本保持一致。

③滚动计划法大大增强了计划的弹性，这在环境剧烈变化的时代尤为重要，因为它可以提高组织的应变能力。

（二）甘特图

甘特图是由亨利·L. 甘特开发的，它通过条状图来显示项目、进度和其他与时间相关的系统进展的内在关系随时间进展的情况。其中，横轴表示时间，纵轴表示活动（项目）。线条表示在整个期间计划和活动的实际完成情况。甘特图可以直观地表明活动在什么时候进行，以及实际进展与计划要求的对比。管理者由此可以非常便利地弄清每一项活动还剩下哪些工作要做，并可评估工作是提前还是滞后，抑或正常进行。除此以外，甘特图还有简单、醒目和便于编制等特点。因此,对于项目管理来说,甘特图是一种理想的控制工具。

1. 甘特图的含义

①以图形或表格的形式显示活动;

②是一种通用的显示进度的方法;

③构造时应包括实际日历天数和持续时间,并且不要将周末和节假日算在进展之内。

下面以房屋装修为例来说明甘特图。

如图 3-7 所示,时间以日为单位表示在图的上方,主要活动从上到下列在图的左侧。计划需要确定房屋装修包括的活动、活动的顺序,以及每项活动持续的时间。时间框里的线条表示计划的活动顺序,线框表示活动的实际进展。甘特图作为一种控制工具,可以帮助管理者监督制订的活动计划的执行情况。

2. 甘特图的优点

①图形化概要,技术通用,易于理解;

②中小型项目一般不超过 30 项活动;

③有专业软件支持,无须担心复杂的计算和分析。

3. 甘特图的局限性

①甘特图事实上仅部分地反映了项目管理的三重约束(时间、成本和范围),因为它主要关注进展管理(时间);

②尽管能够通过项目管理软件描绘出活动的内在关系,但是如果关系过多,纷繁复杂的线图必将增加甘特图的阅读难度;

③为了不至于转移阅读者的注意力,最好避免使用栅格。

另外,甘特图与时间表是 2 种不同的任务表达方式。甘特图使用户可以直观地知道哪些任务在什么时间段要做,而时间表则提供更精确的时间段数据。此外,用户还可以在时间表中直接更新任务进展。

(三)运筹学方法

运筹学是指用数学方法研究经济、社会和国防等部门在内外部环境的约束条件下合理调配人力、物力和财力等资源,使实际系统有效运行的技术科学。它可以用于预测系统的发展趋势,制定行动规划或优选可行方案。

在第二次世界大战中,盟军科学家在研究如何有效地使防空作战系统运行,合理配置雷达站,使整个防空作战系统协调配合来防御德军飞机入侵的过程中发展出了运筹学。第二次世界大战以后,研究军事运筹学的科学家纷纷转向民用部门,迅速促进了运筹学在社会经济领域的应用。运筹学作为系统科学中的一个学科体系,研究的内容十分广泛,主要分支有线性规划、非线性规划、整数规划、几何规划、大型规划、动态规划、图论、网络理论、博弈论、决策论、排队论、存储论和搜索论等。

应用运筹学处理问题一般分为 5 个阶段:

①规定目标和明确问题:包括把整个问题分解成若干子问题,确定问题的尺度、有效性度量、可控变量和不可控变量。

②收集数据和建立模型:包括定量关系、经验关系和规范关系。

③求解模型和优化方案:包括确定求解模型的数学方法、程序设计、调试运行和方案优化。

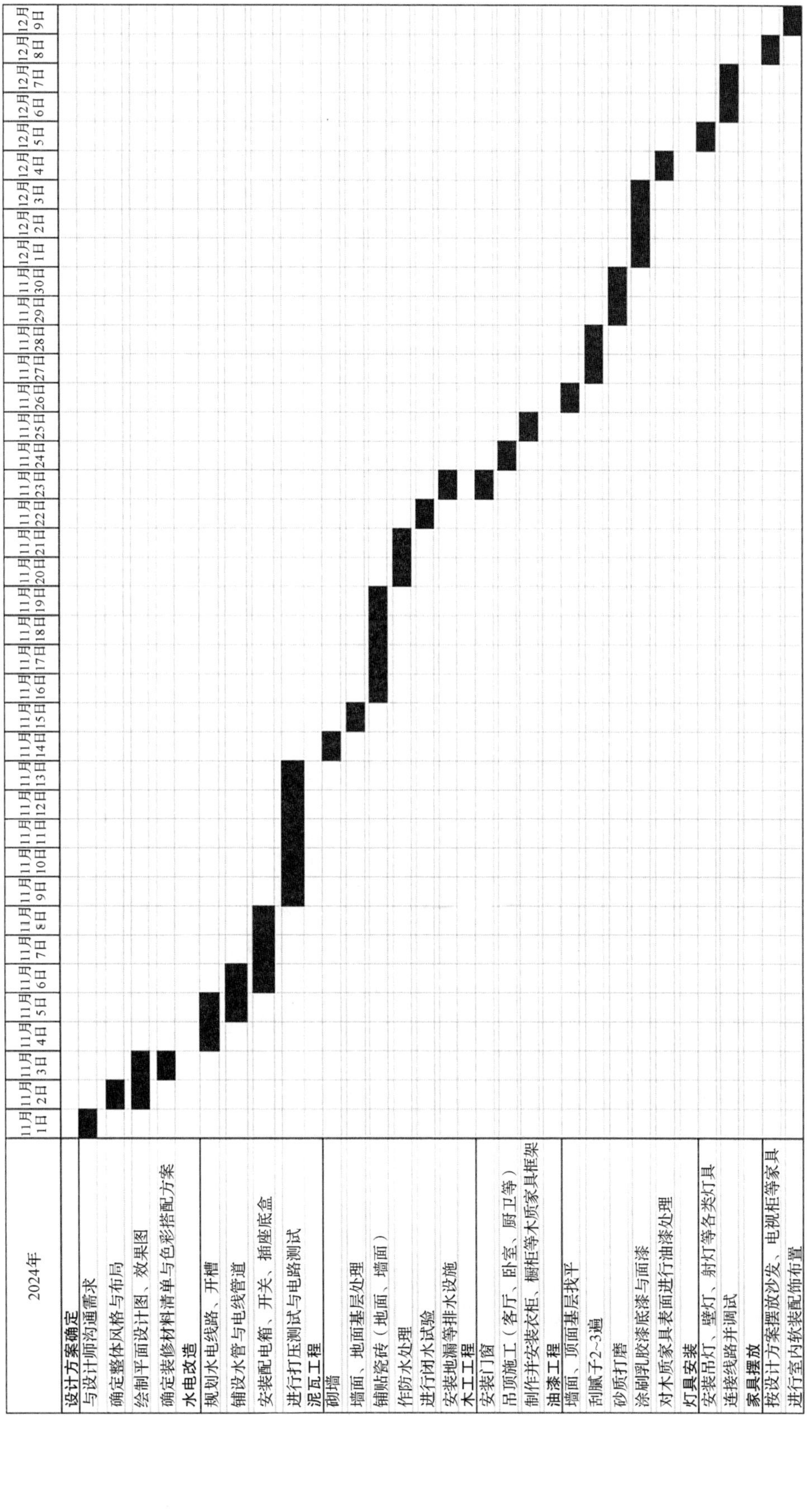
2024年
11月1日
11月2日
11月3日
11月4日
11月5日
11月6日
11月7日
11月8日
11月9日
11月10日
11月11日
11月12日
11月13日
11月14日
11月15日
11月16日
11月17日
11月18日
11月19日
11月20日
11月21日
11月22日
11月23日
11月24日
11月25日
11月26日
11月27日
11月28日
11月29日
11月30日
12月1日
12月2日
12月3日
12月4日
12月5日
12月6日
12月7日
12月8日
12月9日
设计方案确定
与设计师沟通需求
确定整体风格与布局
绘制平面设计图、效果图
确定装修材料清单与色彩搭配方案
水电改造
规划水电线路、开槽
铺设水管与电线管道
安装配电箱、开关、插座底盒
进行打压测试与电路测试
泥瓦工程
砌墙
墙面、地面基层处理
铺贴瓷砖（地面、墙面）
作防水处理
进行闭水试验
安装地漏等排水设施
木工工程
安装门窗
吊顶施工（客厅、卧室、厨卫等）
制作并安装衣柜、橱柜等木质家具框架
油漆工程
墙面、顶面基层找平
刮腻子2~3遍
砂纸打磨
涂刷乳胶漆底漆与面漆
对木质家具表面进行油漆处理
灯具安装
安装吊灯、壁灯、射灯等各类灯具
连接线路并调试
家具摆放
按设计方案摆放沙发、电视柜等家具
进行室内软装配饰布置

图 3-7 房屋装修甘特图

④检验模型和评价模型：包括检验模型在主要参数变动时的结果是否合理，输入发生微小变化时输出变化的相对大小是否合适，以及模型是否容易解出等。

⑤方案实施和不断优化：包括应用所得的结果解决实际问题，并在方案实践过程中发现新的问题，不断优化方案。

上述5个阶段在实际过程中往往交叉进行，不断反复。

例如，振兴机械公司的管理者正准备编制2023年生产计划，根据往年的统计资料，A产品（年产量为X_A）与B产品（年产量为X_B）的边际利润分别为3 000元和4 500元。上述2种产品的主要约束条件是装配车间与包装车间。2种产品的单位产品所需工时以及装配车间与包装车间的生产能力见表3-3。

表3-3　2种产品的单位产品所需工时以及装配车间与包装车间的生产能力

车间名称	单位产品所需工时 / 小时		各车间年生产时长 / 小时
	A产品	B产品	
装配车间	60	45	8 500
包装车间	30	40	6 000

约束条件函数为：

$$60X_A+45X_B \leqslant 8\,500$$
$$30X_A+40X_B \leqslant 6\,000$$
$$X_A \geqslant 0 \quad X_B \geqslant 0$$

目标函数为：

$$F_{max}=3\,000X_A+4\,500X_B$$

（四）网络分析技术

1. 网络分析技术的基本原理

网络分析技术又称计划评审技术、关键路线法或组合网络法，它是在1958—1959年发展起来的。当时，美国海军北极星导弹计划的编制采用了这种方法。网络分析技术使北极星导弹计划的完成时间比原计划提前了18~24个月。从1959年起，网络分析技术几乎成功地被应用于各种大企业中。1965年，著名数学家华罗庚教授在推广这项技术时，称其为统筹法。实践证明，网络分析技术是十分有效的科学管理方法。

网络分析技术的基本原理是：运用网络图形式表达计划工作之间的先后次序和相互关系；在此基础上进行网络分析，计算网络时间，确定工序和关键路线；然后，不断地改善网络计划，求得工期、资源与成本的优化方案并付诸实施。在计划执行过程中，通过信息反馈进行监督和控制，以保证预期计划目标的实现。

网络分析技术是一种计划方法，特别适用于大型项目的计划安排。大型项目一般规模大、环节多，涉及大量的人力、物力和财力，建设周期长。合理地安排各种资源，使之在时间上紧密衔接，并在有限的资源条件下，用最短的时间、最少的费用保质、保量地完成项目，是人们追求的目标。

网络分析技术能够帮助人们在众多的项目中找到影响项目工期的关键作业和关键路线，

并绘制成网络图。在网络图上,从任务开始到结束的通道叫作路线,其中最长的路线叫作关键路线,它决定了完成整个任务所需要的时间。因此,找出关键路线,组织就可以合理配置资源并将资源用于关键路线,从而达到缩短整个工期的目的。

2. 网络分析技术的应用步骤

网络分析技术的应用主要遵循以下 6 个步骤:

(1)确定目标

确定目标是指确定将网络分析技术应用于哪一个工程项目,并提出对工程项目和有关技术经济指标的具体要求,如在工期、成本费用等方面要达到什么标准。依据企业现有的管理基础,掌握各方面的信息和情况,利用网络分析技术,为实现工程项目寻求最合适的方案。

(2)分解工程项目,列出作业明细表

一个工程项目是由许多作业组成的,在绘制网络图前就要将工程项目分解成若干作业。作业项目划分的粗细程度视工程内容以及不同单位的要求确定。通常情况下,若包含的内容多,作业项目大多可分得粗一些,反之则分得细一些。作业项目分得细,网络图的节点和箭线就多。对于上层领导机关,网络图可绘制得粗一些,主要是用于统观全局、分析矛盾、掌握关键、协调工作和进行决策等;对于基层单位,网络图就可绘制得细一些,以便具体组织和指导工作。

在工程项目分解成作业的基础上,还要进行作业分析,以便明确先行作业(紧前作业)、平行作业和后续作业(紧后作业),即在该作业开始前,哪些作业必须先期完成,哪些作业可以同时平行地进行,哪些作业必须后期完成;或者在该作业进行的过程中,哪些作业可以与之平行交叉地进行。

在划分作业项目后,便可计算和确定作业时间。一般采用单时估计法或三时估计法计算作业时间,然后将其填入作业时间明细表中。作业时间明细表见表 3-4。

表 3-4　作业时间明细表

作业名称	作业代码	作业时间	紧前作业	紧后作业

(3)绘制网络图,进行节点编号

根据作业时间明细表,绘制网络图。网络图的绘制方法有顺推法和逆推法 2 种。

①顺推法:从始点事件开始,根据每项作业的直接紧后作业的顺序,依次绘出各项作业的箭线,直至终点事件为止。

②逆推法:从终点事件开始,根据每项作业的紧前作业逆箭头前进方向,逐一绘出各项作业的箭线,直至始点事件为止。

同一项任务用上述 2 种方法画出的网络图是相同的。一般习惯于按反工艺顺序安排计划的企业,如机器制造企业,采用逆推法较为方便;而建筑安装等企业,则大多采用顺推法。按照各项作业之间的关系绘制网络图后,要进行节点的编号。

(4)计算网络时间,确定关键路线

根据网络图和各项活动的作业时间,可以计算出全部网络时间和时差,并确定关键路线。

具体计算网络时间并不太难,但比较烦琐。在实际工作中,影响计划的因素很多,而调整计划要耗费很多人力和时间。采用计算机可以相对容易地对计划进行局部或全部调整,这也对推广应用网络分析技术提出了新要求。

(5)进行网络计划方案的优化

找出关键路线,也就初步确定了完成整个计划任务所需要的工期。这个总工期是否符合合同或计划规定的时间要求,是否与计划期的劳动力、物资供应和成本费用等计划指标相适应,还需要进一步综合平衡。通过方案优化,选择最优方案,然后正式绘制网络图,编制进度表以及工程预算等各种计划文件。

(6)网络计划的贯彻执行

编制网络计划仅是计划工作的开始。计划工作不仅要正确地编制计划,还要组织计划的实施。当贯彻执行网络计划时,要发动群众讨论计划,加强生产管理工作,采取切实有效的措施,保证计划任务的完成。在应用计算机的情况下,可以利用计算机对网络计划的执行进行监督、控制和调整。这时,只要将网络计划及执行情况输入计算机,它就能自动运算、调整并输出结果,以指导生产。

3. 网络图的画法

网络图是表达一项计划任务的进度安排、各项作业(或工序)之间的相互衔接关系,以及所需时间、资源的图解模型。

(1)网络图的构成

网络图主要由活动、节点和路线组成。

①活动:是指一项作业或一项工序。一项生产任务可以划分为若干活动,在网络图上用箭线表示。一般来说,完成活动需要消耗资源和时间,如零部件的修整、加工等;有些活动虽然不消耗资源,但却占用时间,如油漆的干燥、酒的发酵过程等。活动一般用"→"表示,箭线尾表示活动的开始,箭线头表示活动的结束,箭线头方向表示活动进行的方向,箭线上方标明活动的名称,箭线下方标明活动所需要的时间。

一般情况下,箭线的长短与时间无关。在标准的网络图中,箭线的长短与时间要成正比。一道工序完成之后,紧接着开始进行的工序称为该工序的紧后工序。同样,一道工序只有在前面工序完成后才能开始,前面紧接着的工序称为本工序的紧前工序。

一项工程或计划开始前没有紧前工序,结束后没有紧后工序。虚活动是一种特殊活动,只是用于表示活动之间相互依存和相互制约的逻辑关系。它不消耗资源,也不占用时间,用虚箭线表示。

②节点(事项):表示一项活动的开始和(或)结束,它是相邻活动的分界点或衔接点。在网络图中,它是2条或2条以上箭线的交接点,故称节点。节点用标有号码的圆圈表示。网络图中只有一个始点节点,表示一项工程或者计划的开始;只有一个终点节点,表示一项工程或计划的结束;其余的节点都有双重意义,既是前项活动的结束,又是后项活动的开始。节点既不消耗资源,又不占用时间,仅是用于表现某项活动开始或结束瞬间的一个符号。

③路线:在网络图中,路线是指从始点节点开始,顺着箭线头所指的方向,连续到达终点节点为止的通道。一般网络图中有多条路线,一条路线中各工序的作业时间之和称为路长。在各条路线的路长中,总有一条最长的路线,即需要工时最多的路线,称为关键路线。关键路线用粗箭头或双箭线表示。关键路线上的工序称为关键工序。在实践中,关键路线并不是唯

一的，而且经常会发生变化，即在一定条件下，非关键路线与关键路线可以相互转换，如图 3-8 所示。

在图 3-8 中，共有 6 条路线，每条路线及时间周期分别为：

a. ①→②→③→⑥→⑧，(4+8+3+4)天 =19 天；

b. ①→②→③→⑤→⑧，(4+8+5+15)天 =32 天；

c. ①→②→③→⑤→⑥→⑧，(4+8+5+0+4)天 =21 天；

d. ①→②→④→⑤→⑧，(4+2+6+15)天 =27 天；

e. ①→②→④→⑤→⑥→⑧，(4+2+6+0+4)天 =16 天；

f. ①→②→④→⑦→⑧，(4+2+8+6)天 =20 天。

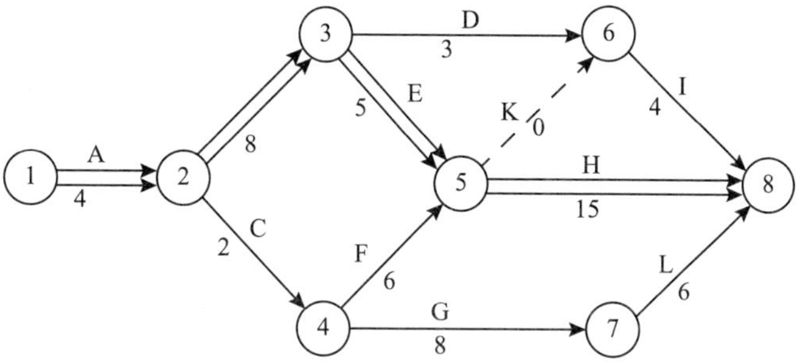

图 3-8　网络图示意图

(2)网络图的绘制方法

每项计划都是由许多作业组成的，这些作业之间存在相互依存、相互制约的关系。组织安排计划必须服从客观存在的逻辑关系，才能使这些作业顺利进行，从而保证任务按期完成。依据这些逻辑关系，绘制网络图时可以采用顺推法和逆推法。

(3)网络图绘制的原则

① 2 个节点之间只允许有 1 条箭线，如 2 个节点之间有数个平行的作业，需要增加节点和引入虚工序来加以解决，如图 3-9 所示。

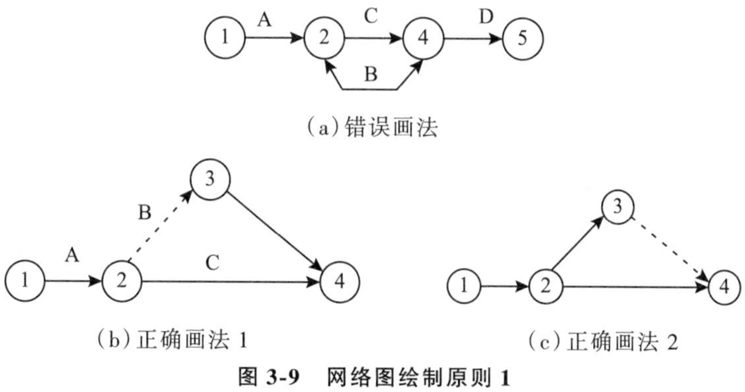

图 3-9　网络图绘制原则 1

②在网络图中不允许出现“闭路循环”。如果出现“闭路循环”，在使用计算机时会出现死循环而没有结论，如图 3-10 所示。

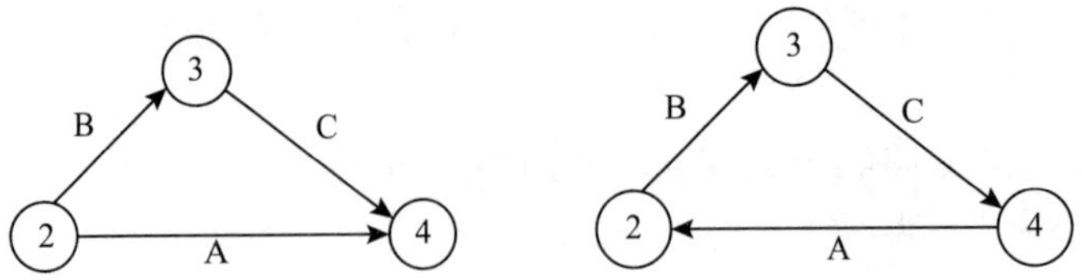

(a)正确画法　　(b)错误画法

图 3-10　网络图绘制原则 2

③每个网络图中只能有一个始点节点和一个终点节点,即所谓的“一源一汇”,中间不容许出现死节点和终点节点,如图 3-11 所示。“源”是指没有先行活动的节点,即始点节点;“汇”是指没有后续活动的节点,即终点节点。

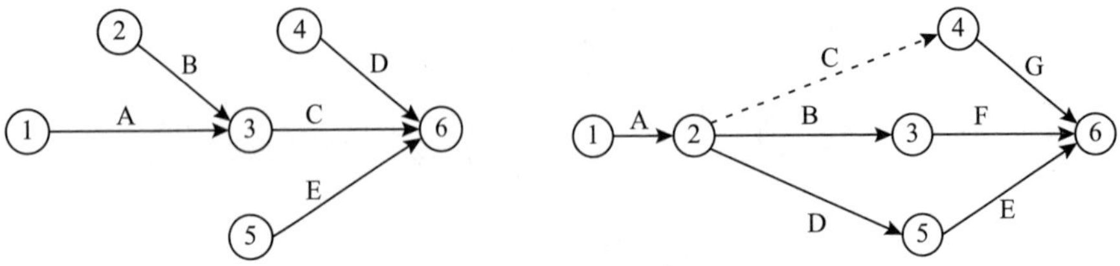

(a)错误画法　　(b)正确画法

图 3-11　网络图绘制原则 3

④箭线的首尾必须有节点,不能在一条箭线的中间引出另一条箭线,如图 3-12 所示。

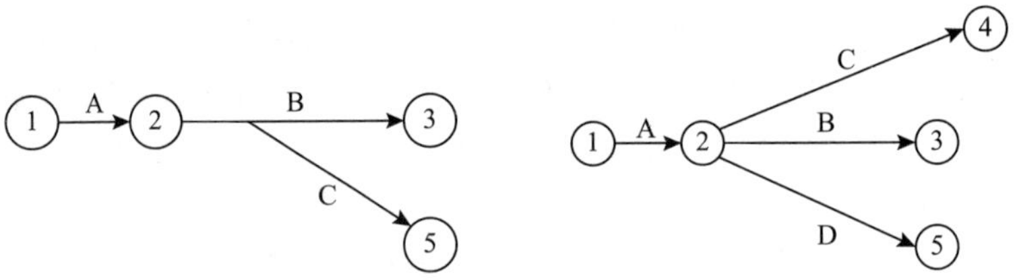

(a)错误画法　　(b)正确画法

图 3-12　网络图绘制原则 4

⑤节点的编号不能重复且要统一。每个节点都应有编号,由左向右、由上向下、由小到大,不能重复。对某一项活动,箭线尾的编号应小于箭线头的编号。

4. 网络时间的计算

画出网络图后,要进行网络时间的计算。需要计算的时间包括作业时间、节点时间、工序时间和时差。

(1)作业时间的确定

作业时间是指在一定技术条件下,为完成某一项作业或一道工序所要花费的时间,也就是每一项活动的延续时间。确定作业时间有 2 种方法。

①单时估计法:也称为确定时间估计法,是指对各项活动的作业时间只确定一个时间值。这个时间值是根据经验估计的最大可能作业时间值。它适用于不可知因素较少、有经验可借鉴的情况。

②三时估计法：也称为不确定时间估计法，是指根据概率论和数理统计理论，先估计 3 个时间，然后再求最可能的平均时间的方法。其计算公式为：

不确定时间 =（最乐观时间 +4 × 最可能时间 + 最保守时间）÷ 6

（2）节点最早开始时间的计算

节点最早开始时间是指该作业最早可能开始的时间，它等于代表该作业的箭线尾所接触节点的最早开始时间。其计算方法为：

某节点的最早开始时间 = 前一节点的最早开始时间 + 前一节点至该节点的作业时间

节点最早开始时间在图上用“□”表示。计算节点最早开始时间的规则是从网络图的始点节点开始，起点时间为 0，顺箭线方向自左向右，用加法逐节点进行计算，有多条路线的取最大值，直至终点节点。

（3）节点最迟结束时间

节点最迟结束时间是指以该节点为结束的各工序最迟必须完工的时间，目的是保证后续工序按时开始，或整个工程按期完工。其计算公式为：

某节点的最迟结束时间 = 后一节点的最迟结束时间 − 该节点到后一节点的作业时间

计算节点最迟结束时间是从网络的终点节点开始，逆箭线方向自右向左，用减法逐节点进行计算。终点节点的最迟结束时间等于终点节点的最早开始时间。有多条路线的节点取路线的最小值，直到网络的始点节点。节点最迟结束时间在图上用“△”表示。

（4）时差的计算

时差是指某道工序的机动时间或宽裕时间。例如，某道工序可在最早开始时间开工，又可在最迟结束时间完工，这 2 个时间的差值若大于该工序的作业时间，就会产生时差。时差越大，机动时间就越长，潜力就越大；反之机动时间就越短，潜力就越小。在实际工作中，多采用工序的总时差，它是在不影响整个工程最早完工日期的前提下，各工序在最早开始时间与最迟结束时间范围内灵活、机动的时间。工序总时差的计算公式为：

工序总时差 = 工序最迟结束时间 − 工序最早开始时间 − 作业时间

（5）关键路线的计算

在网络图中，将时差为 0 的关键工序连接起来的路线，即为关键路线。关键路线的确定有 3 种方法。

①最长路线法：这种方法是指从网络的始点节点沿箭线头方向到终点节点的过程有许多路线，计算其中需要时间最长的路线，即为关键路线。

②时差法：先计算出各工序的总时差，将工序总时差为 0 的工序连接起来的路线，即为关键路线。

③破圈法：从网络图的始点节点开始，沿着箭线头的方向找出由几个节点围成的圈，即由 2 条不同的路线形成的环。如果形成圈的路线的作业时间不相等，可将其中作业时间短的一条路线删去，保留作业时间长的一条路线。这样依次破圈，直至终点节点，最后留下来的就是关键路线。

实例透视

某项工程的作业程序及所需时间见表 3-5。

表 3-5　某项工程的作业程序及所需时间

作业名称代码	A	B	C	D	E	F	G	H	I	J
紧前作业	—	A	A	B	B	C	C	E、F	D、E、F	G
作业时间 / 天	4	8	2	3	5	6	8	15	4	6

求：①根据资料绘制网络图；

②计算节点最早开始时间和节点最迟结束时间；

③计算工序时差；

④确定关键路线与总工期。

解：

①网络图如图 3-13 所示。

②为了计算方便，节点最早开始时间记在符号“□”内，节点最迟结束时间记在符号“△”内。

③用每一项作业的最迟结束时间减去最早开始时间就得出每一个工序的时差，即 △ - □ = 时差，将时差值记在“[　　]”内，标到作业箭线旁边。

④通过计算得知，该网络图的关键路线为 A → B → E → H，即①→②→③→⑤→⑧，总工期为 32 天。

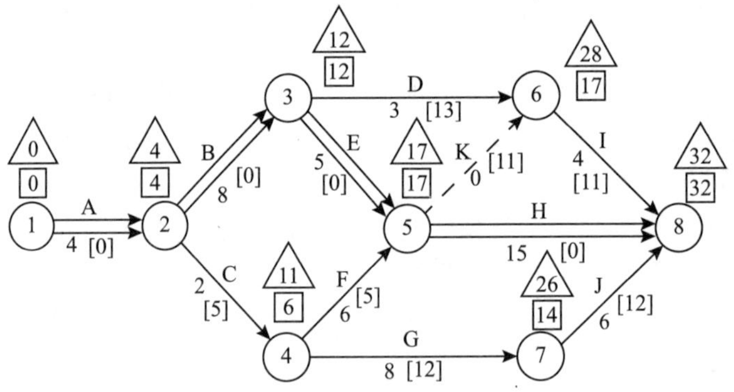

图 3-13　网络图

5. 网络图的优化

网络图的优化就是利用时差不断改善网络计划的最初方案，在满足既定条件的情况下，使之获得工期最短、对成本和资源利用最有效的方案。最优的网络计划应该是工期短、资源省、成本低的计划方案。要达到这个目的，就要对网络计划进行优化，包括时间优化、时间 - 资源优化、时间 - 成本优化。

(1) 时间优化

时间优化即在人力、材料、设备、资金等资源基本有保证的条件下，寻求最短的工期，其具体方法为：①采取措施，在压缩各工序作业时间的同时，利用时差，从非关键路线上抽调部分人力、物力集中用于关键路线，以缩短关键路线的时间，尤其要在关键路线上寻找最有利的工序来压缩作业时间，以达到缩短工期的良好效果；②在工艺技术许可的条件下，采取改变工序的衔接关系、组成平行交叉作业等方法缩短工期。

(2)时间 - 资源优化

时间 - 资源优化是在资源有限的条件下,寻求最短的工期;或在工期一定的条件下,使投入的资源量最少。

(3)时间 - 成本优化

时间 - 成本优化是在工期一定的条件下,求得最低成本;或在成本一定的条件下,寻求最短的工期。

技能训练

计划的制订程序和方法

1. 实训目的

结合实际,加深对计划的理解,掌握企业年度计划的编制程序和方法。

2. 实训内容

参观一家目标管理较为成功的企业,请企业管理者介绍企业的基本情况,重点了解企业年度计划的编制情况。

①该企业年度计划由哪个部门编制? 用哪种计划法? 编制程序如何?

②今年的计划指标有哪些? 确定这些指标的依据是什么?

③该企业的计划中还存在哪些不足? 怎样补充或修订?

3. 实训组织

参观、调查,然后进行分组讨论,收集、整理资料,形成报告。

4. 实训考核

①每小组写一份该企业年度计划编制情况的报告;

②结合参观情况,组织课堂交流与讨论;

③由教师对各成员的讨论发言及计划编制报告进行评估和打分。

网络图的绘制及分析

1. 技能培养目标

①初步培养网络图绘制能力及科学决策的观念;

②培养分析问题的能力。

2. 管理情境设计

自愿分组,每组 5 人;选择一个比较熟悉的项目,深入企业进行调查走访,完成以下调查项目:

①了解该企业的经营项目由哪些工序组成;

②了解该项目节点的时间参数;

③了解各工序的时间参数;

④了解工序的总时差;

⑤了解关键路线及其时间周期。

3. 实训要求

①在调查走访之前,要制订调查访问提纲,包括调查单位、调查对象、调查时间、调查地点和调查内容,并做好相关准备工作(预约、路线的选择、笔记本等物品的携带、访谈问题的设计等);

②进行组内研讨,分析所调查的项目可能存在的节点,并将数据填写在作业时间明细表(表 3-4)中;

③填写表 3-6,画出该项目的网络图,并帮助企业进行决策分析。

表 3-6 节点时间参数、总时差和关键路线信息

节点	节点时间	节点最早开始时间	节点最早结束时间	节点最迟开始时间	节点最迟结束时间	总时差	关键路线

项目四　组　织

管理名言

组织结构的设计应该明确谁去做什么，谁要对什么结果负责，并且消除由于分工含糊不清造成的执行中的障碍，还要提供能反映和支持企业目标的决策和沟通网络。

——哈罗德·孔茨

组织的目标制定以后，一个重要的问题就是如何使它变为现实。这就要求管理者按照组织目标的要求，设计出能够合理、高效、顺利地实现组织目标的结构和体制，合理配置组织的各种资源。

本项目将着重介绍组织设计的原则、影响组织设计的因素、组织设计的步骤与几种常见的组织结构形式等基础知识，同时对组织的运行及组织变革进行全面的介绍。

知识目标

◆ 了解组织的含义、特性、类型与功能；

◆ 理解组织工作的过程；

◆ 掌握组织设计的任务、原则及影响组织设计的因素；

◆ 掌握组织设计的步骤和几种常见的组织结构形式；

◆ 掌握组织运行的方法及组织变革的过程。

技能目标

◆ 具备组织结构的初步设计能力；

◆ 具备制定制度规范的基本能力；

◆ 锻炼团队的合作能力。

思政目标

◆ 培养团队协作精神和沟通能力，关注社会问题，通过实践操作解决一些实际困难，增强社会责任感和创新意识；

◆ 提高道德素养和思想品质，培养实践能力和创新能力。

思政园地

华为成功打造学习型组织

一个企业的学习行为，会转化为这个企业的团队能力，最终帮助企业提升工作效率，带来更高的绩效。

1. 每年至少学习一家标杆企业

保持开放的学习系统，向标杆企业学习。华为就有向外学习的习惯，并且是要真的学习，不是看别人表面做了什么就跟着做什么，而是要去思考他们为什么要这样做，他们是如何走到今天的，他们底层的思维模式是什么样的。并且学习要真正地落地，不能只停留在表面。

2. 管理者每年要讲一次课

管理者要想组建一个学习型组织，最好的方法就是以身作则，用“人人都是知识贡献者”的姿态，来表达自己建立学习型组织的决心。管理者通过在讲台上讲授知识或故事，可以让自己的思路更加清晰，同时也让组织文化和战略更加清晰，从而推动组织战略思维的落地执行。

3. 设置一个首席学习官职位

任何一个企业都应该有自己的首席学习官或首席知识官，最低也要有一个兼职首席学习官，因为这是打造一个学习型组织不可缺少的事项。

4. 每个项目至少开展一次知识收割

华为将知识萃取称为“知识收割”，在每个项目结束时都会开展复盘工作，在复盘中进行知识收割。知识收割需要输出3类成果：干货、文档和视频。视频是指由项目经理现身说法，对操作过程的重点环节进行详细说明，且华为会拍摄一个5~10分钟的视频，让当事人将关键点讲透彻。

5. 团队每月要开展一次集体学习

华为每个月都有固定的学习日，在学习日不接待外客，也不安排其他工作，专门用于集体学习。在大多数的组织中，都会比较注重个体的学习，或者是单个部门的学习。

6. 每个团队每周要刻意练习一个技能

团队通过学习或复盘，找到适用的方法后，就要刻意进行技能练习，为组织形成一个学习场，让同事之间做到相互督促、相互学习与反馈，做彼此的镜子。

任务一　组织认知

任务描述

在管理过程中有了共同目标和计划之后，必须把实现目标和计划所不可缺少的业务活动进行分类，建立组织机构，明确各组织机构的职责权限及相互的分工协作关系、组织的类别、在管理过程中的组织功能。

知识准备

一、组织概述

(一)组织的含义

不同学科的学者对“组织”都有自己的理解。路易斯·A.艾伦将组织定义为:为了使人们能够最有效地工作来实现目标而进行的明确责任、授予权力和建立关系的过程。切斯特·巴纳德将组织定义为:有意识地协调2个或多个人的活动或力量的系统。

通俗地理解,组织有2重含义:①作为名词,组织是指按照某种目的建立起来的人的有序集合体,是人的工作协调与配合关系存在的形式。这一定义强调“组织”是为了实现管理目标而结合在一起、具有正式关系的一群人。每个组织都有一个明确的目标或目的,从而提供了组织存在的根据。另外,每个组织在其组织结构里都有某种行为规范,从而将组织成员的行为约束在一定的条规和限制中。②作为动词,组织是指为达到预定目标,安排分散的人或事物并使之具有一定的系统性和整体性,涉及建立组织结构、配备人员、使组织协调运行等一系列活动的过程。组织是重要的管理职能,它是确保人类社会、经济活动协调,使之顺利实现预期目标的必要条件。为此,管理的任务之一是建立一个有效的组织。有效的组织可以增强工作责任感,提高工作效率,防止由于分工、职责权限不明确而出现的“互相推诿”“彼此摩擦”“政令不通”“管理混乱”等不协调、低效率的现象。

那么,从管理学的意义上来说,什么是组织呢?根据国内外有关学者的最新研究,可以给组织做出如下的定义:所谓组织,是指有效地配置内部有限资源的活动和机构;组织也是为了实现共同目标而按照一定的规则、程序所构成的一种责权结构安排和人事安排,其目的在于确保以最高的效率使目标得以实现。

这一定义强调了3层含义:①组织必须具有一定的目标。无论是营利性组织还是非营利性组织,都是为了实现一定目标而存在的。②每一个组织都由一定的人群组成。人们为了共同的目标而聚合在一起,并为了目标的实现而相互协作。③组织必须有不同层次的权力和责任制度。组织的各个部门和各个成员要被赋予相应的权力和责任,分工与协作是组织有效运作的手段。

(二)组织的特性

1. 协作性

当人们为了实现一定的目标而集中力量时,组织也因此产生。也就是说,无论多么简单的工作,为了实现某个明确的目标,需要2个以上的人的协作劳动时,就会产生组织问题。组织就是为了实现共同目标的所有人员协同合作的形态。为了实现共同的目标,并协调各组织成员的活动,就有必要明确规定各个成员的职责及其相互关系。

2. 有效性

组织是达成有效管理的手段,是管理的一部分。管理是为了实现经营的目标,而组织是为了实现管理的目标。也就是说,组织是为了实现更有效的管理而规定各个成员的职责及职责之间的相互关系。

3. 群体性

组织的核心是协作群体，目的是实现个人及群体的共同目标。它的隐含意思是人们由于受到生理、物质及社会等各方面的限制而不得不共同合作。也就是说，如果人们没有受到任何限制，凭个人的力量也可以实现个人的目标，那就没有必要组织起来。从这个意义上来说，组织是一种从被迫到自愿的协作群体。

4. 功能放大性

在现实社会中，人们都是生活在各种不同的组织之中的，如工厂、学校、医院、军队、公司等。人们依赖组织，组织是人们存在和活动的基本形式。没有组织，仅凭个体的力量无法征服自然，也不可能有所成就；没有组织，也就没有人类社会今天的发展与繁荣。组织是人类征服自然的力量源泉，是人类获得一切成就的主要因素。这是因为有效的管理会使组织系统的整体功能大于组织因素各自功能的简单加和，起到放大组织系统整体功能的作用。用简单的数学公式表示就是“1+1 > 2”。从这个意义上来说，组织具有一种放大功能的作用，即对汇集起来的个体功能进行放大。

管理专栏

“1+1 > 2”的组织效应

爱迪生是大发明家，一生有 2 000 多项发明，平均 13 天一项。这么多发明对于一个精力有限的生命来说，实在是不可思议，爱迪生却把它变成了现实。其中的奥秘就是爱迪生实验室。爱迪生实验室充分体现了“1+1 > 2”的组织效应，可以说，出自爱迪生实验室的成果远远要多于工作人员独自努力成果的总和。爱迪生的发明离不开 3 个助手：美国人奥特，他在机械方面有专长，超过爱迪生；英国人白契勒，他沉默少言，肯于钻研，常常提出一些古怪离奇的问题，给爱迪生极大的启发；瑞士人克鲁西，他擅长绘图，能把爱迪生的一切手稿都绘制成正式图纸，让奥特原原本本地把爱迪生的设想做成实物。此外，爱迪生实验室还有几个实干家担任助手，这就是实验室相得益彰的组织结构。

二、组织的类型

组织是人们有计划地建立起来的具有特定目标、执行一定职能的机构。依据不同的标准，可以将组织划分为不同的类型。

（一）根据组织目标划分

1. 互益组织

互益组织是指根据成员的利益需要而成立的组织，如工会、俱乐部、政党、团体和各种职业协会等。

2. 工商组织

工商组织是指从事工商经营活动的组织，如工矿企业、商业公司、银行和跨国公司等。

3. 服务组织

服务组织是指为社会提供服务的组织，如学校、医院和社会福利机构等。

4. 公益组织

公益组织是指为维护公众利益而建立，以社会公众利益为前提的组织，如政府机构、公安机关、消防队和科研机构等。

（二）根据组织的社会职能划分

1. 经济组织

经济组织是人类社会最基本、最普遍的社会组织，是指在人们经济关系的基础上建立，以经济活动为中心服务的组织。它担负着为人们提供衣、食、住、行、文化和娱乐等生活资料的任务，履行社会的经济职能。经济组织包括生产领域的工厂、农场，流通领域的各种商业组织，还有交通组织、金融组织、商业组织及服务组织等。

2. 政治组织

政治组织是指人们在政治领域的组合形式，其特点是具有各种政治职能。政治组织包括政党组织、政权组织、立法与司法组织和军事组织等。

3. 文化组织

文化组织是一个广义的概念，包括科研组织、教育组织、医疗卫生组织、文艺组织和体育组织等。其特点是以满足人们的各类文化需求为目的，以文化活动为基本内容，履行文化和教育的职能。

4. 群众组织

群众组织是指群众自发形成，具有某种共同爱好、共同愿望的组织，如工会、妇女联合会和科学技术协会等。

5. 宗教团体

宗教团体是指由具有共同信仰的人组合起来的团体。它包括佛教协会、道教协会和天主教爱国会等。

（三）根据组织形成方式划分

1. 正式组织

正式组织是指按照一定的法律程序和明文规定建立起来的有形组织。所有成员彼此沟通，为既定目标采取共同行动，并遵守法律或规章制度的有关规定。正式组织有以下特点：经过某种社会认可的程序而成立，有相对稳定的权力关系；有十分明确的组织目标和分工协作关系，讲究效率，协调地处理人、财、物之间的关系，以最经济、有效的方式实现目标；制定各种规章制度来约束组织成员的行为，建立权威，组织赋予领导以正式的权力，下级必须服从上级；组织内各个成员的职位可以被相互替代。

2. 非正式组织

管理学家发现一个定则，即人们有互相结合的需要，倘若不能从正式组织或领导措施上获得满足，则非正式的结合就会增多。非正式组织是在满足需要的心理推动下，比较自然地形成的心理团体，其中蕴藏着深厚的友谊与感情因素。非正式组织具有以下特征：组织的建立以成员之间具有相同的思想、相互喜爱、相互依赖为基础，是自发形成的；组织最主要的作用是满足个人不同的需要;组织一经形成,会产生各种行为规范,约束个人的行为。这种规范可能与正式组织的目标一致,也可能不一致,甚至发生抵触。管理者必须意识到非正式组织的存在,避免与之对立。

另外,还可以根据权力配置方式的不同,把组织划分为集权型组织与分权型组织;根据管理事项及复杂程度的不同,把组织分为综合性组织与专门性组织等。

管理专栏

非正式组织的类型

从安全性和紧密度两方面来考察非正式组织,非正式组织可分为 4 种类型。

①消极型:既不安全,也不紧密。这种非正式组织的内部没有一个得到全部成员认可的领袖,分为好几个小团体,每一个团体都有一个领袖,同时某些领袖并不认同组织,存在个人利益高于组织利益的思想。

②兴趣型:很安全,但不紧密。它是由于成员具有共同的兴趣、爱好而自发形成的团体,成员之间自娱自乐。

③破坏型:很紧密,但不安全。这种非正式组织形成一股足以和正式组织抗衡的力量,而且抗衡的目的是出于自身利益,为谋求团体利益而不惜损害组织利益。同时,团体内部成员不接受正式组织的领导,而听从团体内领袖的命令。

④积极型:既安全,又很紧密,一般出现在企业文化良好的企业,员工和企业的命运紧密地联系在一起。

对于企业来讲,虽然很少存在破坏型的非正式组织,但是如果出现一定的内外部诱因,那么消极型、兴趣型和积极型非正式组织都有可能迅速地转化为破坏型非正式组织。作为组织的管理者,需要对组织内存在的诸多非正式组织有清晰的界定,消除破坏型非正式组织,促使消极型、兴趣型非正式组织转化为积极型非正式组织。

三、组织的功能

组织的类型尽管多种多样,但作为一种具有明确目标和系统性结构的人群集合体,组织通常具有以下 4 大功能。

(一)凝聚功能

有效率的组织会产生很强的向心力和凝聚力,通过目标和任务引导成员的思想和行为,使成员朝着共同的方向努力;通过营造良好的软环境,提升成员对组织的认同感和归属感。组织汇聚了人、财、物等资源,通过生产、加工、协作系统实现特定的目标。它是社会资源的配置载体,是优化资源配置的一种方式,也是改善资源配置效率的场所。

(二)协调功能

一个组织面临复杂的分工协作关系:一方面要协调好组织内部的关系,包括部门之间的关系、成员之间的关系,以使成员各尽其职、分工协作,提升工作绩效;另一方面要协调好组织与外部环境的关系，使组织顺应环境变化，把握好机遇，化解危机。

（三）制约功能

在一个组织里，每个成员被指派担任一定的职务，赋予相应的权力，承担一定的责任，并且依靠不同层次、不同职位的权力和责任制度，保证组织活动的和谐统一。从一定意义上来说，组织正是由职位、权力和责任组合而成的结构系统。这种职位、权力和责任所构成的制约力量制约着组织成员的行为，关系组织的功能。

（四）激励功能

一个有效的组织能够合理地确定成员的分工，科学赋予成员的权力和责任，充分发挥成员的优势，激发成员的责任心、荣誉感、团队精神和创造力，并通过部门的配合、成员的协作，实现预期目标。

四、组织工作的过程

组织工作是根据组织的目标，考虑组织内外部环境来建立和协调组织结构的过程。设计、建立并维持一种科学、合理的组织结构，是一个成功实现组织目标而采取行动的连续过程。这个过程涉及组织设计、组织运行和组织变革 3 个阶段，如图 4-1 所示。

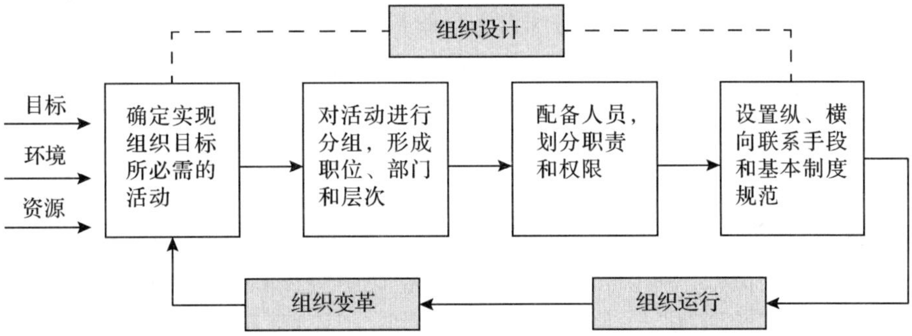

图 4-1　组织工作的过程

1. 第一阶段：组织设计

组织设计是组织工作最重要、最核心的环节，着眼于建立一种有效的组织结构框架，对组织成员在实现组织目标中的分工协作关系做出正式、规范的安排。

2. 第二阶段：组织运行

组织运行是使设计好的组织运作和运转起来，主要涉及组织制度的建立、组织冲突的协调、运行机制的健全和运行过程的调控等工作。

3. 第三阶段：组织变革

组织变革是对组织的调整、改革与再设计。根据组织内外部要素的变化，适时调整与修改组织设计，以适应环境的变化，提高组织效能。

任务二　组织设计

任务描述

在组织目标明确之后，必须考虑进行有效的组织设计，以保证组织目标的实现。组织设计就是对组织的结构和活动进行创建、变革和再设计。组织设计的任务是提供组织结构系统图和编制职务说明书。那么，如何根据不同的实际情况进行组织设计呢？组织设计包括哪些步骤和要素呢？

知识准备

一、组织设计的任务

（一）提供组织结构系统图

组织结构也称组织的框架体系，是对一个组织的一整套基本活动和过程的可视化描述。每个组织结构系统图有 2 个维度：一个代表垂直的权力等级，另一个代表水平的专门化或部门化。垂直的权力等级建立指挥链，以确定基本的权力等级和职权结构；水平的部门化建立劳动分工。如图 4-2 所示，图中的方框表示各种管理职务或相应的部门，箭头表示权力的指向，通过箭线将各方框进行连接，表明各种管理职务或部门在组织结构中的地位及关系。

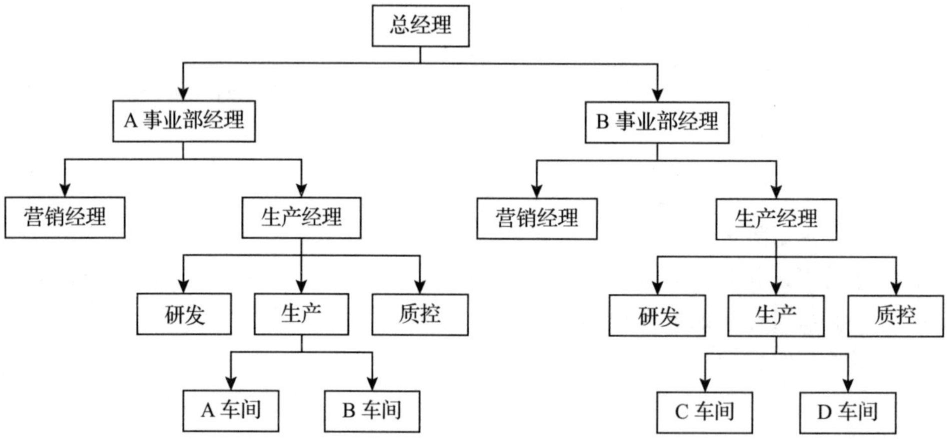

图 4-2　某公司的组织结构系统图

（二）编制职务说明书

建立组织结构系统图以后，需要根据职能与职务的分析与设计对相应岗位的要求做出具体规定，也就是编制职务说明书。职务说明书要求能简单、明确地指出该管理职务的名称、所属部门、工作性质、工作内容、工作对象、工作方法及步骤、与组织中其他部门的关系和与组织的关系，以及担任该职务者所应具备的基本素质、知识结构、工作经验和技术专长等条件。

职务说明书

职务：发货员

部门：仓库大楼 C

职务概况：听从仓库经理的指挥，根据销售部门传递来的发货委托单据，将货品发往客户。和其他发货员、打包工一起，徒手或靠电动设备从货架搬卸货品、打包装箱，以备卡车、火车、空运或邮递。正确填写递送相应的单据报表，保存有关记录文件。

教育程度：高中毕业

工作经历：可有可无

岗位责任：

一、花 70% 的工作时间干以下的活

(1) 从货架上搬卸货品、打包装箱；

(2) 根据运输单位在货运单上标明的要求，用磅秤称纸箱并贴上标签；

(3) 协助送货人装车。

二、花 15% 的工作时间干以下的活

(1) 填写有关运货的各种表格(例如，装箱单、发货单、提货单)；

(2) 凭借键控穿孔机或理货单，保存发货记录；

(3) 打印五花八门的表格和标签；

(4) 把有关文件进行整理归档。

三、剩余的时间干以下的活

(1) 开公司的卡车去邮局送货，偶尔也搞当地的直接投递；

(2) 协助别人盘点存货；

(3) 为其他的发货员或售货员核查货品；

(4) 保持工作场所清洁，要求独立工作。

管理状态：听从仓库经理指挥，除非遇到特殊问题，要求独立工作。

工作关系：与打包工、仓库保管员等密切配合，共同工作。装车时与卡车司机联系，有时也和订销部门相接触。

工作设备：操作提货升降机、电动运输带、打包机、电脑终端及打字机、卡车等。

工作环境：干净、明亮，有保暖设备；行走自如，攀登安全，提货方便；开门发货时要自己动手启门。

二、组织设计的原则

（一）目标一致原则

每个组织都有一个基本目标，并以此来分配资源。每个组织和组织的每一部分都与特定的目标有关，而且都应与目标一致。组织结构如果能促进个人在实现组织目标中做出贡献，那么它就是有效的。

（二）专业分工原则

任何一项活动都由许多环节构成，专业分工是社会化大生产的必然要求。正确利用专业分工不仅可以提高劳动效率，还可以有效利用人力资源，做到人尽其才。组织设计要求把实现任务目标所需要的全部活动划分成各种基本作业。把各种基本作业按其职能要求，分配给各方面的专业人员。如果组织结构越能反映为实现目标所必要的各项任务和工作分工，以及彼此间的协调，委派的职务越能适合担任这一职务的人的能力与动机，那么这样的组织结构就越有效。

（三）有效管理跨度与层次原则

管理跨度是指一位管理者能够有效指挥下属的数目。管理层次是指机构分设的自上而下或自下而上的管理等级。管理跨度决定管理层次。在总量一定的情况下，管理层次和管理跨度是反向变化的。在应用这一原则时，应选择合适的管理跨度与层次，既要避免管理跨度太小造成管理层次过多，又不能盲目扩大管理跨度造成管理失控。

思政园地

2018年国务院机构改革

2018年3月13日上午，十三届全国人大一次会议在人民大会堂举行第四次全体会议，听取国务院关于国务院机构改革方案的说明。此次提请大会审议的国务院机构改革方案（草案），将于3月17日全国人大一次会议第五次全体会议时进行表决。

在此之前的3月4日，《中共中央关于深化党和国家机构改革的决定》（简称"《决定》"）公布。《决定》指出："深化党和国家机构改革是推进国家治理体系和治理能力现代化的一场深刻变革。"《决定》同时对本轮党和国家机构改革的指导思想、目标、原则，完善坚持党的全面领导的制度，优化政府机构设置和职能配置，统筹党政军群机构改革，合理设置地方机构，推进机构编制法定化，加强党对深化党和国家机构改革的领导7个方面做出了明确的说明。

这是改革开放以来的第8轮政府机构改革，此前的7轮机构改革分别发生在1982年、1988年、1993年、1998年、2003年、2008年和2013年。国家行政学院教授汪玉凯认为，本轮政府机构改革的重点是先突出转变政府职能，以此进行整合。《决定》中关于此的表述是："转变政府职能，是深化党和国家机构改革的重要任务。""加强和完善政府经济调节、市场监管、社会管理、公共服务、生态环境保护职能，调整优化政府机构职能，全面提高政府效能。"

在宏观调控职能方面,发展、规划、审计、金融和财政等职能部门都属于国务院综合部门,具体涉及国家发展和改革委员会、财政部、审计署等综合管理部门,包括中国人民银行在内,这些机构的改革主要是为了强化国家的宏观调控。市场监管、社会管理、公共服务、生态环境保护职能等方面,则按照大部制思维进行整合。以市场监管为例,即要建立统一的市场监管机构。卫生系统的机构调整,即组建国家卫生健康委员会。将农业部的职责,以及国家发展和改革委员会的农业投资项目、财政部的农业综合开发项目、国土资源部的农田整治项目和水利部的农田水利建设项目等管理职责整合,组建农业农村部,作为国务院的组成部门。将国土资源部的职责、国家发展和改革委员会的组织编制主体功能区规划的职责、住房和城乡建设部的城乡规划管理职责等进行整合,组建自然资源部,作为国务院的组成部门。

(四)职责与职权对等原则

职责是某个人在一定职位上应该担负的责任,职权是为了担负责任所应该具有的权力。为了能够完成任务,又不至于滥用权力,要求职责与职权对等,这是职责与职权的基本原则。在任何工作中,责与权必须大致相等。更移责任时,必须同时更移与责任相应的权力;更移权力时,必须同时更移与权力相应的责任。如果要求管理者履行某些责任,那就要授予他充分的权力。

(五)因事设职,才职相称原则

组织设计以事为中心,因事设机构、设职务、配人员。人与事要高度配合,不能以人为中心,因人设职,因职找事。同时在进行人员分配时,要做到才职相称。每种职位、职务都有其要求的能力水平。设置的机构尽可能使才职相称,人尽其才,才得其用,用得其所。

(六)统一指挥原则

统一指挥原则是指在组织设计的过程中,应明确各种重要事务的命令通道,避免政出多门;每个下级应当而且只能接受一个上级机构的命令和指挥,向一个上级主管直接负责。一个机构不能受到多头指挥。

(七)精干高效原则

明确在能够有效管理的情况下扩大管理跨度,以减少管理层次,精简部门,精简人员。精简有利于建立良好的沟通,减少内耗,降低管理成本,从而提高组织效率。队伍精干即设置必要、胜任的工作人员,调整不必要、不胜任的工作人员,减少机构的管理费用。同时,分解任务、职能时安排的负荷要饱满,做到人人有事做、事事有人管,达到精干、高效的目的。

(八)灵活性原则

组织结构对客观环境的变化要有适应性,这就要求组织设计时要保持灵活性。组织结构的设计必须考虑到可能的环境因素的变化,对变化做出各种战略以及技术反应。能否适应社会和经济发展的需要,是检验组织结构优劣的重要标准。

三、影响组织设计的因素

在进行组织设计时,除了要把握好上述基本原则以外,还要了解影响组织设计的因素。影响组织设计的因素主要有目标、环境、技术、规模、组织文化、人员素质和地理等。

(一)目标因素

为组织目标服务是组织设计的出发点和归宿。设计组织结构的根本目的是为实现组织目标创建良好的组织环境。组织的目标不同,所需进行的活动也不同。组织中需要设立哪些岗位和部门,横、纵向关系如何,都会影响组织的经营业务活动。经营业务活动的内容也是设置工作岗位的依据,经营业务活动的运行方式决定部门的划分和组织结构的框架。因此,不同目标对应不同的组织结构。

(二)环境因素

环境因素,如社会、文化、经济和政治等,都会影响和限制组织结构的设计。变化频繁的环境要求组织结构应具有灵活的动态性。环境越是复杂和动荡,组织内部就越要协调合作,形成统一的整体。

(三)技术因素

组织中使用的技术决定任务如何执行,因此也影响组织设计。一般来说,技术复杂,组织结构的管理层级增加,管理者和生产工人的比例也增加,也就是纵向差异化程度增加。技术复杂,部门或个人之间的信息传输量就大;传输频次增大,相互之间的协调沟通就变得复杂。为了进行有效协调,需要增加协调机构,或者调整组织结构。技术复杂程度高的组织,其自动化程度也高,操作人员和工作岗位减少,基层的管理跨度可能变小。但对上层管理者来说,由于专业化程度和标准化程度高,管理跨度可能扩大。

(四)规模因素

规模是影响组织结构中管理跨度和管理层次的重要因素。组织规模增大一般会导致任务的专业化程度增加,标准化操作程序就容易被建立,这样管理者用于处理日常事务的时间就少,因而管理跨度就可以大一些。从这一点来说,规模大的企业,由于管理跨度可以大一些,有利于减少管理层次。组织规模较大,组织中的分工就较细,组织水平差异化的部门和垂直管理层较多,组织的行为规范程度也较高。但是,规模大的企业经营范围广,业务量大,有些管理职能可能需要被独立出来,这就会增加管理层次;而且规模太大,受管理者能力的限制,分权的程度就会提高,这有可能需要建立分权型的组织结构。

(五)组织文化因素

组织文化是指控制组织内行为、工作态度、价值观以及关系设定的规范。简单地说,组织文化是指组织成员的共同价值观体系,它使组织独具特色,从而区别于其他组织。组织文化是组织核心价值观和组织结构要素的综合体现,它决定组织设计。

管理专栏

福特企业文化变革

身为全球第二大的汽车厂,福特汽车公司确有独到的经营之处,但也有包袱存在。福特汽车公司发挥以生产为导向的企业文化的引领作用,在世界各地逐步建立起了生产据点,却逐步形成了全球各分公司各自为政的情况。并且在面临来自日本汽车公司“低价高质”的大举入侵后,福特汽车公司展开了第一波的改造,除了用裁员来降低成本外,还陆续引进了多项产品质量改革计划。

经过20世纪八九十年代的改革阵痛,福特汽车公司开始面对“文化改革”的新挑战。1998年,董事会决定任命纳瑟担任首席执行官,在纳瑟的倡导下福特汽车公司描绘出了新的企业文化四要素,即具有全球化想法、注重顾客需求、持续追求成长,以及深信“领导者是老师”4项概念,并逐步进行企业文化的改革,改革主要由4个部分组成。

第一部分:巅峰(Capstone)课程

这是一个为期半年的学习过程,对象是企业内较高层的管理者。学员必须参加一次5天的密集训练。在这5天当中,由高层主管团队担任讲师,与这些学员经历团队建立的过程,讨论福特汽车公司所面对的挑战,并且分配未来6个月所需进行的项目任务。

随后的6个月,学员必须花费1/3的时间,通过电子邮件、视频会议甚至面对面的方式,讨论、分析与完成所指派的任务。在这个过程中,学员会与讲师,也就是高层主管团队再见一次面,讨论项目的困难和进度。

最后,学员参加一次密集训练,提出改革的想法,并与高层主管团队进行分享、讨论与学习。于是,在这次的密集训练中,学员会立刻决定改革计划,并且在1周之内执行计划。这项计划在1996年纳瑟刚接手福特汽车公司时就开展了,不仅让福特汽车公司100多位高层主管成为企业内的种子讲师,也实际推动了福特汽车公司的全球改革计划。

第二部分:领导者工作间(Business Leader Initiative)

这类似于巅峰课程,但所教育的对象扩展到了中层与基层主管,执行时间大约是100天。进行的方式还是从3天的密集课程开始,而后分配专项任务,用100天的时间进行学员间的讨论、分享与发展改革计划。最后,通过密集训练,讨论与确定改革计划。

在整个领导工作中,有2个地方相当特别:首先,所有的学员都必须在100天之内,参加半天的社区服务。这项做法除了可以让这些未来领导者了解福特汽车公司所强调的“企业公民”精神,也让他们感受到生活中有这么多更需要帮助的人,进而不再有抱怨或不满的心态。其次,所有的学员要以拍摄影带的方式,呈现“新福特”与“旧福特”,以突出新旧文化的差异性。

第三部分:伙伴课程(Executive Partnering)

伙伴课程则是专为培养年轻却深具潜力的经理人成为真正的领导者而设立的。基本上,每次都是3位学员组成一个实习小组。这个实习小组必须花费8周的时间,与7位福特汽车公司的高层主管每天一起工作、开会、讨论或拜访客户。针对一些企业问题或挑战,高层主管甚至会请实习小组提出可行的解决方案。对于实习小组而言,这是一个绝佳的观察和学习的机会。通过8周的实际工作,这些年轻主管不仅可以学习高层主管的思考观点,更可以了解公司的资源分配、长短期目标,以及策略挑战与问题。

第四部分:交谈时间(Let us Chat about the business)

交谈时间由纳瑟自己进行。每周五的傍晚,他会寄一封电子邮件给全世界大约10万名福特汽车公司员工,分享自己经营事业的看法。同时,他也会鼓励所有的员工回寄任何的想法,观点或建议。

纳瑟认为,福特汽车公司要转变为顾客导向的文化,必须培养每一位员工了解如何经营一家企业。因此,在每周一次的电子邮件中,他会谈全球的发展趋势,谈克莱斯勒与奔驰的合并,谈福特汽车公司的亚洲市场发展等主题,让员工了解高层主管的经营观点,进而让他们也能有类似的思考角度。

自从改革教学计划被实行以后,福特汽车公司的文化逐渐产生了一些化学变化,不仅有更多的员工参与了公司的改革,还有更多的主管承诺了自己曾经传授的观念。虽然对福特汽车公司这样一家大型公司而言,改革的确是漫长艰巨的历程,但是运用上述模式,福特汽车公司正逐步完成改革计划,为成为顾客导向的企业而努力。

(六)人员素质因素

人是组织中的决定因素。组织结构被设计完成后,由人来担任各个职位。各个职位的责任、权力,以及相互之间的各种关系,都要通过人的活动才能体现出来。所以,组织中人的素质对组织结构起着决定性的作用。人员素质包括身体条件、政治思想、职业道德和知识水平等。高素质的管理者可以承担更多的责任,可以被赋予更大的权力;一专多能的人才可以身兼多职,这样可以减少人员和机构的设置。管理者的素质也是影响权力来源结构的重要因素。

(七)地理因素

地理分布是指组织经营活动或机构在地理位置上的分布。地理分布越分散,内部的信息沟通就越困难,集中控制的难度就越大。因此,地理分布会影响管理跨度和集权与分权的程度。但随着信息技术的发展,这个因素的影响在减弱。

四、组织设计的步骤

(一)岗位设计

亚当·斯密在《国民财富的性质和原因的研究》中的第一句话就是:“劳动生产力最大的增进,以及劳动在任何地方的运用中体现的大部分的技能、熟练度和判断力,似乎都是分工的结果。”从亚当·斯密的分工理论可知,专业化分工可以提高效率和经济效益。工作岗位是根据专业化分工原则,按工作职能划分的工作职位,是构成组织结构的基本单位。但是,分工过细一方面会使员工感到工作单调而厌烦,另一方面还会增加内部调节的工作量,使交往成本增加。因此,在进行工作岗位设计时,既要进行合理分工,又要适当扩展工作内容,使员工感到内容丰富充实、富有挑战性。不同的组织可根据自己的活动特点和内部条件,把岗位分得更细或设计出具有综合性的工作岗位。但必须强调的是,工作岗位是根据组织目标的需要来设计的,不能设计出与组织目标无关的岗位。

(二)部门划分

部门划分就是确定组织中的管理者有权执行所规定活动的明确范围。部门划分也可称为组织机构的设置,因为这些部门实际上是承担某些工作职能的组织机构。一个部门通常是由若干工作岗位组成的。

部门划分的具体方法有按人数划分、按时间划分、按职能划分、按产品划分、按地区划分和按服务对象划分等。各组织可根据自己的特点选择某种划分方法,也可同时采用几种划分方法。

1. 按人数划分

按人数划分是一种最简单的划分方法,即每个部门规定一定数量的人员,由主管人员指挥完成一定的任务。这种划分方法的特点是只考虑人力因素,在企业基层组织的部门划分中使用得较多,如每个班组人数的确定。

2. 按时间划分

这种方法也常被用于基层组织划分,如许多任务按早、中、晚 3 班制进行生产活动,那么部门设置也是早、中、晚 3 套。这种方法适用于正常工作日不能满足市场需求的企业。

3. 按职能划分

这种方法是根据生产专业化原则,以工作或任务的性质为基础来划分部门。这些部门被分为基本的职能部门和派生的职能部门。基本的职能部门处于组织机构的首要一级,当基本职能部门的主管人员感到管理跨度太大而影响管理效率时,就可将本部门的任务进行细分,从而建立派生的职能部门。这种划分方法的优点是遵循了分工和专业化原则,有利于充分调动和发挥企业员工的专业才能,培养和训练专门人才,提高企业各部门的工作效率;缺点是各职能部门容易从自身的利益和需要出发,忽视与其他职能部门的配合,各部门间横向协调差。按职能划分的部门组织如图 4-3 所示。

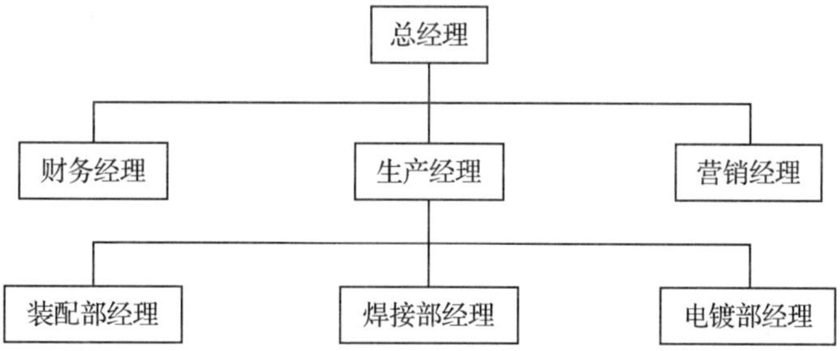

图 4-3 按职能划分的部门组织

4. 按产品划分

按照这种方法划分的部门是根据产品或产品系列来组织业务活动的。这样能提高专业设备的效率,部门内部上下级关系易于协调;各部门的主管人员将注意力集中在特定产品上,有利于产品的改进和生产效率的提高。但是这种方法使产品部门的独立性比较强而整体性比较差，加重了主管部门在协调和控制方面的负担。通用汽车曾采用的按产品划分的部门组织如图 4-4 所示。

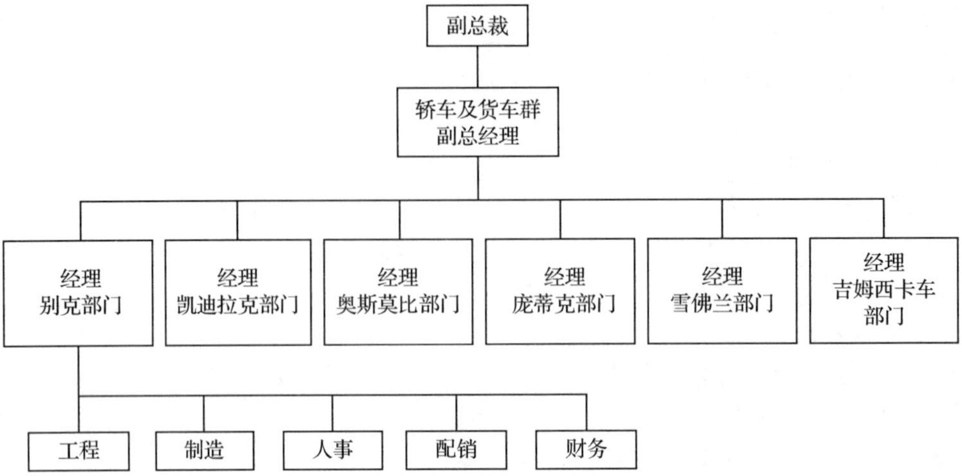

图 4-4　通用汽车曾采用的按产品划分的部门组织

5. 按地区划分

相比较而言，这种方法更适合于分布地区分散的企业。当一个企业在地理分布上涉及的地区广泛，且各地区的政治、经济、文化和习俗等存在差别并影响到企业的经营管理时，可以将某个地区或区域的业务工作集中起来，委派一位主管人员负责。这种方法的优点是因地制宜，取得地方化经营的优势效益；缺点是需要更多的具有全面管理能力的人员，增加了最高层主管对各部门控制的难度，地区之间不易协调。星巴克按地区划分的部门组织如图 4-5 所示。

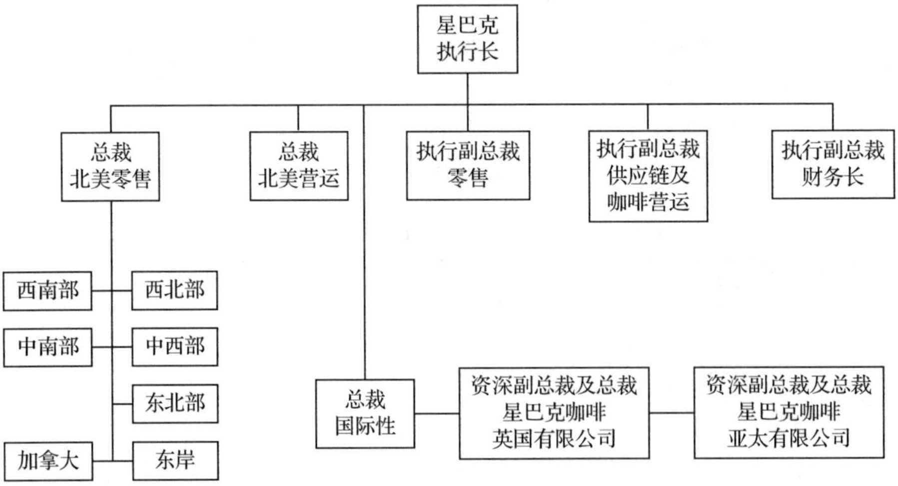

图 4-5　星巴克按地区划分的部门组织

6. 按服务对象划分

这种方法根据服务对象的需要，在分类的基础上划分部门，如生产企业可划分为专门服务于家庭的部门、专门服务于企业的部门等。这种方法的优点是提供的服务针对性强，便于企业从满足各类对象的需求出发安排活动；缺点是按照这种方法组织起来的部门的主管人员常常会列举某些原因要求给予特殊照顾和优待，从而使这些部门和按照其他方法组织起来的部门之间的协调产生困难。

（三）管理层次及管理跨度设计

管理层次与管理跨度密切相关，而且管理层次和管理跨度是决定组织结构的 2 个重要参数。

管理层次的设计一般可分为以下 4 个阶段：

（1）按照组织的等级链，确定基本的管理层次

组织根据管理的需要，通常设有若干指挥和管理层次。这些层次之间是一种隶属关系，从而形成职权上的等级链。管理层次设计就是确定等级链的级数。

（2）按照有效管理跨度推算具体的管理层次

管理理论家格兰库纳斯对管理跨度问题进行了探索，提出了一个领导者与其直属下级之间发生联系的关系总数与直属下级人数之间关系的数学表达式：

$$I=N\left[2^{N-1}+(N-1)\right]$$

式中，I—领导者与其直属下级发生联系的关系总数；N—直属下级人数。

格兰库纳斯虽然没有得出直接计算管理跨度的公式，但从他建立的关系式可以看出：当领导者的直属下级人数以算术级数增加时，领导者与其直属下级发生联系的工作量将呈几何级数增加。要扩大管理跨度、减少管理层次，领导者就应抓大事，避免在下级身上花费太多的时间。

影响管理跨度的客观因素主要有职能的相似性、职能的复杂性、地理分布、指导和控制工作量、计划工作量、协调工作量、下属的能力和信息沟通的程度等。

目前，人们主要采用定性的方法来确定管理跨度。一般认为，上层的管理跨度应小一些，4~8 人为合适人数；下层的管理跨度应大一些，15~20 人为合适人数；中层的管理跨度介于二者之间。这是因为，上层的管理工作复杂，面对的非结构化决策问题较多。实际上，中层的管理跨度比上层要小，这是因为中层管理者承担着较多的向高层管理者汇报工作的职能。

确定管理跨度之后，就可以组成一个由一定层次构成的组织结构。

（3）按照提高组织效率的要求，确定具体的管理层次

现代化大生产和市场经济要求组织具有较高的效率，即能够使人们以最低限度的成本实现组织的目标，这样的组织在市场竞争中才能生存和发展。这一客观要求对组织结构的各个方面都有影响，如果管理层次太少，致使主管人员领导的下属人数过多，超过有效的管理跨度，那么就必然会降低组织效率。

（4）按照组织职能的纵向结构特点，对管理层次进行局部调整

纵向职能结构是通过职能分析，全面考虑影响组织职能结构的各种因素，包括组织经营领域、产品结构、规模和生产技术特点等设计的。因此，它所规定的纵向职能分工的不同层次反映了组织外部环境和内部条件的客观要求。

(四)职务设计与授权

经过管理层次设计的前3个阶段,组织的架构已经形成,这个架构是由各工作岗位构成的。岗位是以工作任务为中心确定的,任何工作任务都必须由人去完成。因此,组织工作还必须对各个岗位确定工作任务,并规定任职资格,这就是职务设计。常见的职务设计的形式有以下5种:职务专业化、职务轮换、职务扩大化、职务丰富化和工作团队。

管理专栏

职务设计的几种常见形式

①职务专业化:20世纪上半叶,职务设计是与劳动分工或职务专业化具有同一意义的。管理者都在设法将其组织中的职务设计得尽可能简单、细小、易做。职务专业化因工作熟练、减少工作变换时间等优势,而利于提高工作效率。

②职务轮换:使人们的活动得以多样化,拓宽了人们的工作领域,给予他们更多的工作体验,一方面避免了职务专业化所产生的厌倦,另一方面也使人们对组织中的其他活动有了更多的了解,从而为人们担任更大责任的职务奠定了基础。

③职务扩大化:是与职务专业化相对立的一种设计思想。它将职务范围增大,也就是增加一项职务所完成的不同任务的数目,并降低职务的重复频率,增加了工作的多样性。

④职务丰富化:将部分管理权限下放给下级人员,使其在完成任务的过程中也有参与做决定的权力,体验到工作的内在意义、挑战性和成就感。

⑤工作团队:是由一小群技能互补的成员组成的人群结构,团队成员致力于共同的宗旨、绩效目标和通用方法,并且共同承担责任。

不同的工作岗位有不同的职权。这里的职权是指在职责范围内承担一定责任所应具有的权力,它与一般所说的权力不一样。权力是一个广泛的概念,是指一个人或组织影响他人行为的能力。一般来说,权力有5种表现形式:

①法定权:由于组织内部的等级制度而形成的权力;

②强制权:由于下级对上级的惧怕感而形成的强制性权力;

③奖励权:建立在下级追求满足某种欲望而形成的权力;

④专长权:由于管理者个人具有某种专门知识和技能所形成的权力;

⑤个人影响权:由于管理者的资历、品德或感情所形成的权力。

可以看出,前3种权力是由于个人在组织中的职位,由上级组织或领导授权形成的,属于职权部分;后2种权力是由于个人因素形成的,不属于职权。

授权是指上级委授给下级一定的权力,使下级在一定的监督之下,有相当的自主权和行动权。授权者对于被授权者有指挥和监督之权,被授权者对授权者负有报告及完成任务的责任。授权是一门艺术,是一项原则性和政策性强的严肃工作,必须谨慎、郑重地进行操作。

①授权必须责任明确:责任不明、责权不符,一方面使下属不能理解责任的性质和具体要

求，不能按要求完成任务，另一方面也容易造成下属之间互相推诿。

②授权要责权对应：权力是为了使下属承担一定的责任而授予的，是承担责任的保证。责权必须对应：有责无权，使下属没有能力承担责任；有权无责，会出现滥用职权、瞎指挥的现象，造成管理混乱。

③授权要适度：授权的目的是更好地控制和管理组织的活动，以实现组织目标。授权的根本原因是一个人的精力有限，管理的范围不可能太宽。因此，授权只能是在对自己管理的范围不失去控制的前提下，把自己的责任和权力的一部分交给下属。一般来说，应保留带有全局性和战略性的责任和权力，将日常经营管理和操作性的事务下放给下属。

④授权要视能力而授：授权的多少或大小，要根据下属管理者的能力大小而定。能力强的，多授予一些权力，而且可以授予一些重要的权力；能力弱的，就要少授予一些权力。

（五）组织的协调

组织设计的最后一项工作就是协调组织中各个部门、各级人员的各项活动，从而使全体人员步调一致地加速组织目标的实现。一个组织是由分布在不同层次、承担不同工作任务、具有不同权力和责任的部门和个人组成的。组织运行时，这些部门和个人之间存在大量复杂的相互关系。这些关系中有相互制约的，有相互依存的。由于主、客观原因，在组织运行过程中发生这样或那样的矛盾是不可避免的。解决矛盾的有效办法是通过制定各种规章制度来进行协调。首先，依法制定的规章制度可以保障组织合法、有序地进行运作，将纠纷降低到最低限度；其次，好的规章制度可以保障组织的运作有序化、规范化，防止管理的任意性，保护员工的合法权益；再次，对员工来讲，服从规章制度比服从主管任意性的指挥更易于接受，制定和实施合理的规章制度能满足员工公平感的需要；最后，优秀的规章制度通过合理地设置权利、义务、责任，使员工能预测到自己的行为和努力的结果，激励员工为企业的目标和使命奋斗。总之，通过使员工遵守各项规章制度，减少矛盾的发生，从而保持组织的统一性。

五、几种常见的组织结构形式

设置组织结构需要选择适当的组织结构形式，因为不同的组织有不同的特点，不可能用统一的固定形式。单个组织在进行组织结构设计时，可以把已有的组织结构形式作为参考。常见的组织结构的基本形式有直线制、职能制、直线－职能制、事业部制、矩阵制、多维立体型、控股型和网络型等。下面以企业为例，介绍几种基本的组织结构形式。

（一）直线制组织结构

1. 直线制组织结构的简图及特征

直线制组织结构又称“军队制组织结构”，这是一种最简单的组织结构形式，也是人类社会各种组织存在的最基本形式。组织的各级管理者都按垂直系统对下级进行管理，指挥和管理权由各级行政领导直接行使；各级主管人员对本部门的一切问题负责，一个下属部门或个人只接受一个上级的指令。直线制组织结构的简图如图 4-6 所示。

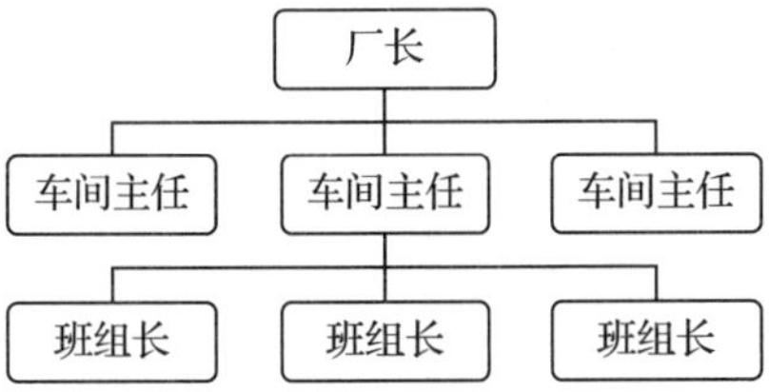

图 4-6 直线制组织结构的简图

直线制组织结构有以下 5 个特征：

①各级管理者执行全部管理职能（不设职能机构）；

②自上而下执行单一命令；

③主管人员通晓必需的各种专业知识，亲自处理各种业务；

④机构简单，责权分明，联系便捷；

⑤管理费用低。

2. 直线制组织结构的优点

直线制组织结构线条清晰、责权分明、命令统一、决策迅速、指挥灵活、效率高，命令系统单一、直线传递，管理权力高度集中。

3. 直线制组织结构的缺点

直线制组织结构缺少专业分工，权力过于集中，行政领导负担较重。由于以行政领导完整行使权力为组织活动的动力，这种组织要求行政领导通晓多种知识和技能，亲自处理各种业务，这对行政领导的技能素质要求较高。在业务比较复杂、企业规模比较大的情况下，把所有管理职能都集中到最高主管一人身上，显然是非常困难的。

4. 直线制组织结构的适用性

直线制组织结构适用于规模较小、任务比较单一、生产技术比较简单、人员较少的组织，并不适用于生产技术和经营管理比较复杂的企业。

（二）职能制组织结构

在 19 世纪末的美国，直线制组织结构导致劳资之间的矛盾，基本问题不能直接向最高权力机关反映，必须通过中层领导机关进行层层反映。另外，为了克服权力过于集中、领导负担重的缺点，弗雷德里克·温斯洛·泰勒在《科学管理原理》一书中提出了以分工负责为特点的职能制组织结构。

1. 职能制组织结构的简图及特征

职能制组织结构的简图如图 4-7 所示。

为了克服直线制组织结构的缺点，职能制组织结构的各级行政单位除设置主管人员外，还在组织中设置若干职能部门化的职能机构，分担某些职能管理业务。这些职能机构在自己的职权范围内有权发布命令和指示，因此下级直线主管除了接受上级直线主管的领导外，还必须接受上级各级职能机构在其专业领域的领导和指示。

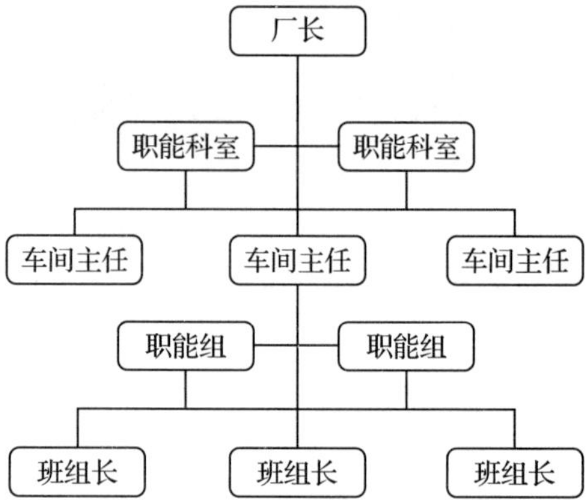

图 4-7　职能制组织结构的简图

2. 职能制组织结构的优点

这种组织结构的优点是能够适应现代化工业企业生产技术比较复杂、管理工作比较精细的特点，充分发挥职能机构的专业管理作用，减轻行政领导的工作负担。

3. 职能制组织结构的缺点

职能制组织结构的缺点比较明显，即它妨碍组织中必要的集中领导和统一指挥，形成多头领导，违背统一指挥原则；不利于明确划分直线主管和职能机构的职权，容易造成管理上的混乱；不利于建立和健全各级行政领导和职能机构的责任制度等。

4. 职能制组织结构的适用性

职能制组织结构的缺点明显，而且职能制组织结构只是表明了一种强调职能管理专业化的意图，它无法在现实中被真正执行，因此现代企业一般不采用职能制组织结构。

（三）直线 - 职能制组织结构

1. 直线 - 职能制组织结构的简图及特征

直线 - 职能制组织结构的简图如图 4-8 所示。

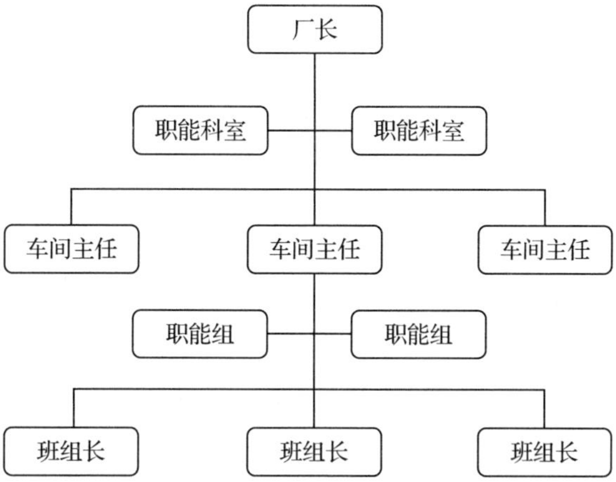

图 4-8 直线 - 职能制组织结构的简图

为了克服直线制和职能制组织结构的缺点，亨利·法约尔提出了直线 - 职能制组织结构，又称直线 - 参谋制组织结构或生产区域制组织结构。这是一种综合直线制和职能制 2 种类型组织结构特点而形成的组织结构形式。它在直线制和职能制组织结构的基础上设置了 2 套系统：①命令统一原则的组织指挥系统，直线部门的管理者在自己的职权范围内有决定权，对其下属的工作实行指挥和命令，并负全部责任；②在各级行政领导之下设置了相应的职能部门，分别从事职责范围内的专业管理，作为高层管理者的参谋和助手，没有直接指挥权，与业务部门之间只是一种指导关系，而非领导关系。按专业化原则组织的职能系统中的各职能机构只作为直线主管的参谋发挥作用，并起到业务指导的作用。只有当直线主管授予他们直接向下级发布指示的权力时，他们才拥有一定程度的指挥命令权，即职能职权。

2. 直线 - 职能制组织结构的优点

直线 - 职能制组织结构在保留直线制组织结构优点的基础上，引入管理工作专业化，既能进行统一指挥，又有职能部门的参谋、指导，弥补了管理者在管理各专业方面时能力的不足，协助管理者进行决策。它既发挥了职能机构专业管理的作用，又便于管理者统一指挥，避免多头领导。

3. 直线 - 职能制组织结构的缺点

①各职能部门之间的横向联系较差，各职能部门自成体系，往往不重视工作中的横向信息沟通，加上狭窄的视野和注重局部利益的本位主义思想，可能引起组织中的各种矛盾，出现不协调的现象。职能部门的许多工作要直接向上级领导报告请示才能进行处理，加重上级领导的协调负担，对企业生产经营和管理效率造成不利的影响。而且随着企业规模的扩大，管

理部门和人员膨胀，各部门之间也变得更加复杂、冲突。同时，各部门都向企业领导请示汇报，使企业领导往往无暇顾及重大问题。

②如果职能部门被授予的权力过大，则容易干扰直线指挥命令系统的运行。

③按职能分工的组织通常弹性不足，对环境变化的反应比较迟钝。

④职能工作不利于培养综合管理人才。

4. 直线－职能制组织结构的适用性

直线－职能制组织结构是一种普遍适用的组织结构形式，目前在我国绝大多数企业，尤其是环境较稳定的中小企业中得到了广泛应用；对于规模较大、决策时需要考虑较多因素的企业则不太适用。

管理专栏

如何发挥参谋人员的作用

美国学者路易斯·艾伦提出的6个有效发挥参谋作用的准则，有助于把握直线与参谋人员的关系，更好地发挥参谋人员的作用。

①直线人员可做最后的决定，对基本目标负责，因此有最后的决定权。

②参谋人员提供建议与服务。

③参谋人员可主动地从旁协助，不必等待邀请；应时刻注意业务方面的情况，予以迅速的协助。

④直线人员应考虑参谋人员的建议，当做最后决定时，应与参谋人员进行磋商；参谋人员应配合直线人员朝目标前进。

⑤直线人员对参谋人员的建议，如果有适当理由，可予以拒绝。此时上级主管不能干预，因为直线人员有选择权。

⑥直线人员与参谋人员均有向上申诉的权力，当彼此不能自主解决问题时，可请求上级解决。

（四）事业部制组织结构

1. 事业部制组织结构的简图及特征

事业部制组织结构的简图如图4-9所示。

事业部制组织结构最早是由美国通用汽车公司总裁阿尔弗雷德·斯隆于1924年提出的，故有“斯隆模型”之称，又称“联邦分权化”，是一种高度（层）集权下的分权管理体制。这种组织结构的基本特征是战略决策和经营决策相分离。根据业务，按产品、服务、客户、地区等设立半自主性的经营事业部，公司的战略决策和经营决策由不同的部门和人员负责，使高层领导从繁重的日常经营业务中解脱出来，集中精力致力于企业的长期经营决策，并监督、协调各事业部的活动和评价各部门的绩效。事业部的主要特点是：经营单一产品系列，对产品的生产和销售实行统一管理、自主经营、独立核算；事业部部长负责全面工作，并设立相应的职能部门。

事业部制组织结构是分级管理、分级核算、自负盈亏的一种形式，即一个公司按地区或按

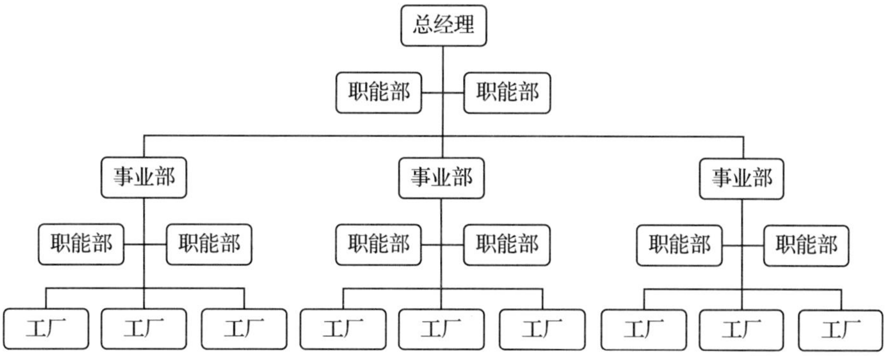

图 4-9　事业部制组织结构的简图

产品类别分成若干事业部，从产品的设计、原材料采购、成本核算、产品制造，一直到产品的销售，均由事业部及所属工厂负责，实行单独核算、独立经营，公司总部只保留人事决策、预算控制和监督大权，并通过利润等指标对事业部进行控制。也有的事业部只负责指挥和组织生产，不负责采购和销售，实行生产和供销相分离，但这种事业部正在被产品事业部取代。还有的事业部按区域来划分。

2. 事业部制组织结构的优点

公司总部领导可以摆脱日常事务，集中精力考虑全局问题；事业部实行独立核算，更能提高经营管理的积极性，利于组织专业化生产和实现企业的内部协作；各事业部之间有比较、有竞争，这种比较和竞争有利于企业的发展；事业部内部的供、产、销之间容易协调，不像在直线－职能制组织结构那样需要高层管理部门过问；事业部经理要从事业部整体角度来考虑问题，这有利于培养和训练管理人才。

3. 事业部制组织结构的缺点

公司与事业部的职能机构重叠，造成管理者的浪费；事业部实行独立核算，各事业部只考虑自身的利益，影响事业部之间的协作，一些业务联系与沟通往往也被经济关系替代，甚至连公司总部的职能机构为事业部提供决策咨询服务时，也要事业部支付咨询服务费。

4. 事业部制组织结构的适用性

事业部制组织结构适用于规模庞大、品种繁多、技术复杂的大型企业，是国外较大的联合公司所采用的一种组织结构形式。近几年我国一些大型企业集团或公司也引进了这种组织结构形式。

（五）矩阵制组织结构

1. 矩阵制组织结构的简图及特征

矩阵制组织结构的简图如图 4-10 所示。

矩阵制组织结构又称规划－目标组织结构，它既有按职能划分的垂直领导系统，又有按产品（项目）划分的横向领导关系。矩阵制组织结构是为了克服直线－职能制组织结构横向联系差、缺乏弹性的缺点而形成的一种组织结构形式。它把按职能划分的部门与按项目划分的小组结合起来组成矩阵，使小组成员接受小组和职能部门的双重领导。它的特征表现为围绕某项专门任务成立跨职能部门的专门机构，这种组织结构形式是固定的，人员却是变动的，

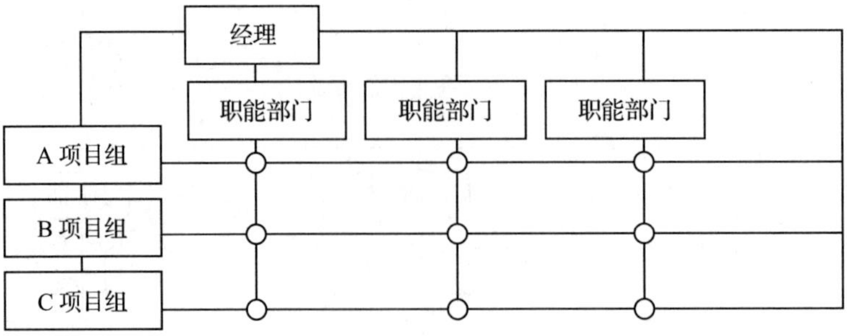

图 4-10　矩阵制组织结构的简图

任务完成后人员就可以离开。

2. 矩阵制组织结构的优点

①加强了横向联系，专业设备和人员得到了充分利用；

②具有较大的机动性；

③促进各种专业人员互相帮助、互相激发、相得益彰。

3. 矩阵制组织结构的缺点

①人员位置不固定，有临时观念，有时责任心不够强；

②人员受双重领导，有时不易分清责任。

4. 矩阵制组织结构的适用性

矩阵制组织结构适用于一些重大攻关项目，企业可用它来完成涉及面广、临时性、复杂的重大工程项目或管理改革任务；特别适用于以开发与实验为主的单位，尤其是应用性研究单位，如科学研究院等。

（六）多维立体型组织结构

1. 多维立体型组织结构的简图及特征

多维立体型组织结构的简图如图 4-11 所示。

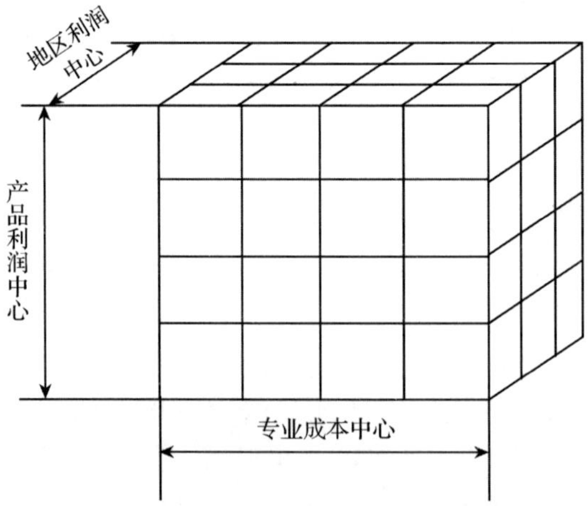

图 4-11　多维立体型组织结构的简图

多维立体型组织结构，又称立体组织结构，是参照矩阵制组织结构的原理建立起来的。它是由美国道－科宁化学工业公司于1967年最先建立的。多维立体型组织结构是矩阵制和事业部制组织结构形式的综合发展。在矩阵制组织结构（二维平面）的基础上构建产品利润中心、专业成本中心和地区利润中心的三维立体结构，若再加上时间维度则可构成四维立体结构。虽然它的细分结构比较复杂，但每个结构层面仍然是二维结构，而且多维立体型组织结构未改变矩阵制组织结构的基本特征，多重领导和各部门配合只是增加了组织系统的多重性。因此，多维立体型组织结构的基础结构形式仍然是矩阵制组织结构，或者说它只是矩阵制组织结构的扩展形式。

多维立体型组织结构由3方面的管理系统组成：

①按产品（项目或服务）划分的部门（事业部），是产品利润中心；

②按职能，如市场研究、生产、技术和质量管理等划分的专业参谋机构，是专业成本中心；

③按地区划分的管理机构，是地区利润中心。

在这种组织结构形式下，每一个系统都不能单独做出决定，而必须由三方代表通过共同的协调才能采取行动。因此，多维立体型组织结构能够促使各部门从组织整体的角度来考虑问题，从而减少了产品、职能和地区各部门之间的矛盾。即使三者之间有摩擦，也比较容易统一和协调。

2．多维立体型组织结构的优点

多维立体型组织结构可使上述3方面的管理系统协调一致、紧密配合，为实现组织的总目标服务。多维立体型组织结构可以为开发多种产品、跨地区经营的跨国公司或跨地区公司在不同产品、不同地区增强市场竞争力提供组织保证。

3．多维立体型组织结构的适用性

多维立体型组织结构适用于从事大规模生产经营而又需要保持灵活性的跨国公司或大型跨地区公司。

（七）控股型组织结构

1．控股型组织结构的简图及特征

控股型组织结构的简图如图4-12所示。

控股型组织结构是通过企业之间控股、参股，形成由母公司、子公司和关联公司组成的企业集团。各个分部具有独立的法人资格，是总部下属的子公司。这也是公司分权的一种组织形式。

一些大公司超越企业内部边界的范围，在非相关领域开展多种经营，对各业务经营单位不进行直接管理和控制，只在资本参与的基础上进行持股控制和具有产权管理关系，这就是控股型组织结构的一种形式。

2．控股型组织结构的优点

控股型组织结构的母公司对控股子公司具有有限的责任，风险得到控制；大大增加了企业之间联合参与竞争的实力；可以调动各个控股子公司的积极性和主动性。

3．控股型组织结构的缺点

控股型组织结构的战略协调、控制、监督困难，资源配置也较难；缺乏各公司的协调，管理变得间接，难以明确责任。

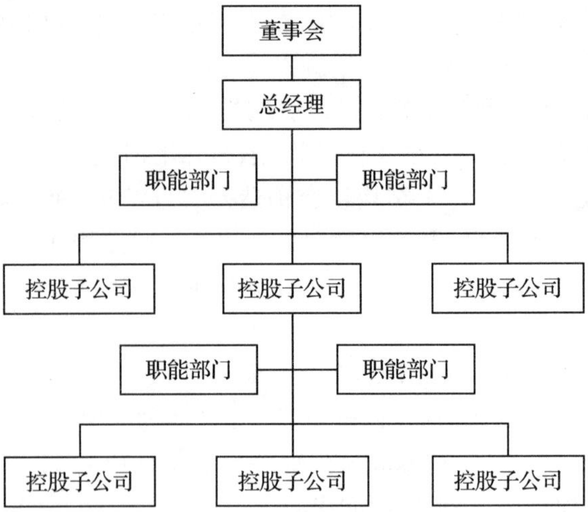

图 4-12　控股型组织结构的简图

4. 控股型组织结构的适用性

控股型组织结构适用于在非相关领域开展多种经营业务的企业。

(八)网络型组织结构

1. 网络型组织结构的简图及特征

网络型组织结构的简图如图 4-13 所示。

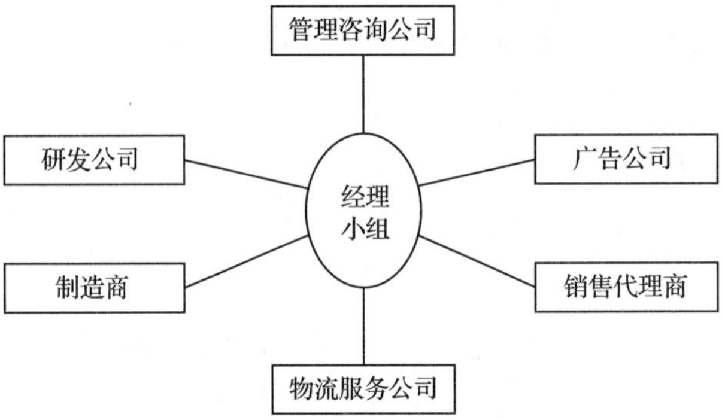

图 4-13　网络型组织结构的简图

网络型组织结构是利用现代信息技术手段,以契约关系的建立和维持为基础,近几年发展起来的一种新型组织结构。它使管理当局对于新技术,或者来自海外的低成本竞争具有更大的适应性和应变能力。网络型组织结构是一种较小的中心组织结构,是依靠其他组织以合同为基础进行制造、分销、营销或其他关键业务等经营活动的组织结构。被联结在这一组织结构中的 2 个或 2 个以上的单位之间并没有正式的资本所有关系和行政隶属关系,但却通过相对松散的契约纽带,透过一种互惠互利、相互协作、相互信任和支持的机制来进行密切的合作。由于网络型组织结构的大部分活动都是外包、外协的,公司的管理机构就只是一个精干的经理队伍,负责监管公司内部开展的活动,同时协调和控制与外部协作机构之间的关系。

2. 网络型组织结构的优点

①快速、灵活、经济；

②固定资产投放少，风险低；

③适应性强，能够针对外界环境的激烈变化，及时、迅速地做出反应。

在网络型组织结构中，组织的大部分职能从组织外“购买”，这给管理层提供了高度的灵活性，并使组织集中精力做最擅长的事。因此，在既非市场又非等级制度的组织模式中，网络型组织结构是一种独特的经济组织形式。

3. 网络型组织结构的缺点

①网络型组织结构的管理当局对其制造的活动缺乏紧密的控制力，难以有绝对的把握控制供应品的质量；

②网络型组织结构需要科技与外部环境的支持。

4. 网络型组织结构的适用性

网络型组织结构不仅是小型组织的一种可行选择，也是大型企业在联结集团松散层单位时通常采用的组织结构形式。网络型组织结构并不是对所有的企业都适用，它比较适用于玩具和服装制造企业，因为这些企业需要相当大的灵活性以对时尚的变化做出迅速反应。网络型组织结构也适用于那些制造活动需要低廉劳动力的企业。

任务三 组织运行

任务描述

组织运行是指使设计好的组织运作和运转起来。任何组织在运行时都会在一定的环境下承受外部的干扰。对于不同的组织，这些干扰会产生不同的效果。有的组织抗干扰能力强，长盛不衰，立于不败之地；有的组织抗干扰能力差，内部变得动荡不安，最终走向瓦解。一个组织在运行过程中，首先，要制定和落实规范与约束员工行为的各项规章制度；其次，要进行组织冲突的协调及运行机制的健全；最后，还要在运行过程中进行合理的调控，合理地选聘人员，并鼓励上级合理授权、每位员工对工作全面负责，以实现组织运行的正常化、规范化和制度化。那么，如何建立组织制度，协调组织冲突，健全运行机制，调控运行过程呢？

知识准备

一、组织制度的建立

常言道，好的制度使坏人办不了坏事，而坏的制度却使好人办不成好事。美国钢铁大王安德鲁·卡内基曾说过这样的话：“假如将我所有的工厂、设备、市场、资金全部夺走，只要保留我的组织，4 年以后，我仍是一个钢铁大王。”对于一个健康、持续发展的企业来说，关键是要建立一套完善的组织结构和体系。

所谓组织制度，广义上泛指组织的各种规则，包括组织产权制度和在特定产权关系下的具体管理制度。科学的管理是靠完善的制度体现出来的。外部良好的环境对组织发展很重要，但任何外部环境的改善都不可能取代组织内部的精确管理。组织要发展，必须练好内功，固本才能强基，而组织管理的基础工作就是建立制度。规范的管理制度不仅可以保证公司持续、健康地发展，而且还可以有效地解决和防范组织的危机。成功的组织都有一套系统、科学、严密和规范的管理制度。

建立组织制度是组织一项长期、复杂的系统工程，它涉及的范围十分广泛，也非常复杂。但从总体上来看，建立组织制度需要解决的问题是产权明晰、责权明确、政企分开和管理科学4大方面。

（一）产权明晰

产权明晰是建立组织制度的基础和前提条件。产权问题是建立组织制度的关键问题。现代组织制度的财产责任特征包括2个方面：①组织以自己的全部财产承担责任，对组织自身来说是无限责任；②投资者以出资额或所持有的股份为限，对组织承担责任，这是有限责任。因此，一方面，投资者即股东享有法律规定的股东权利，并承担有限责任；另一方面，组织对股东入股的货币投资、实物投资乃至无形财产均享有自主、充分、完整的控制权，并以组织的全部财产对它的债务承担责任。这样的财产责任有利于组织建立新型的融资体制，形成融资渠道的多元化，极大地增强组织的经济能力。在产权明晰的前提下，组织才能确立法人财产制度，确保组织的资产得到法律保护，并体现投资者的责权关系。

（二）责权明确

责权明确是指合理区分和确定所有者、经营者和劳动者各自的责任和权利。责任是中心，权力是保障，利益是动力。没有责任只有权力，会造成权力的浪费；只有责任没有权力，则会导致职责无法被履行。

（三）政企分开

政企分开是建立组织制度的必要条件。组织能否成为市场竞争的真正主体，取决于政府的职能转换和政府行为的规范。政府应优化市场竞争环境，为组织创造良好的外部条件。组织实行自主经营、独立核算、自负盈亏，完全消除计划经济体制下政企不分的痕迹，真正实现政企职能分开。

1. 政府的管理职能和管理体制

作为国有资产所有者，政府可以建立一套科学、有效的国有资产管理制度，对国有资产实行国家所有、分级管理、授权经营、分工监督。政府作为社会管理者，可以依据法律制定各种必要的规章制度，培育和促进市场体系的发展，形成比较完善的市场规则和社会秩序。政府作为宏观经济的调控者，可以合理确定经济发展的战略目标，制定和运用相应的政策来引导和协调整个社会经济的发展。

2. 国有企业的组织制度

国有企业组织制度改革的重点是建立公司制企业，因此，必须建立符合市场经济规律和我国国情的企业领导体制与组织管理制度，即建立包括股东会、董事会、监事会和经理层在内的公司法人治理结构，处理好党委会、职代会、工会与股东会、董事会、监事会的关系；建立由国务院向大型国有企业派驻稽查特派员制度，地方政府向所属大中型企业特派财务总监制度。同时，对国有企业进行战略性调整，即通过国有资产的流动和重组，改变国有资产过度分散的状况，集中力量发展和加强国家重点产业和重点企业，扩大企业的组织规模。

（四）管理科学

管理科学揭示了组织适应外部环境和内部各种资源优化配置的一般规律、程序和原则，克服了经验主义的主观性和片面性，是建立组织制度的必要手段。人们在组织管理实践中自觉地遵循规律与原则，就能进行科学决策，引导组织健康发展。只有不断地借助当代的科学思想和科学方法，才能推动管理科学的不断发展。

二、组织冲突的协调

组织通过分工按照一定的方式互相协作。在分工与协作的过程中，组织必须具备自己的规则和标准，来协调矛盾并解决问题。但对于同一个问题，不同的人往往有不同的看法。

（一）冲突产生的原因

组织产生冲突的原因通常有 4 种。

1. 组织的目标产生了混淆甚至内部的冲突

组织是有目标的，但何谓组织目标，何谓组织内部每个部门的目标，答案却不是唯一的。很多人认为，一个组织应该有多个目标，并且这些目标可以随时改变。其实对于企业组织而言，它的目标非常简单，这个正确的目标就是塑造超强、持续的赢利能力。组织目标有时候会产生混淆，让人忽略了组织的根本目标与长期目标，而陷入一些短期的目标之中。

2. 责权配置不当

在组织中要遵循“责权对等”的原则。但在大部分组织中，这种原则并没有得到很好的贯彻和实施。当组织结构臃肿、效率低下、人浮于事、责任不清、互相推诿的情况出现时，管理者必须先观察是否存在同一件事情有 2 组人在做、同一个责任有 2 组人在承担、同一个权力有 2 组人在使用的现象，而这些正是出现上述情况的根本原因。

3. 责权履行不当

在组织中，每一个人都有自己的职责与权限，都在做自己专业范围内的事情。某知名跨国公司的 2 位员工(一个是部门经理，另一个是基层员工)都对公司的发展战略提出了优化建议，结果部门经理得到了奖励，基层员工却被开除了。组织中的每位员工都应该有强烈的责权界限感，因为这是保障企业正常运行的基础，正所谓“职责清晰，责权对等”。

4. 有分工，无协作

在组织中，只分工、不协作的问题导致“部门本位主义”等影响组织运行效率和效果的现象出现。

（二）组织冲突的解决

解决组织冲突有以下几种方法。

1. 合作

这种方法是让冲突双方或代表将他们的分歧进行开诚布公地讨论，辨明是非，找出分歧的原因，提出办法，最终选择一个双方都满意的解决方案。让冲突双方或代表以这种面对面的形式进行沟通，可以促进他们的相互理解，使各方的利益都得到满足。因此，从结果来说，合作是最好的选择。

2. 目标提升

在冲突双方存在相互依赖关系的情况下，目标提升方法有助于管理者处理组织冲突和提高组织效率。目标提升的作用在于使冲突双方的成员有紧迫感和吸引力。当任何一方单独凭借自己的资源和精力无法实现目标时，冲突双方可能会进行合作并做出一定让步，为实现更高的目标而统一起来，共同为更高的目标做出贡献。这有助于确保组织自觉地为实现目标而努力。

3. 建立联络小组

当组织内的群体交往不很频繁，而组织目标又要求他们协同解决问题时，群体间就可能产生冲突。在这种情况下，相互交往对组织是非常重要的，这时需要采取建立联络小组的方法来处理群体之间的相互关系。联络小组可以促进 2 个群体之间的交往。管理者所面临的挑战是物色能胜任这种边界扩展工作和充当群体代表的人选。

4. 强制解决

强制解决是指管理者利用组织赋予的权力有效地处理并最终从根本上强行解决群体间冲突的方法。当管理者需要对一件事情进行迅速的处理时，或当管理者的处理方式是否得到其他人的赞成而无关紧要时，可以采取强制解决的方法。强制解决往往以牺牲某一方的利益为代价。

5. 回避

这是最简单的解决冲突的一种方法，即让冲突双方暂时从冲突中退出或抑制冲突。当冲突微不足道时，或当冲突双方情绪非常激动时，可以采取让双方暂时回避的方法来解决冲突。回避作为处理冲突的常见方法，其前提是这种冲突没有严重到损害组织的效能。虽然对于群体间某些不太严重的冲突，回避方法是合适的，但管理者在处理群体间的冲突时，往往还要采取较主动的态度。

三、运行机制的健全

运行机制是指围绕实现组织建设的目标、任务，必须形成的一套科学合理、切实有效的规章、制度、运作规范和相应的措施及办法。组织要正常运行、快速发展，必须建立科学合理、灵活多样、运转协调、监督有力的运行机制。具体地说，就是要建立科学的分类管理机制、高效的公平竞争机制、有力的监督约束机制和健全的激励保障机制。

(一) 建立科学的分类管理机制

分类管理是一种科学的管理方法。组织要对不同类型的部门及不同人员，实行不同的管理办法，建立一套符合管理者、专业技术人员和工勤人员各自岗位要求的具体管理制度。

1. 要对现有的组织进行全面的清理

区分不同的组织类别，在此基础上，采取保留、转制、撤销、合并、分离和下放管理权限等不同的管理方式，对组织进行整合，调整组织布局，实现资源优化配置，形成组织新格局。

2. 要合理划分职责权限

组织在经营管理中，要合理设置分工，科学划分职责权限。各层级要把自己该管的事情管住、管好,既不能越位,又不能缺位,更不能错位。贯彻不相容职务相分离及每一个人的工作能自动检查另一个人或更多人工作的原则,形成相互制衡机制,建立岗位责任制,以防止错误或舞弊行为的发生。

(二)建立高效的公平竞争机制

公平竞争是促使优秀人才脱颖而出,不断提高管理质量的重要前提。

1. 在组织中全面推行聘用制

努力形成一种人员能进能出,职务能上能下,待遇能升能降,优秀人才能够脱颖而出,充满生机与活力的用人机制。通过全面推行聘用制,引入竞争机制,实现用人的公开、公平和公正;通过全面推行聘用制,转换组织的用人机制,实现由固定用人向合同用人转变,由身份管理向岗位管理转变,最终实现组织人事管理的科学化、规范化和制度化,逐步建立固定与流动相结合的用人制度。搞好聘用制的组织实施工作,建立健全岗位设置管理制度,要科学设岗,因事设岗,按岗聘人,以岗定薪;要科学设置岗位类别、岗位等级、岗位结构比例关系,明确不同岗位的职责、权利和任职条件;还要实行竞聘上岗制度和公开招聘制度。通过制订具体的招聘考试办法,从制度上规范组织选人、用人的程序和做法,防止通过各种非正当途径向组织安排人员,防止用人腐败,把真正优秀的人才吸引到组织中来,提高组织中各类人员的素质,充分体现公开、平等、竞争和择优的原则,做到能者上、庸者下、劣者汰。与此同时,要建立完善的解聘、辞聘制度。

2. 要改革组织领导者的选拔任用方式,打破单一的委任制做法

虽然目前绝大多数组织(除高等院校和少数组织外)实行首长负责制,但是在领导者的任用方式上,仍然主要采取单一的委任制方式,这不利于组织的发展。对此,必须打破单一的委任制做法。在组织领导者的选拔任用中,要引入竞争机制,改进管理方法。对不同类型组织的领导者,按照干部管理权限和一定程序,可以采用直接聘任、招标聘任、推选聘任、委任和选任等多种任用形式,要实行明确的任期制和任期目标责任制。

(三)建立有力的监督约束机制

要加快组织改革的步伐,确保组织的运行既具有活力,又规范有序,必须建立一种符合组织特点、强有力的监督约束机制。

1. 要在组织中建立一种双向约束机制

目前,组织中只有自上而下的单向约束,即只有单位领导对所有员工的管理权、监督权和约束权,而对于单位领导干得怎么样、业绩如何,员工则没有任何的监督权和约束权,这很不利于组织的健康发展。对此,必须进行改革。

一方面,要通过实行聘用制,根据岗位设置的情况及不同岗位的职责和任职条件,进行公开招聘、竞聘上岗,最后由组织领导者集体讨论决定具体的聘用人员,并与聘用人员签订聘用合同,确定相应的工资待遇,从而实现对组织各类管理者、专业技术人员和工勤人员的监督和约束。

另一方面,对组织的领导者也要加强监督和约束,防止其以权谋私、任人唯亲、任人唯帮、任人唯派。在选拔任用组织领导者的过程中,要加大民主监督的力度,通过民意测验和民主测评,保证组织中广大员工的知情权、参与权、表达权和监督权,实现自下而上的监督;要建立健全组织领导者任期目标责任制,加大对组织领导者任期考核的力度,对其思想政治表现、履行

岗位职责和完成任期目标的情况进行全面考核，重点考核工作实绩；要将考核结果与任用、奖惩和升降等挂钩，做到奖罚分明。对那些不能完成任期目标、业绩平平的组织领导者，应就地免职，不能易地为官，从而形成一种双向约束机制。

2. 要加强对组织的政策指导、宏观调控和监督管理

人事管理部门作为岗位设置管理的综合管理部门，要制定和完善相关的政策，加强对组织岗位设置的指导、监督和管理，定期检查并及时纠正各种违纪违规行为。

(四)建立健全的激励保障机制

要调动广大员工的积极性、主动性和创造性，充分发挥他们的潜能，还必须建立一套健全的激励保障机制。这就要求坚持按劳分配为主体、多种分配方式并存的分配制度，确立劳动、资本、技术和管理等生产要素按贡献参与分配的原则，做到以岗定薪，岗位不同，贡献不同，薪酬不同，岗变薪变。逐步建立重实绩、重贡献，向优秀人才和关键岗位倾斜，形式多样、自主灵活的分配激励保障机制。

四、运行过程的调控

一个组织是否能够长治久安、自我调整、自我约束和自我发展，关键在于它是否能够建立一种有效的调控机制。

西方一些管理学家和领导者都很重视一种被称作“金鱼缸”的效应。“金鱼缸”效应即组织的一切活动都必须像金鱼缸一样透明，其目的在于增加组织活动的透明度，使组织活动处于最广泛的监督之下。因为只有建立了最广泛的监督机制，一切与目标相违背的行为活动才能被迅速地察觉和纠正。

控制论的反馈原理认为，反馈有 2 种类型：①正反馈，它会使系统偏离目标的运动加强，甚至使系统产生震荡和解体；②负反馈，它会使系统偏离目标的运动减弱，使系统趋于稳定。因此，一个系统是否能够在稳定中求发展，根据外界的干扰和压力进行自我调节，不断完善系统的功能，关键在于是否能够建立起一种有效的负反馈机制。

现代组织中把决策者或决策部门、执行者或执行部门看作“受控系统”，而把咨询者或咨询部门、监督者或监督部门看作“反馈系统”。所有这些系统又组成一个更大的系统。这个系统就是以咨询、监督等反馈调节为基础的系统，既是可以自我调节，能够稳定发展的系统，又是具有最优结构，能获得最大整体功能的系统。这个系统是保持组织发展长治久安的体制。这种体制从系统上来说是反馈调节的自控系统，归根到底是决策、执行、咨询、评价和监督的分工及其独立的分权分责。它最大的优越性是保证决策的科学化，即使决策有失误，也能迅速进行纠正和自我调节。

任务四 组织变革

任务描述

组织变革在通常意义上的理解是组织变化和改革，尽管程度上有差异，但都是指组织根

据外部环境或内部情况的变化，及时地调整并完善自身的结构和功能，以提高组织适应生存和发展所需要的应变能力。那么组织变革需要注意的问题有哪些呢？怎样既能满足组织变革的需要，又能避免造成震动性破坏？

知识准备

一、组织变革的含义

组织成功的关键因素是保持与环境一致的能力，只有适应不断变化的外部环境的组织才能生存。随着全球化的加快和知识经济的出现，组织面对着前所未有的多变和复杂的环境。为了生存和发展，组织必须致力于提高整体绩效、提升系统产出和增强反应速度。

所谓组织变革，是指组织根据外部环境和内部情况的变化，对组织结构中不适应的地方进行调整和修正，甚至对整个组织进行重新架构，以适应客观发展的需要，以便更有效地实现组织目标的过程。

变革是一种破旧立新的过程，自然会面临驱动力与阻力相互交错和混合的状态。变革管理者的任务就是要采取措施改变这 2 种力量的对比，促进变革顺利进行。具体的力量改变措施有 3 类：①增强驱动力；②减弱阻力；③同时增强驱动力与减弱阻力。实践表明，在不消除阻力的情况下增强驱动力，可能加剧组织的紧张状态，从而无形中增强变革的阻力；在增强驱动力的同时采取措施消除阻力，会更有利于加快变革的进程。因此，组织行为学者提出，有效的组织变革要经历三部曲过程，即解冻（破旧）、变革（改变）、再冻结。

二、组织变革的驱动力与阻力

在现代社会，越来越多的组织面临复杂、动态、多变的环境。以前的管理特点是长期的稳定伴随短期的变革，现在的情形则正好相反，往往是长期的变革伴随短期的稳定。在这种情况下，管理者必须比以往任何时候都更加关注变革和变革管理，帮助员工更好地理解不断变革的工作环境，并采取措施消除或减弱变革的阻力，激发变革的驱动力，使组织在变革中求得发展和繁荣。

任何变革都面临驱动力和阻力的问题，这是对待变革所表现出来的 2 种不同的态度和方向相反的作用力。这 2 种力量的强弱对比会从根本上决定变革的进程、代价乃至成败。

（一）组织变革的驱动力

1. 组织变革的征兆

一般来说，企业中的组织变革是一项“软任务”，即有时候组织结构不改变，企业仿佛也能运转下去，但如果要等到企业无法运转时再进行组织变革就为时已晚了。因此，企业管理者必须抓住组织变革的征兆，及时进行组织变革。组织需要变革的征兆有以下几种：

①部门工作效率低：如市场占有率下降，产品质量下降，消耗和浪费严重，企业资金周转不灵等；

②组织经营缺乏创新：如企业缺乏新的战略和适应性措施，缺乏新的产品和技术，没有新的管理办法，或者新的管理办法推行起来困难等；

③组织机构本身病症的暴露:如决策迟缓,指挥不灵,信息交流不畅,机构臃肿,职责重叠,管理跨度过大,人事纠纷增多和管理效率下降等;

④员工士气低落,不满情绪增加:如管理者离职率增加,员工旷工率、病假率、事假率增加等;

当一个企业出现以上征兆时,应及时进行组织诊断,以判定企业组织是否有进行变革的必要。

2. 组织变革的动因

组织是一个不断地与其环境发生作用的开放系统,其内外部环境因素的变化必然要求组织进行相应的变革。组织变革的驱动力来自竞争对手、信息技术和客户需求的各种压力,但最先来自组织内外部环境因素的变化。

一般来说,组织变革的动因在于以下几个方面:

(1)变革的外部驱动力

组织变革的外部驱动力包含政治、经济、文化、技术和市场等方面的各种因素和压力,其中与变革驱动力密切相关的有以下几个方面:

①社会政治特征:全国的经济政策,企业的改革、发展战略和创新思路等是最为重要的因素,形成各类组织强大的变革驱动力。国有企业转制、外资企业竞争、各种宏观管理体制改革、加入世界贸易组织和开发西部地区等,都成为组织变革的驱动力。

②技术发展特征:机械化、自动化,特别是计算机技术对于组织管理产生了广泛的影响,成为组织变革的驱动力。高新技术如计算机数控、计算机辅助设计、计算机集成制造以及网络技术等的广泛应用,对组织的结构、体制、群体管理和社会心理系统等提出了变革的要求。尤其是网络系统的应用显著缩短了管理和经营的时间和距离,电子商务创造了新的商业机会,这些也迫使企业领导者重新思考组织的架构和员工的胜任力要求,知识管理成为重点。

③市场竞争特征:全球化经济形成新的伙伴关系、战略联盟和竞争格局,迫使企业改变原有的经营与竞争方式。同时,国内市场的竞争也日趋激烈,劳务市场正在发生深刻的变化,使企业为提高竞争力而加快重组步伐,管理人才日益成为竞争的焦点。

(2)企业内部条件的变化

组织变革的内部驱动力包括组织结构、人员条件和团队工作模式等。

①组织结构:是组织变革的重要内部驱动力。外部驱动力带来组织的兼并与重组,或者因为战略的调整,要求对组织结构加以改造,往往会影响整个组织管理的程序和工作的流程。因此,组织再造工程也成为管理心理学与其他学科研究的新领域。

②人员条件:由于劳动人事制度改革的不断深入,干部、员工来源和技能背景的构成更为多样化,人员素质得到提高,这无疑成为组织变革的驱动力。实行计算机辅助管理、优化组合等管理活动是组织变革的必要基础和条件。

③团队工作模式:各类组织日益注重团队建设和目标价值观的更新,形成组织变革的一种新的驱动力。组织成员的士气、动机、态度和行为等的改变,对于整个组织有着重要的影响。随着电子商务的迅猛发展,虚拟团队管理对组织变革提出了更新的要求。

(3)企业自身成长的要求

企业处于不同的生命周期时,对组织结构的要求也各不相同,如小企业成长为中型或大型企业,单一品种企业成长为多品种企业,单厂企业成为集团企业等。

(二)组织变革的阻力

阻力是驱动力的对立面,有驱动力就有阻力。组织变革也必然会遇到阻力,如果不弄清这种阻力的来源、性质和力度,变革就是一种盲目的变革。

阻力是人们反对变革、阻挠变革甚至对抗变革的制约力。变革的阻力可能来源于个体、群体,也可能来源于组织本身甚至外部环境。

1. 个人方面的因素

要想使人们放弃他们原有的态度与习性而适应新的环境,有时的确很困难。即使事实证明他们的行为与目前的环境不相适应,他们也会以各种方式来反对变革。以下因素都可能导致人们抵制组织变革。

(1)个人对变革会产生不安全感和恐惧感

组织变革是改变组织现状,以达到预期的未来状态的过程,这就意味着组织变革本身充满不确定性。人们一旦处在不确定的环境中,会对未来产生不安全感和恐惧感,进而产生抵制变革的情绪与行为。最主要的表现是:懒的心理,多一事不如少一事,不改不变最省事;稳的心理,生怕变革中出乱子,以致会丢掉职位;怕的心理,怕担风险,怕变革失败,怕受人指责;等的心理,想等上级组织推着改,想等别人搞出一套成熟的经验后再改。总之,不想做先行者,对组织变革没有信心,没有热情,没有冒险意识,没有敢闯精神,时时事事显得小心翼翼、谨慎有余,缺乏改革的勇气和必要的心理承受能力。

(2)个人的态度与个性

敢于接受挑战、乐于创新、具有全局观念、有较强适应能力的人通常变革的意识较为强烈,而因循守旧、崇尚稳定的人对变革的抵触情绪较大。依赖性较强、没有主见的员工常常在变革中表现出依附于组织群体的态度倾向。

(3)个人对自身既得利益的担忧

组织变革的目标就是要追求组织利益的最大化,组织利益最大化的实现需要个人利益主体的有效配合,这就必然会对组织内各个主体的利益进行重新分配。由于变革会打破现状,破坏已有的平衡,必然会损害一部分人的既得利益,使他们产生担忧,从而使组织的变革难以有效地实施。

(4)个人的习惯、价值观与变革发生冲突

个人的习惯、价值观是长期积累、相对稳定的心理结构,改变起来相对困难。一旦组织变革冲击到个人的习惯和价值观,变革的阻力便会随之产生。这种冲突在不同组织文化公司的合并过程中尤其常见。

(5)个人对变革的目的、意义了解不足

一个人一旦确立起自己的态度体系之后,就必然对外部输入的信息在既定的态度体系内做出反应。有时人们对组织变革的目的、机制和前景的理解差别很大,这可能导致基于理解不清或理解混乱而抵制、干扰变革。加上组织变革前的信息沟通不充分,更会引起有关人员的不满和误解,形成阻力。有些员工认为当前的变革是错误的,因而会抵制组织的变革。部分组织的管理层总是认为,变革是管理者的事,只要管理层(主要是高层管理者)清楚变革的目的、意义,将任务分配给下属去完成即可。其实,员工如果不清楚变革的目的与意义,他们就会很快失去参与变革的热情。如果组织中的部分高层管理者都不清楚变革的意义,那情况会更糟糕。

(6)个人的能力或资源不足

变革往往伴随着新业务流程、新技术、新工作方法的导入。办公自动化的建立、新技术的应用都要求员工不断地提高自己的能力,以适应组织变革的需要。当员工对自己的能力产生怀疑时,就认为变革是对自己的一种威胁。有些员工担心自己的技术已经过时,一旦组织发生变革,自己就会被淘汰。因此,他们宁愿维持现状。在变革过程中,组织往往会忽略为员工提供足够的资源支持,其后果可想而知。

(7)对发起变革的人怀有成见

有时人们之所以反对变革,并不表示他们反对变革本身,而是因为对发起这场变革的人心怀成见,推人及物,因反对变革者而反对变革。这种情况普遍存在于一般组织之中,人们有时并不真正了解变革本身,也不想去了解,但只要看到是由他不喜欢的人发起了这场变革,就有一种十分盲目而强烈的抵触情绪。因此,在进行组织变革时,要注意选择容易为大多数人所接受的人选,以尽量减少变革的阻力。

2. 组织方面的因素

组织变革就是要改变那些不能适应组织的内外部环境、阻碍组织可持续发展的各种因素,如组织的管理制度、组织文化,员工的工作方式、工作习惯等。变革必然会涉及组织的各个层面,引起组织内部个人和部门利益的重新分配。因此,组织变革会受到来自组织各个方面的阻力。

(1)管理层的积极性不高

管理层对组织变革的积极参与是组织变革成功的关键。但管理者可能不重视组织变革,认为组织不需要进行变革;或者本身观念陈旧,不愿意轻易进行变革;或者对组织变革的前景没有信心,有意无意地阻碍变革;或者由于组织变革会对组织内部各部门、各个群体的利益进行重新分配,那些原本在组织中权力较大、地位较高的部门和群体必然会将变革视为一种威胁,为了保护自身利益而抵制变革。管理层变革的积极性不高,变革的结果也就可以预见。

(2)组织的业务流程再造会涉及部门利益

组织的业务流程再造必然会重组企业的组织架构,对某些部门和层次予以合并、撤减,以及重新进行责权界定,一些处于不利地位的部门和层次就会反对变革。

(3)组织结构或管理制度与变革缺乏相适性

当组织结构、相应的管理制度不能配合变革时,也不利于变革的推进。组织流程再造、信息系统引入等都需要组织结构的变革配合。在变革中,为了鼓励利于变革的员工行为,人力资源管理体制(如薪酬、考核、员工发展)也应做出相应的调整。

(4)组织文化的作用未得到充分发挥

组织文化对组织中员工行为的影响已经被证实,但相当一部分组织在变革过程中未能充分发挥组织文化的作用。在变革过程中,注重企业文化的重塑,变革的阻力会少很多。

三、组织变革的过程

组织的发展离不开组织变革。内外部环境的变化、组织资源的不断整合与变动,都给组织带来了机遇与挑战,这就要求组织关注组织变革。无论是如海尔、TCL、联想这样的巨型企业,还是一个年销售额仅一两千万元的小型企业,都面临着全方位的体制变革,其战略目标、管理模式、组织架构和竞争策略等都面临着市场环境变化和国际竞争的挑战，变革已成为当务之急。在这些变革中，对组织自身运作系统的变革是提高组织效率与绩效的关键。能适应环境变化的组织是那些能够自我发展、自我提高的组织，是那些能够领导变革、创造变革的组织，是那些能够根据环境变化进行有效变革的组织，是那些不断发展的组织，而墨守成规、安于现状的组织，则只能是逆水行舟，不进则退，最终被淘汰出局。

管理专栏

公司再造

美国人迈克尔·哈默(Michael Hammer)和詹姆斯·钱比(James Champy)于1994年出版了一本著作，名为《公司再造》(*Reengineering The Corporation—A Manifesto For Business Revolution*)。该书一经出版便引起管理学界和企业界的高度重视，迅速流传开来。

哈默与钱比认为，工业革命两百多年以来，亚当·斯密的分工理论始终主宰着当今社会中的一切组织，大部分的企业都建立在效率低下的功能组织上。公司再造是根据信息社会性要求，彻底改变企业的本质，抛开分工的旧包袱，将硬生生拆开的组织架构，如生产、营销、人力资源、财务、管理信息等部门，按照自然跨部门的作业流程，重新组装回去。显然这样一种重新组装是对过去组织赖以运作的体系与程序的一种革命。这种革命将是美国企业恢复竞争力的唯一希望，也是面向未来的唯一选择。

福特汽车公司在取得日本马自达公司25%的股权之后，经过观察，福特汽车公司的主管阶层发现，马自达公司物资采购部全部的财务会计工作，竟然只用了5个人来包办，福特汽车公司却用了500多人，与马自达公司区区5个人相比，简直有天壤之别。就算福特汽车公司借助办公室自动化，降低了两成的人事费用，仍旧无法和马自达公司精简的人事相提并论。根本的不同之处在于二者的作业流程不同，因此修正这种流程就成为提高企业效率的根本。然而修正流程不能从财务部门做起，而要从整个企业的流程改革着手。

流程的改革基于信息技术的高度发展，这是因为信息技术的发展使效率不一定产生于分工，而有可能产生于整合之中。事实上，已经很难将现代组织面临的各种管理问题确立为专业性的问题，因而将其交给一个分工性的职能部门进行处理已经不妥，也难使职能部门有效地处理此类问题。为了针对某一类问题而特设部门进行专门负责处理，则使本来已经膨胀了的组织机构更加繁多，这又会使管理成本增加，协调困难，效率降低。在信息技术发达的今天，人们已经准备了对综合性问题进行整合性处理的方案，这也是流程革命可以进行的基础。

组织变革是一个复杂、动态的过程，为了科学、有步骤地进行变革，需要遵循合理的程序和步骤。

美国学者库尔特·勒温从探讨组织变革中组织成员的态度出发，提出组织变革要经历“解冻、变革、再冻结”三阶段的理论。勒温认为，在组织变革中，人的变革是最重要的，组织要实施变革,必须先改变组织成员的态度。组织成员态度发展的一般过程及模式反映着组织变革的基本过程。

科学、完整的组织变革包含组织诊断、解冻、变革、再冻结 4 个步骤。

(一)组织诊断

组织结构是否适合组织的实际情况和满足组织的发展需要,是检验组织结构优劣的唯一标准。没有普遍适用的组织结构,每个组织结构应在组织理论的指导下,参考行业经验,结合自身实际进行变革。没有特色的组织结构很难为组织提供竞争优势。因此,为组织结构"号脉",必须在组织的特定性质和发展阶段下分析和评价其效能、效率,以辩证、权变的观点来进行诊断,从而为组织是否需要进行变革,何时和如何变革提供依据。有效的组织诊断需要进行组织调查和组织分析。

1. 组织调查

组织调查是指收集关于组织的各种资料和情况。在组织调查中,比较适用的方法有 3 种。

(1)系统地收集现成资料

这方面的资料主要有以下 7 种:

①职位说明书:包括组织各种管理职位的名称、职能性质、各项职权和责任、薪金级别,以及该职位同其他有关职位的关系。

②组织系统图。

③组织手册:通常是职位说明书与组织系统的综合。

④管理业务流程图:这是用图解的方法来表示某一子管理系统的业务工作流程。管理业务流程图的内容一般包括:程序;岗位,即根据程序及分工协作的要求设置若干岗位,并确定它们之间的联系;信息传递,即信息传递的载体、手续和传递路线等;岗位责任制,即各岗位的责任、权限和工作要求等。

⑤管理工作标准。

⑥管理工作的定员和人员配备。

⑦员工的绩效考评及奖惩制度。

(2)组织问卷调查

组织问卷调查的主要对象是管理者,抽样比例一般为总人数的 5%~20%。问卷调查需要有科学的问卷设计、严格的调查实施和科学的结果分析。

(3)个别面谈和小型座谈会

对高层管理者进行调查,一般采取个别面谈和小型座谈会的方式,这样有利于了解到比较深层次的情况。在进行调查之前,应事先拟订好谈话提纲。

2. 组织分析

在掌握了丰富、真实的资料和情况后,接下来应该进行组织分析,明确现行组织结构在设置和运行上的问题和缺点,为组织变革打下基础。组织分析的内容从总体上说,可以归纳为以下 4 个方面。

(1)职能分析(业务分析)

职能分析的主要内容有 3 个方面:

①组织需要增加的职能、组织需要减少的职能和组织需要合并的职能;

②确定组织的关键职能，即对组织实现战略目标有关键作用的职能；

③分析职能的性质和类别，这里所说的职能是指产生成果的职能、支援职能和附属职能。

(2)决策分析

决策分析的内容有以下4个方面：

①应该制定的决策；

②决策制定的管理层；

③决策制定应该牵涉的业务；

④决策制定后应该通知的负责人。

(3)关系分析

关系分析即对各管理层次、各管理职能间相互关系的分析，主要包括以下4个方面：

①各个部门包括的职能；

②各个部门的职能是否有重叠或空白；

③各个部门是直接指挥职能还是参谋服务职能；

④各个部门的业务工作联系与协调配合。

(4)运行分析

运行分析是指对组织的动态分析，它包括以下3个方面：

①人员配备状况分析；

②管理者的考核制度是否健全和得到贯彻；

③奖惩制度是否完善和得到落实。

例如，企业文化的变革在这一阶段需要外部专家对现存的文化进行诊断，因为企业内的成员不可能对他们的文化进行清楚和无偏见的分析。进行现存文化诊断的主要任务是收集数据，分析企业文化的现状及其与向往状态之间的差距。现存文化诊断如实反映了企业环境的现状，提供了企业在为达到目标工作状态这一过程中的有利因素和不利因素。企业文化变革的方向则体现在企业目标和如何实现这些目标之中。组织评估使企业明白为实现目标需要加以改变的范围和需要承担的义务，确定并公布企业环境中积极的方面和有必要加以保持的方面，承认并解决企业文化中形成的障碍。

(二)解冻

解冻的焦点在于创造变革的动机，鼓励干部、员工改变原有的工作态度和行为模式，采取新的适应组织战略发展的态度与行为。为了做到这一点，一方面需要对旧的态度与行为加以否定，另一方面要使干部、员工认识到变革的紧迫性。可以采用比较评估的办法，把本单位的总体情况、经营指标和业绩水平与其他优秀单位或竞争对手进行比较，找出差距和解冻的依据，帮助干部、员工解冻现有的态度和行为，使其愿意接受新的工作模式。此外，应注意创造一种开放的氛围和心理上的安全感，减少变革的心理障碍，增强变革成功的信心。例如，企业文化的变革在解冻过程中要打破已有的行为方式和程序，引导人们关注这些固定程序，在需求评估的基础上，告诉人们为何要发生变革。人们除了需要知道变革的内容外，还要确切地知道为何要发生变革，以及变革会在协作、成果等方面如何对他们形成期望。人们只有接受了变革的需求，才能自觉地加入变革，成为变革的支持者和贡献者。

(三)变革

变革是一个学习过程,需要给干部、员工提供新信息、新行为模式和新视角,指明变革方向,实施变革,进而形成新的行为和态度。在这一过程中,应该注意为新的工作态度和行为树立榜样,可通过角色模范、导师指导、专家演讲和群体培训等多种途径达到此目的。变革是个认知的过程,它由获得新的概念和信息来完成。例如,企业文化的变革是组织管理制度、风格和共有价值观的重塑过程,是在高层管理者的领导与支持下,全员积极参与,更新观念和行为的过程。

(四)再冻结

在再冻结阶段,利用必要的强化手段使新的态度与行为固定下来,使组织变革处于稳定状态。为了确保组织变革的稳定性,需要使干部、员工有机会尝试和检验新的态度与行为,并及时给予正面的强化;同时,加强群体变革行为的稳定性,促使形成稳定、持久的群体行为规范。例如,如果个人或企业处于不断变化的状态,其宗旨和目标是无法实现的。这就需要将变革产生的好方法、好行为稳定下来,固化为企业整体的心理程序,成为新的企业文化的组成部分。

总而言之,在组织变革中,要不断对变革的效果和存在的问题进行检查、分析和评价,及时进行反馈,对原定改革方案和计划进行修正。作为一名管理者,要做的大部分工作是设法让自己部门的员工了解他们应该为变革做些什么,并置身于这一变革中,以变革小组成员的身份开展工作。

四、变革阻力的克服

一般而言,如果一个组织的结构能够对其所处的环境做出适应性调整,那么,它就能获得巨大而持久的成长;反之,它将会走向衰退,甚至消亡。同时,几乎没有哪个组织能够改变自己的生存环境,因而它只能去适应环境。为了应对环境的变化,当前组织变革已呈现不可逆之势。对组织变革力量的抵制不可避免,但如果管理得当,总是可以消除抵制变革的阻力,保证变革的成功。

(一)使变革成为革新的源泉

组织在变革过程中会遇到各种阻力,作为一名合格的管理者,应该正确分析变革的阻力。

1. 变革并不一定正确

只有在看到变革的结果后,才能评判变革的功过。因此,在变革刚开始时就否定、抵制变革是危险的。

2. 抵制变革有助于平衡鼓励变革和寻求稳定之间的内外部力量

在变革中,既要避免变革过头,又要确保不因过分强调稳定而导致变革停滞不前。抵制变革可以引导管理者找到鼓励变革与寻求稳定之间最佳平衡的方法。

3. 变革阻力能吸引管理层关注变革所带来的潜在风险

很多时候,管理者在作决策时并非理性,他们提出的变革方案可能存在缺陷。如果得不到他人的建议,他们很可能无法提出多种解决方案,这会给企业带来潜在的风险。在变革中,员工抵制变革会带来不稳定性，也正是由于这个原因，变革阻力能吸引管理层更多地关注变革所带来的潜在风险。

（二）排除组织变革阻力的方法

组织变革是大势所趋，不以人的意志为转移，但还是要注意组织变革的艺术性，积极地创造条件，采取措施，消除阻力，保证组织变革顺利进行。排除组织变革阻力的方法有以下几种。

1. 保持公开性，增加透明度

对于组织目前所处的运行环境、所面临的困难与机遇等，要开诚布公，从而使组织上下形成共识，增强变革的紧迫感，扩大对变革的支持力量，使组织变革有广泛而牢固的群众基础。这是保证组织变革得以顺利进行的首要条件。

2. 相互尊敬，增进信任

有的变革者认为组织成员会抗拒变革，因此，他们总想通过强制手段、利益诱导或巧妙的设计把组织成员引入变革内。这反映了变革者对组织成员的一种不尊敬、不信任，无形中会增加许多阻力。只要对变革的力量因势利导，及时增进相互的沟通与尊重，变革的阻力就会减小。

3. 加强培训，提高适应性

要通过自上而下的培训教育使人们学习新知识，接受新观念，掌握新技术，学会用新的观点和方法来看待和处理新形势下的各种新问题，从而增强对组织变革的适应性和心理承受能力，增进对组织变革的理性认识，使他们自觉成为组织变革的主力军。要使人们深刻认识到，如果不实施变革，或使变革停滞下来，将会威胁到整个组织的生存和发展。

4. 启用人才，排除阻力

要大胆启用富有开拓创新精神、锐意进取、目光远大且年富力强的优秀中青年人才，把他们安排到组织的重要领导岗位，为顺利地实施变革提供组织保障。人事变革既是组织变革的重要内容，又是确保组织变革成功的重要条件。有的组织学家认为，组织变革是人的思想观念的变革，如果某些人不能换脑筋，那就得换人。这是极有见地，也是极有魄力和勇气的观点。

5. 注意策略，相机而动

变革要选准时机，把握分寸，循序渐进，配套进行。变革是革命，它不等于蛮干，要特别注意策略和艺术。成功的变革不仅在于提高组织的效率，维持组织的成长，还在于提高成员的工作士气，满足成员的合理欲望。

因此，在进行变革前应详细分析可能发生的各种问题，预先采取防范措施，从而为组织创造最佳的变革环境与变革氛围。当组织变革的大政方针确定以后，策略和艺术就成为保证变革成功的关键所在。

变革自始至终要有群众基础。因此，要减少变革的阻力，就应该让有关人员公开讨论变革的内容与执行的方式，减少他们内心的恐惧与不安，以利于变革的顺利推进与实施。

（三）克服组织变革阻力的有效措施

组织变革的阻力并不可怕，导致变革失败的原因是没有有效地管理组织变革的阻力。在克服组织变革的阻力方面，以下几点是相当有效的。

1. 精心设计变革的时间和进程

组织变革能否成功，成效如何，取决于变革有没有好的“设计蓝图”，这是保证组织变革取得预期成效的第一道关键工序。合理安排变革的时间与进程，不要为了变革而变革，变革中需要时间去适应新的制度，排除障碍。因此，在正式实施组织变革前，要经过深入调查、仔细研究，充分论证各种可行的方案，把目前存在的问题看透、摸准，然后才能对症下药。变革的方向、变革的方针、变革所要实现的目标要十分明确，这是对组织结构进行变革和重新设计的客观依据。要避免那种心血来潮式和朝令夕改式的变革，如果领导加快速度推行变革，下级会产生一种受压迫感，从而产生前所未有的抵制。同时还应该避免持续不断的变革，持续不断的变革会令员工没有安定感。一切要按照"设计蓝图"按部就班、有条不紊地进行。

2. 全面发动并做好教育和沟通工作

无论在什么时候，管理层都应积极要求员工参与到变革中来，这时员工会产生主人翁的责任感，对变革的控制感增强；要让员工知道变革的重要性，明确变革对个人和组织会产生什么样的影响，告诉他们变革能给他们带来的好处，以及企业采取什么样的方式弥补员工的损失；通过各种手段告诉员工改革迫在眉睫，使他们有充分的心理准备。

研究表明，人们对某事的参与程度越大，就越会承担工作责任，支持工作进程。因此，当有关人员能够参与变革的设计和讨论时，抵制变革的情况就会显著减少。参与和投入法在管理者所得信息不充分或者岗位权力较弱时使用比较有效。这就要求切实做好全面宣传工作。

①要创造一种改革的讨论氛围，使大家充分认识到组织变革的紧迫性与重要意义。

②要讲清组织变革的艰巨性与复杂性，使大家对组织变革的困难有比较清醒的认识，从而做好思想上和心理上的准备。

③要讲清变革的有利条件与有利时机，做好宣传工作，以增强大家对变革成功的信心；要全员参与变革，而不要弄成"少数人干，多数人看"的局面。

④加强教育和沟通是克服组织变革阻力的有效途径。教育和沟通可以让有关人员充分了解组织变革的目标、原则、程序与方法等，使大家做到心中有数，尽可能消除不必要的误解，减弱对变革的抵制，以保证组织变革过程的科学性与平稳性。

3. 精心组织

组织变革要按照"设计蓝图"的要求精心组织实施。

①尽可能地先进行试点，摸索经验，再逐步推广；避免采取一哄而起的群众运动方式，那样容易造成很大的损失，甚至造成被动局面。

②要注意突破难点，抓住重点，加强薄弱点，消除盲点；要把各方面的变革配套进行，整体推进，循序渐进。

③要注意把组织变革同提高人员的素质紧密结合起来，因为人员素质是根本。离开人员素质的提高，无论什么样的组织，都是没有创造力的，最终也不可能达到组织变革的目的。

④要注意把组织变革同建立健全基本管理制度结合起来，把变革的成果以管理制度的形式来加以规范，这也是对变革成果的一种肯定和巩固。

⑤在组织变革的过程中，要注意做好思想工作，善于转化矛盾，减少冲突，消除阻力，确保变革顺利进行。

此外，还要注意处理好组织变革与保证组织运行活动正常开展之间的关系，保持组织运行活动的连续性，不要把组织变革当成最终的目的而使本末倒置。

4. 群体促进和支持

有管理心理学家提出，运用"变革的群体动力学"可以推动组织变革。群体促进和支持包括创造强烈的群体归属感，设置群体共同目标，培养群体规范，建立关键成员威信等。

五、组织变革的趋势

进入21世纪，知识经济的浪潮冲击着人类社会的方方面面，包括人们的思维模式、工作方式和生活方式。组织结构也同样面临着知识经济的严峻挑战。随着社会的发展和时代的变迁，传统的组织结构已经不能适应当今时代，尤其是变化日益迅速的经营环境，知识经济、知识管理和组织变革已成为大势所趋。纵观国内外企业组织架构已经或即将发生的变化，组织变革的主要趋势可概括为以下几方面。

管理专栏

新东方直播转型“火出圈”——中国企业的组织变革

自从“双减”政策落地后，以新东方为代表的教培机构曾经度过一段艰难的赛道转换时光。猿辅导尝试卖羽绒服，有道选择继续发力棋类项目。俞敏洪在个人公众号“老俞闲话”中总结了2021年新东方遇到的变故：“市值跌去90%，营业收入减少80%，员工辞退6万人，退学费、员工辞退N+1、教学点退租等现金支出近200亿元。”教育行业的财富大幅缩水，同样也体现在胡润百富榜的榜单中。在《2021胡润中国500强》中，教培龙头企业好未来、新东方与高途一同跌出榜单。仅仅前一年，这3家企业分列第26位、第45位和第88位，属榜单中的第一梯队。然而，新东方转型卖农产品大火，3天涨粉157万人，股价也一度大涨100%，成了疫情过后的第一个产业爆点。天眼查数据显示，几个月的时间新东方成立了90家新公司，平均每1.88天成立一家新公司；内容覆盖直播电商、图书教具、非学科培训和幼儿托管等领域，它还尝试投资了新惟影业公司。上述数据从侧面佐证着团队止损减亏的焦虑，以及组织变革的决心。

在新东方入局之时，直播电商早成红海，早期流量红利消耗殆尽。但由于前几年直播带货的准入门槛低，直播电商界泥沙俱下，已非一日。税务风暴之后，行业规范化成为必然趋势，而消费者也对颜值主播过于同质化的直播带货产生了审美疲劳。直播电商有待“消费升级”，为消费者带来更多的附加值。但纯粹的知识讲解大多使直播冷门枯燥、关注度不高，面临商业变现难的问题。新东方自身在英语教育界的影响力仍在，普遍有着研究生以上高学历和海归留学经历的新东方老师们，从莎士比亚十四行诗到世界地理课，信手拈来，中间穿插多个英语知识点，“双语直播”刚好击中了知识直播与直播电商之间的盲区交界处，形成降维打击“文化扫盲”。

新东方把握住了一个很好的外部环境时间点，即疫情结束后大家的消费欲望很强烈。新东方对于组织内部的“名师文化”“名师体系”资源进行合理调配，且许多名师凭借或幽默或犀利的教学风格名声在外，自带教学经验、粉丝基础和课堂魅力。在如今瞬息万变的商业大环境中，组织需要不断提升自己的思维认知，分析内外部环境，看清时代的逻辑，积极进行顺应时代要求的组织变革，以抓住更多机会。

(一)扁平化

所谓扁平化,是指在组织内纵向减少管理层次、横向打破部门壁垒,将一切不增值的环节去掉,缩小组织规模,扩大管理跨度,使组织的中间管理设置变得简单且侧重两头发展的组织形式,也就是减少管理层次,扩大管理跨度,促进信息的传递与沟通。扁平化的主要优点是:管理层次少,管理跨度大;上司放权、放手、放心,换来下属尽职、尽责、尽力。

(二)分立化

在日趋复杂多变的信息时代,压缩组织规模、划小核算单位已经成为现代组织的一种时尚。在竞争激烈的今天,众多组织专家对“船小好调头”的认识越来越深刻。不仅组织如此,就连国家机构也在走向流线型和灵巧化,小政府、大社会已经成为当今世界的一种潮流。小巧玲珑的组织结构已成为当今世界组织的普遍追求。可以预料,随着传统观念的逐渐破除,组织结构将会逐步走向分立化。资产运营、委托生产、业务外包等已经为组织实现小型化提供了条件。

(三)柔性化

组织结构的柔性化是指组织为了实现某一目标而把在不同领域工作的具有不同知识和技能的人集中在一个特定的动态团体之中,共同完成某个项目,待项目完成后团体成员各回各处,也就是不设置固定的和正式的组织结构,而代之以临时性的、以任务为导向的团队式组织,其目的是使一个组织的资源得到充分的利用,增强组织对环境动态变化的适应能力。这种机动团队的优点是灵活便捷、优势集中,不仅可以大大降低成本,还能够促进组织人力资源的开发,推动组织结构的扁平化。要在市场不断变化、竞争环境难以预测的情况下快速做出反应,不断重组人力和技术资源,获得竞争优势,就要求产品与服务的开发、生产和销售以顾客价值为中心,组织的生产运营、组织结构、管理思想、人员需求及技术投资均由顾客需求“拉动”。组织柔性化能缩短产品的生产周期,节省劳动力并提高制造能力,还可以弥补规模经济的不足,有效地避免决策的随意性。高水平的柔性化能帮助组织在瞬息万变和竞争激烈的市场中获得竞争优势。

(四)虚拟化

随着知识经济时代的到来,计算机软件及网络技术蓬勃发展,大量的劳动力将游离于固定的组织之外,分散劳动、家庭作业等将会成为新的工作方式,虚拟组织将会大量出现。届时诸多组织都不必再去建造办公大楼,取而代之的是各种形式的流动办公室,组织形式将由以往合理化的外壳逐渐虚拟化,流动办公、家庭作业等必将受到广泛青睐。

(五)网络化

随着经济全球化和世界市场化进程的加快,众多组织之间的联系日益紧密,构成了组织形式的网络化。组织结构的网络化主要体现在 4 个方面:组织形式集团化、经营方式连锁化、组织内部网状化和信息传递网络化。随着网络技术的蓬勃发展和计算机的广泛应用,组织的信息传递和人际沟通已逐渐数字化、网络化。

综上所述,知识经济时代的组织形式和功能将要发生重大变化,传统的人事管理方式也要进行相应的变革。组织信息网络的建立促进了信息的流通,使每个人都能纵观全局;高层与基层的沟通更容易,中层的功能逐渐淡化,中层管理者将逐渐退出管理领域。组织的高层管理者也不能继续充当预言家和裁判长,而要成为一位设计师,必须能够设计出灵活多变、充满活力的组织体系。只有这样,才能使自己的组织在竞争日趋激烈的时代永远立于不败之地。

技能训练

组织结构设计

①如果你是一家饭店的老板,手下有 12 名员工,你将如何确定管理模式与管理层次?请你为你的饭店进行组织结构的设计。

② 3 年后,由于你经营有方,饭店规模扩大,你的手下已有 150 名员工,并且经营范围也同步扩大,涉及餐饮、洗浴、休闲,你将如何安排管理模式?请提出设计方案。

③ 5 年后,由于你经营有方,你的企业已无法为所有客源提供服务,出现了大批客人由于无位置而流失的情况,你会怎么办?你又如何安排管理模式?如果规模再大呢?如何进行组织变革?如何克服组织变革过程中的阻力?

管理专栏

第五项修炼

彼得·圣吉于 1990 年出版了名为《第五项修炼——学习型组织的艺术与实务》的著作,他以全新的视野来考察人类群体危机最根本的症结所在,认为我们片面和局部的思考方式及由此产生的行动造成了目前切割而破碎的世界,为此需要突破线性思考的方式,排除个人及群体的学习障碍,重新就管理的价值观念、管理的方式和方法进行革新。

彼得·圣吉提出了学习型组织的 5 项修炼,他认为这 5 项修炼是学习型组织的技能。

第一项修炼:自我超越。它是学习型组织的精神基础。自我超越需要不断地认识自己,认识外界的变化,不断地赋予自己新的奋斗目标,并由此超越过去,超越自己,迎接未来。

第二项修炼:改善心智模式。心智模式是指根深蒂固于每个人或组织之中的思想方式和行为模式,它影响人或组织如何了解这个世界。个人与组织往往不了解自己的心智模式,故而对自己的一些行为无法进行认识和把握。第二项修炼就是要把镜子转向自己,先修炼自己的心智模式。

第三项修炼:建立共同愿景。如果有任何一项理念能够一直在组织中鼓舞人心,凝聚一群人,那么这个组织就有了一个共同的愿景,就能够长久不衰。如国际商用机器公司的“服务”,福特汽车公司的“提供大众公共运输”,苹果电脑公司的“提供大众强大的计算能力”等,都是为组织确立的共同努力的愿景。第三项修炼就是要求组织能够在今天与未来的环境中寻找和建立这样的一种愿景。

第四项修炼:团队学习。团队学习的有效性不仅在于团队整体会产生出色的成果,而且其个别成员学习的速度也比其他成员的学习速度快。团队学习的修炼从“深度会谈”开始。“深度会谈”是一个团队的所有成员提出心中的假设,从而实现真正一起思考的能力。

第五项修炼:系统思考。组织与人类的其他活动一样,是一个系统,受到各种行动的牵连而彼此影响,这种影响往往要经年累月才能完全展现出来。我们作为群体的一部分置身其中,而想要看清整体的变化则非常困难。因此第五项修炼是要让人与组织形成系统观察、系统思考的能力,并以此来观察世界,从而决定我们正确的行动。

项目五　领　导

管理名言

成功领导的关键是影响力，而不是权威。

——美国著名商业领袖肯尼斯·布兰查德

知识目标

◆ 了解领导理论和激励理论；

◆ 理解领导的含义、领导与管理的异同、领导者权力的构成、激励的含义、激励的过程、激励的原则、沟通的含义、沟通的过程和沟通的形式；

◆ 掌握领导者的职责、领导方式与领导艺术、激励方法和实现有效沟通的方法。

技能目标

◆ 学会选择合适的领导方式；

◆ 培养灵活的沟通能力；

◆ 能够有效利用激励手段。

思政目标

◆ 领会国家的方针政策，了解领导者所应具备的理想信念，遵纪守法，能力素质得到全面发展，以人民利益为根本，具有人格魅力，推动组织和团队朝着正确的方向前进。

在管理学中，领导被视为一种影响和激励他人实现共同目标的过程或行为。在实际的组织管理工作中，即使组织计划完善，组织结构合理，如果没有卓有成效的领导去协调、影响组织成员的行动和具体指导实施组织计划，组织也很容易产生混乱，失去管理效能，降低工作效率，从而影响甚至丧失组织功能的发挥，偏离组织目标。那么，领导如何与时俱进？如何在新时代的发展中提升领导力？

任务一　领导认知

任务描述

“寻猎”任务

1. 所需时间

由参加的人数及所列项目的多少来确定所需时间。

2. 小组人数

5~7人为一组。

3. 所需物品

给每组发一份“寻猎”项目列表(自行设定)。

4. 任务目的

①加深小组成员间的接触;

②发现小组成员的智慧。

5. 步骤

①告知每个参与者将一起去参加一个“寻猎”活动,获胜的小组将受到奖励;

②将“寻猎”项目列表交给各小组,告诉他们利用自己的智慧尽可能多地获得表中所列的项目;

③设置时间限制,如10分钟;

④当到时间时,让每个小组都回来集合,比较哪一个小组的得分高。

6. 讨论

①其他小组的任务完成情况是怎样的?

②你是怎么分析获胜队的获胜原因的?

③在你的小组里,是否有人显得比其他人更出色?

④有人领导你的小组吗?是谁?为什么他能领导小组?

知识准备

一、领导的含义

对于什么是领导,管理学家和心理学家一直存在着不同的看法。有的强调领导是一种指挥、影响他人的程序,如阿克利斯认为,领导即有效的管理;海曼和W. C. 施考特认为,领导是一项程序,它使人在选择目标及实现目标上接受指挥、导向及影响。有的从领导活动所涉及的过程角度来阐述领导的含义。如华伦·本尼斯认为,领导是促使一位下属按照所要求的方式进行活动的过程;约翰·科特认为,领导是指有助于引导和动员人们行为和思想的过程。有的从个人的品质特征、行为方式以及对他人的影响来描述领导活动,如K. 泰维斯认为,领导是一种说服他人热心于追求一定目标的能力;科·扬认为,领导是一种统治形式,其下属或多或少愿意接受另一个人的指挥或控制。

我们认为,作为名词,领导是指确定和实现组织目标的首领;作为动词,领导是指在一定的客观环境中,指引和影响个人或组织在一定条件下实现某种目标的行动过程。其中,实行指引和影响的人是领导者,接受这种指引和影响的人是被领导者,而一定的条件就是指领导过程所处的环境。

领导包括3方面的含义:①领导者必须有追随者,没有追随者的领导者就不能称其为领导者;②领导者拥有影响追随者的能力,这些能力包括由组织赋予领导者的职位和权力,也包括领导者个人所具有的影响力;③领导者的目的是通过影响力来使被追随者心甘情愿地努力实现组织的目标。

由此可见，领导是一个动态过程，受到领导者、被领导者和环境3方面因素的制约。领导的本质是被领导者的追随和服从。

管理专栏

优秀的领导者要能明辨时势

北宋名将曹玮有一次率军与吐蕃军队作战，初战告胜，敌军溃逃。曹玮故意命令士兵驱赶着缴获的一大群牛羊往回走。牛羊走得很慢，落在了大部队后面。有人向曹玮建议："牛羊用处不大，又会影响行军速度，不如将它们扔下，我们能安全、迅速地赶回营地。"曹玮不接受这一建议，也不做任何解释，只是不断派人去侦察吐蕃军队的动静。吐蕃军队狼狈逃窜了几十里，听探子报告说，曹玮舍不得扔下牛羊，致使部队乱哄哄地不成队形，便掉头赶回来，准备袭击曹玮的部队。

曹玮得到这一情报，便让队伍走得更慢。当到达一个有利地形时，他便整顿人马，列阵迎敌。当吐蕃军队赶到时，曹玮派人传话给对方统帅："你们远道赶来，一定很累吧。我们不想趁别人劳累时占便宜，请你让兵马好好休息，过一会儿再决战。"吐蕃将士正苦于跑得太累，很乐意地接受了曹玮的建议。等吐蕃军队歇了一会儿，曹玮又派人对其统帅说，"现在你们休息得差不多了吧？可以上阵打一仗啦！"于是双方列队开战，只一个回合，吐蕃军队就被打得大败。

这时曹玮才告诉部下："我扔下牛羊，吐蕃军队就不会杀回马枪而消耗体力，这一去一来的，毕竟有百里之遥啊！我如下令与远道杀来的吐蕃军队立刻交战，他们会挟奔袭而来的一股锐气拼死一战，双方胜负难定。只有让他们在长途行军疲劳后稍微休息，腿脚麻痹、锐气尽失后再开战，才能一举将其消灭。"

二、领导与管理的异同

领导与管理既相互联系，又相互区别。美国著名领导学专家华伦·本尼斯在《重塑领导者——对话集》中曾经对二者做出明确的界定。他指出，管理者寻求稳定，领导者探求革新；管理者循规蹈矩，领导者独辟蹊径；管理者维持现状，领导者提高发展；管理者注重企业结构，领导者注重人力资源；管理者依赖控制，领导者激发信任；管理者目光短浅，领导者目光远大；管理者重视方式和原因，领导者重视事情和原因；管理者注重结果，领导者看到希望。

(一)二者的联系

管理学的研究对象之一是人与人的关系和人与事的关系。计划、组织、领导和控制是对组织的人、财、物和其他资源进行的管理活动，而在组织的各种资源中，人的要素和人力资源是第一位的，能够直接或间接地决定组织目标的实现与否。领导职能专门从事处理人与事的工作，处理组织内外部的人际关系。

领导职能是管理的核心职能，贯穿于管理的其他各个职能——计划、组织和控制之中。领导职能所涉及的一些内容，如能否正确地引导组织成员，有效地实现与组织成员之间的沟通，促进组织成员的行动协调一致，开发组织成员的潜能，调动组织成员的积极性和创造性等，就是管理的核心问题。

因此，领导同管理一样，都是一种在组织内部通过他人的协调活动，实现组织目标的过程。并且，二者都是在劳动分工的基础上，组织内部部门化和设置层级岗位的结果。

(二)二者的区别

①内涵不同：管理包括领导，领导的范围小于管理。

②权力基础不同：管理是建立在法定权力、职位权力基础上对下属进行组织、指挥和控制的行为，下属必须服从管理者的指令；领导则既可能建立在职位权力的基础上，也可能建立在个人权力的基础上。具有个人影响力的管理者也是领导者，没有下属追随和服从的管理者则不是领导者，非正式组织中最具影响力的人不是管理者而是领导者。

③作用对象不同：管理的对象既包括人，又包括财、物、技术和信息等，是对组织有效资源的统筹安排和合理利用，包括决策、计划、组织、领导、控制和创新等职能；而领导是管理的职能之一，领导的对象主要是人，是通过指挥和影响下属实现组织目标的过程。

④工作注重的内容不同：管理注重微观，领导注重宏观。

⑤对人员安排的要求不同：管理者的任用强调专业素质与能力，领导者的选用强调综合素质与能力。

⑥使用的手段不同：管理多用控制和约束手段，领导多用激励和沟通手段。

⑦功能与作用不同：管理的功能与作用是维持秩序，领导的功能与作用是推动变革和创新。具体来说，管理是为组织活动选择方法、建立秩序、维持运动的行为，领导则是为组织的活动指出方向、创造态势、开拓局面的行为。

三、领导者权力的构成

对权力最简单的理解就是影响别人行为的能力。领导影响别人行为能力的内容比较广泛，一般包括职位权力与个人权力。主要依靠法定权力、奖赏权力和强制权力而形成的影响力，统称为职位权力；而与个人因素相关的专家权力、感召权力和参考权力则统称为个人权力。职位权力带来强制性影响力，个人权力带来非强制性影响力。

(一)职位权力

1. 法定权力

法定权力是指组织内各领导职位所固有的合法、正式的权力。这种权力可以通过领导者利用职权向直属人员发布命令、下达指示来直接体现，有时也可借助于组织内的政策、程序和规则等得到间接体现。一个工人对不符合质量标准的产品进行返工，是因为他知道质量标准是必须遵守的，返工是合法的要求。士兵听从首长的指挥向敌军阵营发起猛攻，是因为首长具有人们所接受的合法职权。同样，企业中的各级管理者对其下属也拥有法定权力，这种权力是组织的等级指挥链所固有的。

2. 奖赏权力

奖赏权力是指提供奖金、加薪、升职、赞扬，安排理想工作和给予下属其他任何令人愉悦的东西的权力。由于被领导者感觉到领导者有能力使他们的需要得到满足，因而愿意追随和服从领导者。可以说,领导者所控制的奖赏手段越多,而且这些奖赏对下属越重要,领导者拥有的影响力就越大。

3. 强制权力

强制权力是指给予扣发工资、降职、批评乃至开除等惩罚性措施的权力。强制权力和奖赏权力一样,都是与法定权力密切相关的。如采购员可以通过向生产现场提前或拖延供应急需的零部件而发挥影响力,交通警察可以通过对违反交通规则的驾驶员发出违章罚款单或扣留驾驶执照而发挥影响力,这些权力的行使都是与其所担负的工作和职务相关的。

(二)个人权力

1. 专家权力

专家权力是指由个人的特殊技能或某些专业知识而产生的权力。例如,律师、医生、大学教授和企业中的工程师可能拥有相当大的影响力。与之相反,一个身居领导职位的人,如果缺少某种专业知识,就可能缺乏相应的专家权力。所谓提倡“内行当家”,就是这个道理。

2. 感召权力

感召权力是指与个人的品质、魅力、经历和背景相关的权力。例如黑人领袖马丁·路德·金,尽管他的法定权力很小,但凭着他的人格力量,他有力地影响着许多人的行为。同样的情形还见于电影明星、战斗英雄和其他具有表率作用的榜样人物身上。感召权力又称个人影响力。

3. 参考权力

有些人因为与某领导者或某权威人物有着特殊的关系,可能因此具有与普通人不同的影响力,称为参考权力。例如董事长的夫人,她虽然不在公司担任职务,却可能对该企业内的员工产生影响力;又如总经理的秘书,其头衔和职务远低于部门经理,却可能令这些人对他或她心生敬畏。

总之,一个领导者获得影响力的途径是多样的,主要包括以上所讲到的职位权力与个人权力。正式组织中有效的领导者应该是兼具职位权力和个人权力的领导者。仅有职位权力的领导者只会是指挥官,而不能成为令人信赖和敬佩的领袖。非正式组织的领导者并不拥有职位权力,但却能使周围的人对他一呼百应,其影响力主要来源于个人的力量。这从侧面说明,正式组织的领导者应该加强个人素质的修炼,以便在拥有职位权力的同时,获得更大的个人权力,从而增强其影响力。

(三)使用权力的3条原则

1. 慎重用权

成熟的领导者必须十分珍惜组织和组织成员给予自己的权力,绝不滥用权力;但是在确实需要使用权力时,领导者又要当机立断地使用权力来维护组织和组织成员的利益,不应为了维护个人的私利而患得患失、谨小慎微、坐失良机,使组织和组织成员的利益受到损失。

2. 公正用权

领导者运用权力的最重要的原则是公正廉明。领导者必须用自己的实际行动向下属证明,他在运用权力时一定能做到不分亲疏、不徇私情、不谋私利,公开、公正、廉明,只有如此,才能服众。

3. 例外处理

领导者必须按照规章制度的要求正确行使权力，但在特殊情况下，领导者也有权进行特殊事件的例外处理。这种例外处理不是破坏规章制度，而是在坚持组织根本目标和保护员工普遍利益不受损害的原则下，使规章制度的执行更符合实际情况。

（四）领导力

1. 领导力的含义

领导的实质是追随关系，领导者的主要任务是阐述一个组织的目标和价值，并与他人进行沟通，赢得他人对其目标和价值的支持，加强其所倡导的目标和价值。企业的领导者有3项关键任务：战略、组织和人。战略，决定一个企业要做什么，如何做；组织，决定企业的内外部组织架构；人，具体实施战略。

领导力是指使下属或相关的人员主动追随，并全力以赴地完成任务的素质和能力。领导力是个人行为的综合体现，它可以让个人争取到热诚的追随者，并在这个过程中培养出其他的领导者。

2. 领导力的构成

具有卓越领导力的人除了应该具备正直诚实、坦率豁达、积极乐观、公正、公私分明、勇于挑战、富有激情和志存高远等素质外，还应该具备文化塑造力、战略力、思考力、决断力、执行力、激励力、学习力、自省力、组织力、判断力、适应力、创新力、人才培养力、人才运用力和制度建设力等方面的能力。

3. 领导力的特点

领导力具有3个方面的特点：①具有情境性。历史上，很多领导者的成功缘于合适的时间和地点，但当情况发生变化时，他们的特质就不再具有吸引力了。②同层级无关。领导力不是个别人的特权，它是一种良性的影响力，而绝非一个职位所赋予的操纵力。成功的组织在各个层面培育领导力，如葡萄牙集团公司Sonae的组织口号是“在Sonae，你不是领导者，就是候选领导者”。③表现为一种关系。这种关系需要领导者和被领导者双方的参与、投入、承诺和付出。

思政园地

周恩来总理的人格魅力

周恩来是马克思主义者，是中国共产党的领导人，是无产阶级革命家，是新中国的总理。他有高度的组织性、纪律性，并在道德方面高度自律。在工作方面，他对部下要求严格，对自己要求更严格；部下犯错误，他会批评教育，同时自己也承担责任。这种严于律己、宽以待人的事例有很多。在个人生活方面，他始终保持着道德上的高度自律。他的这种作风影响了在他身边工作过的很多人。比如，20世纪60年代，在我国第一颗原子弹试验准备过程中，他多次指示：“要更周到、更细致、更妥善地全面做好安排。”当听说原子弹爆炸试验成功的概率超过99%时，他仍叮嘱要做好以防万一的准备工作。

中国很多老一辈的革命家和领导人都具有人格魅力，但各有不同。周恩来的魅力与他的教养分不开，而他的教养突出表现在对他人的尊重和关怀上，无论是对外国政要，还是对普通百姓。在许多外国人眼中，他是一位受到中国悠久历史文化传统熏陶的领导人，而与周恩来有过接触和交往的人，无论是干部，还是普通群众，印象最深的往往是他对别人发自内心的关爱。这种爱是无言的，但具有穿透人心的力量。

这就是周恩来的人格魅力！周恩来的人格魅力从哪里来？周恩来的人格魅力从中华优秀传统文化的熏陶和滋养中来，从中国共产党人的党性修养和品德修炼中来。在周恩来身上，中华优秀传统文化的精华"修齐治平"和共产党人磅礴的理想主义、献身精神达到了完美的结合和统一。

四、领导者的职责

心理学观点认为，领导者的职责在于建立有效的激励制度；社会学观点认为，领导者的作用在于提供便利；彼此均衡观点认为，领导者施加影响和做决定的权力是组织赋予的，但影响是相互作用的。综合以上观点，我们认为领导者的职责应包括指挥、激励、沟通和协调等。

（一）指挥

作为领导者，他不必技术超群，因为他有工程师；他也不必八面玲珑，因为他有公关经理；但是他必须头脑清醒、胸怀全局、高瞻远瞩和运筹帷幄，能够帮助组织成员认清所处的环境和形势，指明活动的目标和实现目标的途径。领导就是引导、指挥、指导和先导，领导者应该帮助组织成员最大限度地实现组织的目标。领导者不是站在群体的后面去推动群体中的人们，而是站在群体的前列，指挥人们前进并鼓舞人们去实现目标。

管理专栏

刘邦的领导才能

刘邦因怀疑韩信谋反而捕获韩信之后，君臣间有一段对话。刘邦问："你看我能领兵多少？"韩信答："陛下可领兵10万。"刘邦问："你可领兵多少？"韩信答："多多益善。"刘邦不悦，问道："既如此，为何你始终为我效劳又为我所擒？"韩信答："那是因为我们2人不一样呀，陛下善于将将，而我则善于将兵。"

刘邦在打败项羽的庆功宴上兴奋地说："运筹帷幄，我不如张良；决胜于千里之外，我不如韩信；筹集粮草银饷，我不如萧何，而他们都被我所用，这就是我得天下的原因。"

（二）激励

组织是由具有不同需求、欲望和态度的个人所组成的，因而组织成员的个人目标与组织目标不可能完全一致。领导的目的就是把组织目标与个人目标结合起来，引导组织成员满腔热情地为实现组织目标做出贡献。领导者为了使组织内的所有人都最大限度地发挥其才能，实现组织的既定目标,就必须关心下属,激励和鼓舞下属的斗志,挖掘、充实和加强下属积极进取的动力。一个组织的领导者犹如一支交响乐队的指挥,好的指挥能调动乐队中每个演奏者的激情,并使整个乐队协调配合,奏出和谐自然、优美动听的乐曲;没有优秀的指挥,即使每个演奏者都很出色,也不可能成为出色的乐队。

(三)沟通

计算机和互联网在提高工作效率的同时也不一定会使人情变得冷漠,冷漠的计算机中也可以有炽热的激情,关键在于领导者是否会沟通。领导者是组织的各级首脑和联络者,在信息传递方面发挥着重要作用,是信息的传播者、监听者、发言人和谈判者,在管理的各层次中起到上情下达、下情上达的作用,以保证管理决策和管理活动顺利地进行。

(四)协调

在组织实现其既定目标的过程中,因组织成员对目标的理解、对技术的掌握和对客观的认知有所差异,加之外界环境的干扰,人与人之间、部门与部门之间发生各种矛盾、冲突,以及在行动上出现偏离目标的情况是不可避免的。因此,领导者的任务之一就是协调各方面的关系和活动,保证各个方面都朝着既定的目标前进。

五、领导理论

在管理学领域中,领导理论大致归纳为 3 种,即特质理论、行为理论和权变理论。

(一)特质理论

在一个社会组织或群体中的人际关系主要包括领导者与领导者的关系、领导者与下属的关系以及下属之间的关系等。人际关系协调的内容主要是思想、观点和工作信心,只有在这些方面取得一致,管理工作才会做到有效。

特质理论的基本观点是:关注领导者个人,并试图确定能够造就伟大管理者的共同特性。这实质上是对管理者素质进行的早期研究,该理论认为领导工作效能的高低主要与领导者的素质、品质和个性特征密切相关,而这种特质是天生的。特质理论是一种古老的领导观点,它对领导行为的解释是不完善的,受到了许多人的批评。

实际上,领导者的特性和品质是在实践中逐渐形成的,可以通过教育和培训而造就。不同的环境对合格领导者提出的标准是不同的。

日本的有效领导观要求一个领导者具有 10 项品德和 10 项能力。10 项品德是:使命感、责任感、信赖感、积极性、忠诚老实、进取心、忍耐性、公平、热情和勇气。10 项能力是:思维能力、决策能力、规划能力、改造能力、洞察能力、劝说能力、对人理解的能力、解决问题的能力、培养下级的能力和调动积极性的能力。

美国企业界认为,一个企业家应具备 10 个条件,即合作精神、决策才能、组织能力、精于授权、善于应变、敢于求新、勇于负责、敢担风险、尊重他人和品德超人。

苏伦斯·格利纳在哈佛大学通过对 300 多人进行调查,提出了有效领导者的 10 项重要特质:①劝告、训练与培训下属;②有效地与下属进行沟通;③让下属人员知道领导者对他们的期望;④建立标准的工作要求;⑤给予下属参与决策的机会;⑥了解下属人员及其能力;⑦了解组织的士气状况，并能鼓舞士气；⑧无论情况好坏，都应让下属了解实情；⑨愿意改进工作方法；⑩下属工作好时，及时给予表扬。

研究表明，个人品质和领导的有效性之间确实存在某种相互联系，领导者起码有6项特质不同于非领导者：

①进取心：领导者表现出高努力水平，拥有较高的成就渴望，他们进取心强，精力充沛，对自己所从事的活动坚持不懈，并有高度的主动精神。

②领导愿望：领导者有强烈的愿望去领导和影响别人，表现为乐于承担责任。

③诚实与正直：领导者通过真诚与无欺，以及言行高度一致而在他们与下属之间建立关系。

④自信：下属觉得领导者从没缺乏过自信，领导者为了使下属相信他的目标和决策的正确性，必须表现出高度的自信。

⑤智慧：领导者需要具备足够的智慧来收集、整理和解释大量信息，并能够确立目标、解决问题和做出正确的决策。

⑥工作相关的知识：有效的领导者对于公司、行业和技术事项拥有较高的知识水平，广博的知识能够使他们做出富有远见的决策，并能够理解这种决策的意义。

管理专栏

鹦鹉老板

一个人去买鹦鹉，看到一只鹦鹉前标着："此鹦鹉会2门语言，售价200元"；另一只鹦鹉前则标着："此鹦鹉会4门语言，售价400元。"该买哪只鹦鹉呢？2只鹦鹉都毛色光鲜，非常灵活可爱。

这人转啊转，拿不定主意。结果突然发现一只老掉了牙的鹦鹉，毛色暗淡散乱，标价800元。这人赶紧把老板叫来："这只鹦鹉是不是会说8门语言？"店主说："不。"这人奇怪了："那为什么它既老又丑，又没有能力，会值这个数呢？"店主回答："因为另外2只鹦鹉叫这只鹦鹉老板。"

真正的领导者，不一定自己的能力有多强，但要懂信任、懂放权、懂珍惜，要能团结比自己更强的力量，这样才能做成优秀的领导者。相反许多能力非常强的人却因为过于完美主义，事必躬亲，认为什么人都不如自己，最后还是成不了优秀的领导者。《三国演义》中的刘备、《水浒传》中的宋江，文武才略都不如别人，更没有什么英雄气概，但却能让别人都追随他们，这个本事就是领导才能。

(二)行为理论

从20世纪60年代开始，研究者们开始将注意力从领导者内在的素质转移到领导者外在的行为上。行为理论试图用领导者的行为解释领导现象和领导绩效，并主张判断领导者好坏的主要标准应是领导者的行为，而不是领导者的内在素质。

行为理论主要研究领导者应该做什么和怎样做才能使工作更有效，集中在2个方面：①领导者关注的重点是什么？是工作的任务绩效，还是群体维系？②领导者的决策方式，即下属的参与程度。

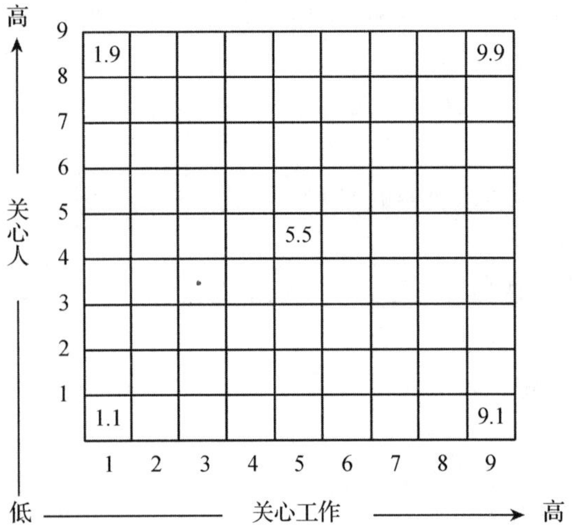

图 5-1　管理方格

行为理论的重要组成部分是管理方格理论。这一理论是由罗伯特·布莱克和简·莫顿在 1964 年提出的。他们认为,领导者在对工作的关心与对人的关心之间存在着多种复杂的领导方式。因此,他们用坐标图来加以表示,以横坐标代表领导者对工作的关心,以纵坐标代表领导者对人的关心,横、纵坐标各划分为 9 个格,来反映关心程度。这样就形成 81 种组合,代表各种各样的领导方式,如图 5-1 所示。

可以把企业当作一般组织来看,关心工作就是关心组织的主要业务工作,是指领导者对许多不同的事项所持有的态度,如政策决定的质量、程序和过程,研究工作的创造性、职能人员的服务质量、工作的效率和产量等。关心人是指个人对实现目标所承担的责任,保持员工的自尊,基于信任而非服从来授予职责,保持良好的工作环境及满意的人际关系。如果要评价某一位领导者的领导方式,只要在图 5-1 中按照他的 2 种行为寻找交叉点就可以了。

布莱克和莫顿在提出管理方格理论的同时,还列举了 5 种典型的领导风格。

(1)1.1 型——放任式领导

领导者既不关心工作任务,又不关心人,是一种不称职的领导。这种管理方式无疑会使企业失败,在实践中很少见到。

(2)9.1 型——任务式领导

领导者高度关心工作任务,而不关心人,这种方式有利于短期内工作任务的完成,但容易引起员工的反感,对于长期管理不利。这种领导是一种专权式的领导,下属只能奉命行事,失去进取精神,不愿用创造性的方法去解决各种问题,不能施展所有的本领。

(3)1.9 型——俱乐部式领导

领导者不关心工作任务,只关心人,热衷于融合人际关系。采用此种方式的领导者认为,只要员工精神愉快,生产自然会好。这种管理的结果可能很脆弱,一旦和谐的人际关系受到影响,生产成绩会随之下降。这种方式不利于工作任务的完成。

(4)9.9 型——团队式领导

领导者既关心工作任务,又关心人,是一种最理想的状态。员工在工作上希望相互协作,共同努力去实现企业目标;领导者诚心诚意地关心员工,努力使员工在完成组织目标的同时,满足个人需要。应用这种方式的结果是,员工都能运用智慧和创造力进行工作,关系和谐,出色地完成任务。

(5)5.5 型——中间道路式领导

领导者对工作任务的关心与对人的关心都处于一个中等的水平上,努力保持和谐及妥协,以免顾此失彼,遇到问题总想敷衍了事。在现实中,相当一部分领导者都属于这一类。此种方式比 1.9 型和 9.1 型稍强,但是由于领导者牢守传统习惯,从长远看,会使企业落伍。

领导者的理性选择是在不低于5.5型的领导水平上，根据工作任务与环境等情况，在一定时期内，在关心工作任务与关心人之间做出适当的倾斜，以实现一种动态的平衡，并努力向9.9型靠拢。

从对上述不同方式的分析中，显然可以得出下述结论：作为一个领导者，既要发扬民主，又要善于集中；既要关心工作任务的完成，又要关心员工的正当利益。只有这样，才能使领导工作卓有成效。

（三）权变理论

权变理论是20世纪60年代后期出现的。权变理论认为，不同的领导方式会适应不同的工作环境，不同的工作环境也需要不同的领导方式。权变理论的代表理论有领导生命周期理论、费德勒权变模型和路径目标理论等。

权变理论的基本观点是：没有一种领导方式对所有的情况都是有效的，没有一成不变的、普遍适用的、最好的管理理论和方法，管理者做什么、怎样做完全取决于当时的既定情况。用公式反映具体如下：有效的领导 $=F$（领导者，被领导者，环境）。

权变理论的要点是：①人们参加组织的动机和需求是不同的，采取什么理论应该因人而异；②组织形式与管理方法要与工作性质和人们的需要相适应；③管理机构和管理层次，即工作分配、工资分配、控制程序等，要依工作性质、管理目标和被管理者的素质而定，不能强求一致；④当一个管理目标实现后，可继续激发管理者勇于实现新的、更高的目标，这就要求管理者深入研究、分析客观情况，使特定的工作由合适的机构和合适的人员来管理和担任，以发挥其最高效率，提高管理水平。

在权变理论方面最具影响力的当属弗雷德·费德勒。通过大量研究，费德勒提出了一种领导的权变模型，认为任何领导形态均可能有效，其有效性完全取决于它是否适应所处的环境。环境影响因素主要有3个方面：①上下级关系，它包括领导者是否得到下级的尊敬和信任，是否对下级具有吸引力。下级对上级越尊重，下级越乐于追随领导者，则上下级关系越好，领导环境也越好。②职位权力，它是指领导者所处的职位具有的权威和权力的大小，或者说领导的法定权、强制权和奖励权的大小。权力越大，群体成员遵从指导的程度越高，领导环境也就越好。③任务结构，它是指任务的明确程度和下级对这些任务的负责程度。这些任务越明确，并且下级的责任心越强，领导环境就越好。

费德勒设计了一种《你最不喜欢的同事》的问卷，让被测试者填写。一个领导者如果对其最不喜欢的同事仍能给予好的评价，则表明他对人宽容、体谅，提倡好的人际关系，是关心人的领导者；如果对其最不喜欢的同事给予低评价，则表明他是命令式的领导者，对工作任务的关心胜过对人的关心。

费德勒将3个环境影响因素任意组合成8种情况，通过大量的调查和数据收集，将领导风格与对领导有利或不利的8种情况相关联，以便了解使领导有效所应当采取的领导方式。费德勒模型见表5-1。

表 5-1 费德勒模型

上下级关系	好				差			
任务结构	明确		不明确		明确		不明确	
职位权力	强	弱	强	弱	强	弱	强	弱
情境类型	1	2	3	4	5	6	7	8
领导所处的情境	有利			中间状态		不利		
有效的领导方式	任务导向			关系导向		任务导向		

费德勒的研究结果表明，在对领导者最有利和最不利的情况下，采用任务导向领导方式的效果较好；在对领导者中等有利的情况下，采用关系导向领导方式的效果较好。费德勒模型在许多情况下是正确的，但对其也有许多批评意见，如取样太小有统计误差；该模型只是概括出结论，而没有提出一套理论等。尽管如此，费德勒模型还是有意义的，主要表现在：①该模型特别强调效果和应该采取的领导方式，这无疑为研究领导行为指出了新方向；②该模型将领导行为和情景的影响、领导者和被领导者之间关系的影响联系起来，指出并不存在一种绝对好的领导形态，必须和权变因素相适应；③该模型指出了选拔领导者的原则，在最好或最坏的情况下，应选用任务导向的领导者，反之则选用关系导向的领导者；④该模型指出，必要时可以通过环境改造来适应领导者的风格。

特质理论、行为理论和权变理论之间存在差异，见表 5-2。

表 5-2 3 种领导理论的差异

领导理论	基本观点	研究目的	研究结果
特质理论	领导的有效性取决于领导者的个人特性	好的领导者应当具备怎样的素质	各种优秀领导者的描述
行为理论	领导的有效性取决于领导行为和风格	怎样的领导行为和风格是最好的	各种最好的领导行为和风格的描述
权变理论	领导的有效性取决于领导者、被领导者和环境的影响	在不同的情况下，哪一种领导方式是最好的	各种领导行为权变模型的描述

任务二 领导方式与领导艺术

要不断改善自己的领导艺术；要根据员工的具体情况，合理地运用激励理论和方法；要研究有效的沟通方法，提高管理效率，促进组织的良好运行。

任务描述

对别人的肯定

1. 形式

集体参与。

2. 时间

15 分钟。

3. 应用

①沟通技巧;②领导艺术。

4. 目的

鼓励人们说出对别人的肯定的看法。

5. 程序

要求每个人写下 4~5 件在同伴身上注意到的事,但必须全部是肯定的看法(如穿着整齐、声音悦耳和善于倾听等)。在他们写了几分钟之后,每 2 人组成一个小组进行讨论,由每人说出他 / 她写了同伴的哪些事。

6. 讨论

①这个练习会让你感到自在吗? 如果不自在,为什么? (对别人给出肯定的看法或接受对自己肯定的看法可能都是一种全新的经历。)

②怎样才能让我们更容易对别人给出肯定的看法? (如建立一种亲密关系,给出确切的证据,选择适当的时机等。)

③怎样才能让我们更容易接受别人肯定的看法? (如试着欣然接受;在质疑之前,先拿定主意思考一下其真实性;允许自己自我感觉良好等。)

恰如其分、不失时机地赞美别人,无疑对提高对方自信心、建立友好关系大有益处。作为领导者,此举更是不可或缺,不能吝啬对他人的肯定。

知识准备

一、领导方式

领导方式是指领导者与被领导者之间发生影响和作用的方式。研究领导者采取何种领导方式开展领导活动,以何种方式对下属施加影响,以及该方式对达成领导目标的有效性,是进行有效领导的重要课题。按照不同标准可将领导方式分为不同的类型。

(一)按权力控制程度划分

1. 集权型领导

领导者决定工作任务、方针、政策及方法,然后布置给下属执行。这种类型的领导者偏重于运用权力推行工作而不注意向下属宣传组织的目标。因此,这种类型的领导在一定程度上会抑制下属的积极性、创造性和责任感。

2. 分权型领导

领导者只决定目标、政策和任务的方向，对下属在完成任务各个阶段上的日常活动不加干预。领导者只问效果，不问过程与细节。这种领导方式被称作“效果管理”。

3. 均权型领导

领导者与下属的职责权限划分明确，下属在职权范围内有自主权。这种领导方式主张分工负责、分层负责，以提高工作效率，更好地实现目标。

（二）按领导重心划分

1. 以事为中心的领导

领导者往往以工作为中心，强调工作效率，追求最佳的经济效益，以工作的数量与质量及实现目标的程度作为评价成绩的指标。采用这种领导方式的领导者工作抓得紧，但对下属关心不够，与下属的感情不深。

2. 以人为中心的领导

领导者认为，只有下属心情愉快地工作，才会产生最高的效率和最好的成果。因此，领导者要尊重下属的人格，不滥施惩罚，注重积极的鼓励和奖赏，注重发挥下属的主动性和创造性，注重改善工作环境，注重给予下属合理的物质待遇，从而使其产生良好的归属感和执行力。

3. 人事并重式的领导

领导者认为，既要重视人，又要重视工作，二者不可偏废；既要充分发挥主观能动性，又要改善工作的客观条件；使下属既有饱满的工作热情，又有主动负责的精神。领导者对工作要求严格，必须按时、保质、保量地完成计划，创造出最佳成果。

（三）按领导者的态度划分

1. 体谅型领导

领导者对下属十分关心、体谅，注重建立相互理解、相互依赖、相互支持的友谊，注重赞赏下属的工作成绩，以提高其工作热情和绩效。

2. 严厉型领导

领导者对下属十分严厉，重组织轻个人，要求下属牺牲个人利益而服从组织利益，明确每个人的责任，执行严格的纪律，重视监督和考核。

（四）按决策权力大小划分

1. 专断型领导

领导者独断专行，所有决策权集于一身，以权力推行工作；在决策错误、客观条件发生变化，以及贯彻执行困难时，不查明原因，一律归咎下属；对下属奖惩缺乏客观标准，只是按领导者的好恶决定。

2. 民主型领导

领导者同下属相互尊重，彼此信任；领导者通过多种渠道与下属交流思想，商讨决策，注意按职授权，培养下属的主人翁责任感；奖惩有客观标准，不以个人好恶行事。

3. 自由型领导

领导者有意分散领导权，给下属以极大的自由度；只检查工作成果，不进行主动指导，除非下属要求。

二、领导艺术

现代社会中的组织常常是一个由多种要素组成的比较复杂的社会性组织，它不可能脱离整个社会。这对组织中领导者的领导方法提出了更高的要求，同时也决定了领导者的工作在很大程度上是创造性的。领导艺术就是富有创造性的领导方法的体现。下面简要介绍几种领导艺术。

（一）决策艺术

在非程序化的决策过程中，管理者的主观决策技能起着重要的作用。领导者在一定经验的基础上，对未来事件的判断应具有洞察力，主要表现在及早察觉组织发展的有利与不利条件，依靠自己的周密考虑并集中群众的正确意见，做出既有事实根据，又先于别人想到的不同寻常的战略决策，促使组织取得重大的成就与改进。要做出科学的决策，领导者就要遵循权衡利弊原则、整体谋划原则、周密谨慎原则、创新原则和随机应变原则。除此之外，领导者还要能够把握具体情况具体对待原则，正确处理好个别与一般的关系；能够正确处理局部与全局的关系，把握好主要矛盾，抓住关键问题，善于透过现象看本质；能够正确把握和运用“二分法”，从事物正、反2个方面，多视角、全方位地去观察、研究和认识事物，切忌主观片面，只见树木不见森林。

管理专栏

出色的决策者——泰德·特纳

泰德·特纳以其卓越的决策力，不断挑战自我。他的一生是一次次的冒险旅程，在所有“权威”都认为他必败无疑时，他却获得了一次又一次的成功。

1963年，24岁的泰德·特纳毅然中止了在布朗大学的学业，开始经营家中濒临倒闭的广告牌企业，几年后业务明显好转；他曾购买亚特兰大一家独立的小型电视台和屡战屡败的勇敢者棒球队，并将最新的卫星转播技术与尚未开发的有线电视市场结合起来，这不仅使他的“超级电视台”获得极大成功，也使勇敢者棒球队跻身于世界强手之列；他曾力排众议倾其财产创立了24小时有线电视新闻网，获得了令人难以置信的效益；他曾让认为他是傻瓜的批评家们大跌眼镜，斥巨资购买联合艺术家电影图书馆，并在其有线电视台上演经典影片而大获成功。

（二）用人艺术

在充分了解和发挥员工长处的基础上，把工作的需要和个人的能力很好地结合起来，使每个员工在各自的工作岗位上兢兢业业、积极进取；把发挥每个员工的长处与组织目标很好地结合起来，使每个员工的长处同集体和别人的长处相得益彰，使每个员工的短处同集体和别人的长处结合起来而不至于有损于组织；在组织中创造一种气氛，使凡能做出显著成绩的员工，都会受到应有的尊重和提拔；使员工能顺利履行职责，依靠和运用平凡人的才智做出不平凡的业绩，促使组织目标的实现。美国通用电气公司总裁杰克·韦尔奇认为，领导者的全部工作就是选择适当的人才。

(三)授权的艺术

根据民主集中制，在不同的主、客观条件下把不同程度的领导权力下放给下级管理者或其他人员，并对其进行指导与监督，使每项工作都能在最适当的层次得到较好的处置。这既有利于充分发挥下属的积极性、主动性，又能帮助领导者集中精力研究和解决主要问题，维护和加强整个组织的统一指挥。

(四)指挥和激励的艺术

领导者应该在实践中树立和维护必要的权威，使下属自觉地团结在领导者的周围，并接受其指挥；在管理过程中，尤其在本职能中，运用各种通信手段进行沟通，认真听取下属和领导者实践的信息，及时对所管辖人员进行必要的教育或发布必要的指令，指令的内容力求切合实际，详略、深浅适度，方法和形式能让有关人员易于理解和接受；根据加强思想政治教育和物质利益原则的精神，使组织中的鼓励工作和激励制度、方法等能适应广大员工多种多样、经常变化的需要，进而起到维持纪律、鼓舞士气、充分发掘潜力、克服各种困难、提高效益和效果的作用。

管理专栏

斯通的感情激励

有一天，在美国旧金山一家医院的一间隔离病房外面，一位身体硬朗、步履生风、声若洪钟的老人，正在与护士死磨硬缠地要探望一名因痢疾住院治疗的女士。但是，护士却严守规章制度，毫不退让。

这位护士怎么也不会想到，这位衣着朴素的老者竟是通用电气公司总裁，一位曾被世界电气业权威杂志——美国《电信》月刊选为"世界最佳经营家"的世界企业巨子斯通先生。护士也根本无从知晓，斯通探望的女士，并非斯通的家人，而是加利福尼亚州销售员哈桑的妻子。

哈桑后来知道了这件事，感激不已，每天努力工作，使加利福尼亚州的销售业绩一度在全美各地区评比中名列前茅。正是这种有效的感情激励管理，使通用电气公司的事业蒸蒸日上。

(五)领导变革的艺术

组织在发展过程中不断革新技术、改进管理，必然引起人们思想认识和组织行为的变革。这就要求管理者因势利导，正确处理变革过程中革新与守旧的矛盾，达到既促进变革又保持组织稳定的目的。

任务三　激励训练

任务描述

1. 任务目的

①训练参与者评估其行为和态度;②激励参与者检查其能力和成长的情况。

2. 任务准备

①人数不限;②时间为 20 分钟;③场地为室内;④准备学习资料、笔等材料。

3. 任务步骤

①每一位参与者都会收到一份资料《衡量你的贡献》(表 5-3)。参与者需要在 10 分钟之内完成表格的填写。

表 5-3　衡量你的贡献

内容	从不	偶尔(是我要做的吗?)	通常(证据)	一直(证据)
我投入地参加团队的会议				
我表现出了积极的态度				
如果我关注某件别人已说过或已做过的事,我会直接找那个人而不是与别人谈论它们				
我能谦虚地听取别人的意见				
我真诚地祝贺别人的成功				
我对自己同意做的事能坚持到底				
我在面对非团队成员时能积极地维护我的团队形象				
我愿意分担更多的工作				
如果事实不清楚,我会认真查清,而不是凭空设想				
我寻找机会让别人成为“明星”				
我不拖延时间				
不管是什么,只要是需要做的,我都主动去做				

请根据与你相符合的程度对以下每一条陈述做出回答:
1. 从不　2. 偶尔　3. 通常　4. 一直
如果选择 3 或 4,在“证据”下面给出例子
对于不符合你的描述,问问你自己:这是我要做的事吗?如果是这样,对此事的行动做出个人的承诺

②让参与者以3~4人为一个团队进行合作，分享他们的评估结果，时间为10分钟。团队成员相互按以下的每一条陈述给予反馈：

A. 是的，我对你的评价跟你对自己的评价一样。

B. 我想，你在这方面低估了自己，比如……

C. 在这方面，我的经验是你……（肯定的例子）。我想，你如果……你能在这方面为团队做出更大的贡献。

③让每个参与者确定并分享他（她）在团队中做出的积极贡献，以及对个人行动改进的承诺。

自我评估是一种普遍的心理现象，对自己做出正确的评价是最有效的心理调节。具体来说，自我评估有如下方法：

（1）内省法

内省法即用自我观察的方法来研究自身的心理现象。例如，自私常常是一种下意识的心理倾向，要克服自私心理，就要经常对自己的心态与行为进行自我观察。观察时要有一定的客观标准，如社会公德、社会规范和榜样等。强化社会价值取向，对照榜样与规范找差距，并从自己自私行为的不良后果中看危害、找问题，总结并改正错误的方式、方法，是内省法的重要内容。

（2）回避训练法

回避训练法是心理学上以操作性反射原理为基础，以负强化为手段而进行的一种训练方法。仍以克服自私心理为例，通俗地说，凡是下决心改正自私心态的人，只要意识到自私的念头或行为，就可以用缚在手腕上的一根橡皮筋不停地弹击自己，从痛觉中意识到自私是不好的，促使自己纠正。

知识准备

激励是一种内心体验，管理是一种外在刺激。在合理外在刺激下的预期内心体验，必然内驱出预期的效率化行为。企业是人的集合体，企业的生产经营活动是靠人来进行的，企业经营的各种要素是在主动参与经营的人的利用下才发挥作用的。企业管理既是对人的管理，又是通过人的管理。因此，只有使参与企业活动的人始终保持旺盛的士气、高昂的热情，企业经营才能取得较好的绩效。管理的激励功能就是要研究如何根据人的行为规律来提高人的积极性。

一、激励的含义

通常可以看到，能力相仿的人，工作成绩却大不相同。同样是大学生，有的工作很卖力，有的却像磨洋工，有劲不愿意使，有时甚至能力差的人反而比能力强的人工作得更好。为什么？

通常一个人的工作成绩可以用如下公式表示：工作成绩 = 能力 × 积极性（动机激发）。

在一定时期内，人的能力是一定的，而积极性却有高有低。因此，企业管理的首要问题就是如何调动全体员工的积极性，用心理学的术语就是如何激励。那么，什么是激励呢？

激励就是通过一定的方法激发人的内在潜力和工作动机，充分发挥人的积极性和创造性，从而使人自觉努力地工作。简言之，激励就是在工作中调动人的积极性的过程。激励是一种看不见、摸不着、听不到，不能直接测定的干涉变量，但由于激励是一种推动人努力工作的力量，往往可以通过观察人的行为，判断人是否受到激励以及激励的程度如何。

人加入一个组织或群体，都是为了实现个人的目标。然而，进入组织的人不一定会努力工作，他们为组织服务的意愿程度是有高低之分的：有的表现强烈，有的中等，有的一般，还有的则是消极。如何使组织成员为实现组织的目标而热情高涨地工作，最大限度地发挥自己的聪明才智，是现代管理研究的重要内容。

可以从以下 3 个方面来理解激励这一概念：

①激励是一个过程：人的很多行为都是在某种动机的驱动下完成的。对人的行为的激励，实质上就是通过采用能满足人的需要的诱因条件，引起行为动机，从而推动人采取相应的行为，以实现目标，然后再根据人的新的需要设置诱因，如此循环往复。

②激励过程受内外因素的制约：激励从创造和设置满足需要的诱因开始，其最终结果是通过员工工作行为的积极性来完成的。制约员工工作行为的内外因素有很多，因此，管理者所采取的各种激励措施，应与被激励员工的需要、理想、价值观和责任感等内在的因素相吻合，才能产生较强的合力，激发和强化工作动机，否则不会产生激励作用。

③激励措施具有时效性：各项激励措施对于员工增强工作动机都有重要意义。但是，每一种激励手段的作用都有一定的时间限制，超过时间限制激励就会失效。同时，由于人的主导需要经常处于变化之中，同样的激励方式对同一个人在不同的时期也会产生不同的激励效果。因此，激励不能一劳永逸，需要持续进行。

管理专栏

张军的困惑

张军已经在数据系统公司工作了 5 个年头。在这期间，他从普通编程员成长为资深的程序编制分析员。他对自己所服务的这家公司相当满意。

一个偶然的机会，他了解到他所在的部门新招聘了一位刚从大学毕业的程序编制分析员。尽管张军是个好脾气的人，但当他听说这位新来者的起薪仅比他现在的工资少 50 元时，他不禁发火了。张军感到这里一定有问题。

星期一的早上，张军找到了人事部主任赵德华，问他自己听说的事是不是真的。赵德华带有歉意地告诉他确有这么回事。赵德华试图解释公司的处境，说道："程序编制分析员的市场相当紧俏，为使公司能吸引合格的人才，公司不得不提供较高的起薪。公司非常需要增加一名程序编制分析员，因此，我们只能这么做。"

张军问能否调高他的工资。赵德华说："你的工资需按照绩效评估评定后再调整。你干得非常不错，我相信老板到时候会给你加薪的。"张军向赵德华道了声"打扰了！"便离开了他的办公室。张军边走边不停地摇头，对自己在公司的前途感到很困惑。

二、激励的过程

激励是一个非常复杂的过程，它从个人的需要出发，引起个人欲望，使个人内心紧张（未得到满足的欲求)并产生动机,然后引起实现目标的行为,最后通过努力使目标得到实现,给个人带来满足感。激励过程如图 5-2 所示。

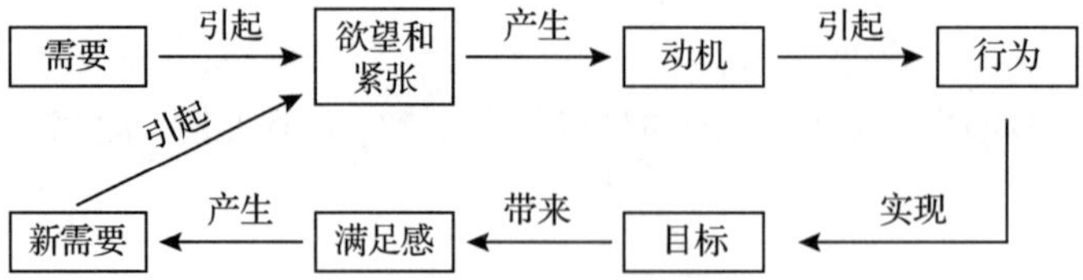

图 5-2 激励过程

1. 需要

激励的实质就是通过影响人的需要或动机达到引导人的行为的目的,它实际上是一种对人的行为的强化过程。研究激励,要先了解人的需要。需要是人对一定客观事物或某种目标的渴求或期望。

2. 动机

动机是建立在需要的基础上的。当人们有了某种需要而又未能得到满足时,心理上便会产生一种紧张和不安,这种紧张和不安就会成为一种内在的驱动力,促使人们采取某种行动。需要体现一种主观感受,动机则是内心活动。人们在管理中所采取的各种行动都是由动机驱使的,有什么样的动机,就会产生什么样的行为。激励的关键环节就在于使被激励者产生所希望的动机,以期引发有助于实现组织目标的行为。因此,激励的核心要素就是动机,关键环节就是动机的激发。

3. 行为

这里所说的行为,是指在激励状态下,人们为动机驱使所采取的实现目标的一系列动作。被管理者采取有利于组织目标实现的行为,是激励的目的,也是激励能否取得成效及成效大小的衡量标准。

4. 需要、动机、行为和激励的关系

通过分析知道,人的任何动机和行为都是在需要的基础上建立起来的,没有需要,就没有动机和行为。人们产生某种需要后,只有当这种需要具有某种特定的目标时,才会产生动机,动机才会成为引发人们行为的直接原因。但并不是每种动机都必然会引发行为,在多种动机下,只有优势动机才会引发行为。员工之所以产生组织所期望的行为,是因为组织根据员工的需要来设置某些目标,并通过目标导向使员工出现有利于组织目标的优势动机,同时按照组织所需要的方式行动。管理者实施激励,就是想方设法地进行需要引导和目标引导,强化员工的动机,刺激员工的行为,从而实现组织的目标。

三、激励理论

(一)内容型激励理论

内容型激励理论主要研究人的需要的类型和内容,寻找推动人的行为的根源。

1. 需要层次理论

美国心理学家亚伯拉罕·马斯洛提出了需要层次理论。马斯洛认为,人的需要可以归纳为生理需要、安全需要、社交需要、尊重需要和自我实现需要5个层次。它们是由低层次向高层次逐渐发展起来的。当较低层次的需要得到满足后,下一个更高层次的需要才开始活动。所谓“衣食足而知荣辱”就是这个道理。但是,组织也要考虑到:在实际生活中,一个人的各种需要并不是机械地逐级、逐一得到满足,在较低层次的需要完全得到满足前也可以产生较高层次的需要;需要是动态的,当某一需要得到满足后,就不再具有激励作用,只有未得到满足的需要才具有激励作用。

2. 双因素理论

美国心理学家弗雷德里克·赫茨伯格等对他所在地区9个企业中的200多名会计师和工程师采用“关键事件法”进行了调查,要求会计师和工程师们回答这样2个问题:①什么原因使你愿意做你的工作?②什么原因使你不愿意做你的工作?调查的目的在于验证以下假设:人类在工作中有2类性质不同的需要,即作为动物要求避开和免除痛苦,作为人要求在精神上不断成长。通过调查结果,赫茨伯格提出了双因素理论。

通过调查发现,人们对这2个问题有2类明显不同的反应。人们对本组织的政策、管理、监督系统、工作条件、人际关系、薪金、地位和职业安定,以及个人生活等的需要,如果得不到基本的满足,就会导致人们的不满;如果得到了满足,就没有不满。赫茨伯格把这类和工作环境或工作条件相关的因素称为保健因素。人们对成就、赏识、艰巨的工作和工作中的成长、晋升、责任感等的需要,如果得到满足,就会给人们以极大的激励,使人们产生满足感,有助于充分、有效、持久地调动人们的积极性。赫茨伯格把这类与工作内容紧密相连的因素称为激励因素。赫茨伯格认为,保健因素不能直接起到激励人们的作用,但能防止人们产生不满情绪。作为管理者,必须先确保员工在保健因素方面得到满足。要给员工提供适当的工资和安全保障,改善他们的工作环境和条件;对员工的监督要能为他们所接受,否则,就会引起员工的不满。但是,即使满足了上述条件,也不能产生激励效果。因此,管理者必须充分利用激励因素,为员工创造做贡献与出成绩的工作条件和机会,丰富员工的工作内容,加强员工的责任心,使员工在工作中取得成就,得到上级的赏识,这样才能促使其不断进步和发展。

双因素理论被提出后,受到许多非议。有人认为,赫茨伯格所调查的对象是工程师和会计师,不能代表其他类型的员工,如薪金、职务保障等对工程师和会计师来说可能是保健因素,而对于一般员工来说则可能是激励因素。实际上,对于激励因素和保健因素,人们的反应是不同的。对一个人起激励作用的因素,对另一个人可能起保健作用,反之亦然。因此,在实际工作中,要根据个人的不同情况,进行具体分析。

(二)过程型激励理论

过程型激励理论研究从动机产生到采取行动来满足需要的内在心理的行为过程,试图回答不同的人或同一个人在不同时期对同样的激励措施会有不同行为反应的原因。

1. 期望理论

期望理论是由美国心理学家维克托·弗鲁姆提出的。该理论认为,人之所以能够从事某项工作并达成组织目标,是因为这些工作和组织目标会帮助他们实现自己的目标,满足自己某些方面的需要。具体而言,当员工认为努力会带来良好的绩效评价时,他就会受到激励,进而付出更大的努力;同时,良好的绩效评价会带来诸如奖金、加薪或晋升等组织奖励,这些组织奖励会实现员工的个人目标,满足其某些需求,从而产生激励。

弗鲁姆认为,激励是个人寄托于一个目标的预期价值与他对实现目标可能性的看法的乘积,用公式表示为:

$$M=V\cdot E \tag{5-1}$$

式中,M—激励力,表示个人对某项活动的积极程度,即希望达成活动目标的欲望程度;V—效价,即活动结果对个人的价值大小;E—期望值,即个人对实现这一结果的可能性的判断。

从公式(5-1)可以看出,促使人们做某事的激励力依赖于效价和期望值2个因素,效价和期望值越高,激励力就越大。公式(5-1)还表明,在进行激励时要处理好3个方面的关系,这3个方面的关系也是调动人们工作积极性的3个条件。

①努力与绩效的关系:个人总是希望通过一定的努力实现预期的目标,如果个人主观认为通过自己的努力实现预期目标的概率较大,他就会有信心,就可能激发出很强的工作力量;但是如果他认为目标定得太高,通过努力也不可能会有很好的绩效时,他就会失去内在的动力,导致工作消极。

②绩效与奖励的关系:人总是希望取得成绩后能得到奖励。这种奖励是广义的,既包括提高工资、多发奖金等物质方面的奖励,又包括表扬、自我成就感、得到同事或领导的认可和信赖等精神方面的奖励。如果他认为取得成绩后能够获得合理的奖励,就有可能产生工作热情,否则就没有积极性。

③奖励与满足个人需要的关系:人总是希望自己所获得的奖励能满足自己某方面的需要。然而,由于人们在年龄、性别、资历、社会地位和经济条件等方面都存在差异,他们对各种需要得到满足的要求程度不同。因而对于不同的人,采用同一种奖励办法能满足个人需要的程度不同,能激发出来的工作动力也不同。

2. 公平理论

公平理论是由美国的斯塔西·亚当斯提出的。亚当斯通过大量的研究发现,员工对自己是否受到公平合理的待遇十分敏感。员工最先思考自己的收入付出比,然后将自己的收入付出比与其他人的收入付出比进行比较。如果员工感觉自己的收入付出比与其他人的相同,则会产生公平感;如果员工感到二者的收入付出比不相同,则会产生不公平感,也就是说,他们会认为自己的收入过低或过高。

员工的工作积极性不仅受到其所得报酬绝对值的影响,还受到相对值的影响。相对值来源于横向比较与纵向比较。横向比较是将自己的付出和报酬,与一个和自己条件相当的人的付出和报酬进行比较,从而对此做出相应的反应。纵向比较是指员工对自己工作的付出和报酬与过去进行比较,比较的结果有3种。

①感到报酬公平:当企业员工经过比较感到相对值相等时,其心态就容易平衡。有时尽管他人的报酬超过了自己的报酬,但只要对方的投入也相应较大,员工就不会有太大的不满。他会认为激励措施基本公平,积极性和努力程度可能会保持不变。

②感到报酬不足:在比较中,当员工发现自己的报酬相对较低时,就会感到不公平,他们就会设法去消除不公,并有可能采取措施来求得平衡。员工采取的措施包括:曲解自己或他人的付出或报酬,采取某种行为使他人的付出或报酬发生改变,采取某种行为改变自己的付出或报酬,选择另外一个参照对象进行比较,辞去工作。员工感到不公平时,工作的积极性往往会下降。

③感到报酬多了:相对于他人而言,当员工感到自己的报酬高于合理水平时,多数人认为

不是什么大问题，他们可能会认为这是自己的能力和经验有了提高的结果。但有关研究证明，在这种不公平的情况下，员工的工作积极性不会有多大程度的提高，而有些人也会有意识地减轻这种不公平。例如，通过付出更多的努力来增加自己的投入，有意无意地曲解原先的收入付出比，设法使他人减少投入或增加产出。

公平理论表明，公平与否源于个人的感觉。人们在心理上通常会低估他人的工作成绩，高估别人的收益。由于感觉上的错误，人们就会产生心理上的不平衡，这种心态对组织和个人都很不利。因此，管理者应有敏锐的洞察力来体察员工的心情，如果确有不公，则应尽快解决；如果是员工个人主观的认识偏差，也有必要进行解释说明，做好思想工作。

（三）行为修正型激励理论

1. 强化理论

强化理论是由美国心理学家伯尔赫斯·弗雷德里克·斯金纳提出的。该理论认为，人的行为是其后果的函数。如果这种后果对他有利，这种行为就会重复出现；如果对他不利，这种行为就会减弱直至消失。因此，管理者要采取各种强化方式，以使员工的行为符合组织目标。

根据强化的性质和目的，强化可以分为 4 类。

（1）正强化

正强化是一种增强行为的方法，是指用某种具有吸引力的结果，对某一行为进行鼓励和肯定，使其得到重视和加强，从而有利于组织目标的实现。例如，看到员工工作表现出色，领导立即加以表扬，实际上就是对行为做了正强化。在管理中，正强化表现为奖酬，如认可、赞赏、增加工资、提升职位、提高奖金和提供满意的工作条件等。为了使强化达到预期的效果，还必须注意实施不同的强化方式。正强化方式主要有连续、固定的正强化和间断、不固定的正强化 2 种。连续、固定的正强化是指对每一次符合组织目标的行为都给予强化，或每隔固定时间就给予一定数量的强化。尽管这种强化有及时刺激、立竿见影的效果，但久而久之，人们就会对这种正强化有越来越高的期望，或者认为这种正强化是理所应当的。企业管理者有时不得不经常加强这种正强化，否则其作用会减弱甚至不再起到刺激行为的作用。间断、不固定的正强化是指管理者根据组织的需要和员工行为在工作中的反映，不定期、不定量地实施强化，使每次强化都能起到较大的作用。实践证明，后一种正强化更有利于组织目标的实现。

（2）负强化

负强化也是一种增强行为的方法，是指预先告知某种不符合要求的行为或不良绩效可能引起的不愉快的后果，使员工的行为符合要求，从而保证组织目标的实现不受干扰。负强化表现为减少奖酬、罚款、批评和降级等。让员工知道做了不符合规定的事会受到批评或惩罚，如果员工能够避免或改正，则不会受到惩罚，以此来引导、强化员工的行为，使员工行为符合组织的要求。例如，员工知道随意迟到、缺勤会受到处罚，不缺勤、按时上班则不会受到处罚，于是就会避免迟到、缺勤，学会按要求行事。实际上，不进行正强化也是一种负强化。例如，过去组织对某种行为进行正强化，现在组织不再需要这种行为，但基于这种行为并不妨碍组织目标的实现，这时就可以取消正强化，使行为减少或不再重复出现。实施负强化的方式与正强化有所差异，应以连续负强化为主，即对每一次不符合组织的行为都应及时予以负强化，消除人们的侥幸心理，减少直至消除这种行为的出现。

(3)惩罚

惩罚是指用某种令人不愉快的结果来减弱某种行为。例如,当有员工工作不认真、不负责任、经常出差错或影响他人工作时,管理者就可以采取批评、纪律处分、罚款等措施,来制止该行为的再次发生。但是,惩罚也会有副作用,如会激起员工的愤怒、敌意等。因此,管理者最好尽可能用其他强化手段。

(4)自然消退

自然消退是指通过不提供个人所期望的结果来减弱一个人的行为。自然消退有 2 种方式:①对某种行为不予理睬,以表示对该行为的轻视或某种程度上的否定,使其自然消退;②原来用正强化手段鼓励的有利行为由于疏忽或情况发生变化,不再给予正强化,使其逐渐消失。研究表明,一种行为如果长期得不到正强化,就会逐渐消失。例如,员工由于某种原因使工做出现小的差错,上级管理者不予追究,而是给予机会使该员工及时、自觉地改正错误行为。

2. 归因理论

归因理论是由美国社会心理学家弗里茨·海德等提出的。目前归因理论着重研究 2 个方面:①把行为归结为外部原因还是内部原因;②人们获得成功或遭受失败的归因倾向。人们的行为获得成功还是遭受失败可以归因于 4 个因素,即努力、能力、任务难度和机遇。这 4 个因素可以按以下 3 个方面来划分:

①内因或外因:努力和能力属于内因,任务难度和机遇属于外因。

②稳定性:努力和机遇属于不稳定因素,能力和任务难度属于稳定因素。

③可控制:努力是可控制因素;能力在一定条件下是不可控制因素,但人们可以提高自己的能力,这种意义上的能力又是可控因素;任务难度和机遇是不可控因素。

人们把成功或失败归因于何种因素,对以后的工作态度和积极性有很大的影响。例如,把成功归因于内因,会使人感到满意和自豪;归因于外因,会使人感到幸运和感激。把失败归因于稳定因素,会降低以后工作的积极性;归因于不稳定因素,可能提高以后的工作积极性。归因理论有助于管理者了解员工的归因倾向,以便正确地指导和训练员工,调动员工的积极性。

四、激励的原则

有人认为,把你的员工看成"经济人",就会采取物质刺激;看成"社会人",就会实施激励;看成"现代人",就会无为而治。科学地运用激励理论,可以有效地激发员工的潜力,使组织目标和个人目标在实现中达到统一,进而提高组织的经营效率。正确的激励应遵循以下原则。

1. 目标结合原则

目标设置必须以体现组织目标为要求,否则激励将偏离组织目标的实现方向。目标设置还必须能满足员工个人的需要,否则无法提高员工的目标效价,达不到满意的激励强度。只有将组织目标与个人目标结合好,才能获得良好的激励效果。

2. 明确性原则

激励目的要明确,使员工清楚地认识到需要做什么和必须怎么做;激励制度要明确,尤其是关系到员工切身利益的问题;激励原则和标准要明确,避免因人而异。

3. 按需激励原则

激励的起点是满足员工的需要,但员工的需要存在个体的差异性和动态性,因人而异,因时而异,并且只有满足最迫切需要的措施,其效价才高,激励强度才大。因此,对员工进行激励时不能过分依赖经验及惯例。激励不存在一劳永逸的解决方法,必须用动态的眼光看问题,深入调查研究,了解员工不断变化的需要,有针对性地采取激励措施。

4. 合理原则

在激励中,如果出现奖不当奖、罚不当罚的现象,就不可能得到真正意义上的激励效果,反而还会产生消极作用,造成不良的后果。因此,在进行激励时,一定要认真、客观、科学地对员工进行业绩考核,做到奖罚分明、不论亲疏、一视同仁,使受奖者心安理得,受罚者心服口服。

5. 时效性原则

激励越及时,越有利于提高员工的积极性,越能充分调动员工的工作热情。"雪中送炭"和"雨后送伞"的效果是不一样的。

五、激励方法

激励机制不是先于管理存在的,而是在管理活动的过程中不断形成的。管理者恰当有效地运用激励手段和方法,一方面可以直接影响员工积极性的发挥,另一方面也是在构建合理的激励机制。激励方法主要有以下几种。

(一)物质利益激励法

1. 物质激励法

物质激励法就是以物质(如工资、奖金、福利、晋级和各种实物等)为诱因对员工进行激励的方法。只有使员工的物质利益得到应有的满足,才能比较持久地调动他们的积极性。获得更多的物质利益是普通员工的共同愿望,它决定着员工的基本需要得到满足的情况;同时,员工收入及居住条件的改善,也影响着其社会地位、社会交往,甚至学习和文化娱乐等精神需要得到满足的情况。这些激励方式运用得当,将大大激发员工的工作热情。

使用物质激励法应注意以下几个问题:①物质激励应与相应制度结合起来。企业应通过建立一套制度、创造一种氛围,以减少不必要的内耗,使组织成员都能尽最大努力地为实现组织的目标而多做贡献。②物质激励的效用一般具有效益递减性,即当人们达到一定的收入水平或对这些收入习以为常后,同样数量的物质奖励不再具有原来的激励作用,或者需要付出更高的物质成本才能具有原来的激励作用。因此,管理者在运用物质激励法时,应注意手段的创新和各种手段的综合运用。③物质激励必须公平,充分体现"多劳多得,少劳少得"的分配原则,反对平均主义。

2. 股权激励

股权激励是指通过奖励股份、奖励股票期股或期权、股份出售和技术折股等方式将公司的一定股份给予部分员工,形成对员工长期激励的一种激励制度。其中,期股是指按约定价格购入后,可在一定期限内行权变现的一种激励制度;期权是指可按事先约定的价格在一定期限内行权购入,并在一定期限内行权变现的一种权利。

股权激励能够有效地将公司的长期利益与员工的收益紧密联系在一起,使员工与公司形成利益与风险共担的整体,既有利于经营者自身价值的实现,增加员工经营好公司的动力,又有利于公司形成开放式的股权结构,吸引优秀人才,稳定管理层。

使用股权激励时应注意的问题是:对于规模小、风险大、正处于成长期的企业,特别是高新技术企业来说,运用股权激励的效果显著;对于规模较大、发展稳定、处于成熟期的传统行业来说,公司的股价一般比较稳定,员工的努力对提升公司业绩乃至公司股价的效果不太明显,股权激励作用相对较弱。

(二)精神激励法

1. 信任关怀激励法

信任关怀激励法是指组织的管理者充分信任员工的能力和忠诚,放手、放权,并在员工遇到困难时,给予帮助、关怀的一种激励方法。这种激励方法没有固定的程序,总体思路是为员工创造一个宽松的工作环境,给员工以充分的信任,使员工充分发挥自己的聪明才智;时时关心员工疾苦,了解员工的具体困难,并帮助员工解决困难,使员工产生很强的归属感。这种激励法通过在工作中满足组织成员的信任感、责任感等需要,达到激励的目的。

2. 榜样激励法

榜样激励法是指通过组织树立的榜样使组织的目标形象化,号召组织成员向榜样学习,从而提高激励力量和绩效的方法。俗话说,榜样的力量是无穷的。通过树立典型和管理者的言行垂范,可以使广大员工找到一个参照并进行自我鞭策,增加克服困难、取得成功的决心和信心。

使用榜样激励法时还需要注意2点:①要纠正打击榜样的歪风,否则不但没有多少人愿意当榜样,也没有多少人敢于向榜样学习;②不要搞榜样终身制,因为榜样终身制会压制其他想成为榜样的人,并且使榜样的行为过于单调。有些事迹重复之后可能不再具有激励作用,而原榜样又没有新的更能激励他人的事迹,这时就应该物色新的榜样。

3. 形象与荣誉激励法

一个人通过视觉获得的信息占全部信息量的80%,因此,充分利用视觉形象的作用,激发员工的荣誉感、成就感和自豪感,也是一种行之有效的激励方法。常用的方法是将照片、资料张榜公布,借以表彰企业的标兵、模范。在有条件的企业,还可以通过闭路电视系统传播企业的经营信息,宣传企业内部涌现的新人、新事、优秀员工、劳动模范、技术能手、爱厂标兵和模范家庭等。这样可以取得内容丰富、形式多样、喜闻乐见的效果。

4. 兴趣激励法

兴趣对人的工作态度、钻研程度、创新精神的影响是巨大的,它往往与求知、求美和自我实现密切联系。在管理中,只要能重视员工的兴趣因素,就能实现预期的精神激励效果。国内外都有一些企业允许甚至鼓励员工在企业内部双向选择、合理流动,包括鼓励员工找到自己最感兴趣的工作岗位。兴趣可以引起专注甚至入迷,而这正是员工获得突出成就的重要动力。

业余文化活动是员工兴趣得以施展的另一个舞台。许多企业组织并形成了摄影、戏曲、舞蹈、书画和体育等兴趣小组,使员工的业余爱好得到满足。员工感受到企业的温暖和生活的丰富多彩,大大增强了归属感,增进了员工之间的感情交流,满足了员工的社交需要,有效地增强了企业的凝聚力。

(三)工作激励法

1. 目标激励法

管理中常说的目标管理,不仅是一种管理活动,还是一种有效的目标激励方法。所谓目标激励法,就是给员工设定一定的目标,以目标为诱因驱使员工去努力工作,以实现自己的目标。任何组织的发展都需要有自己的目标,任何个人在自身需要的驱使下也会具有个人目标。目标激励必须以组织的目标为基础,要求把组织的目标与员工的个人目标结合起来,使组织目标和员工目标相一致。

目标管理通过广泛的参与来制定组织目标,并将组织目标系统地分解为每一个人的具体目标,然后用这些目标来引导和评价每个人的工作。在目标管理中,目标是最重要的,组织目标是组织前进的目的地,个人目标则是个人奋斗所要实现的愿望。目标管理的特点之一是把组织目标分解为各个行动者的个人目标,而分解过程又充分吸收了行动者的参与。根据这一特点,只要使个人的目标及奖酬与个人的需要相一致,就会提高目标的效价,而实现目标信心的增加也就是实现目标的期望值的提高。目标管理充分发挥每个人的最大能力,使个人实行自我控制,更容易发挥潜能和创造力,增强激励的力量。

2. 培训激励法

为提高员工素质,增强员工的进取精神,管理者应根据组织的运行情况和发展目标,结合员工个人的特点,对员工有计划、有重点、有组织、有针对性地进行培训。例如,有计划地派送员工到培训基地或学校进行脱产学习,到国外考察学习,这一行动本身就能使员工明显地感受到组织对他的重视和期望,满足员工自身的需求,从而极大地提高他们的责任心和积极性。培训还可以提高员工实现目标的能力,为员工承担更大的责任、更富挑战性的工作及提升到更重要的岗位创造条件。在一些知名公司,培训已成为一种正式的奖励。

3. 弹性工作制

弹性工作制是指在固定工作时间长度的前提下,灵活地选择工作的具体时间和方式。弹性工作制有以下 2 种形式:①缩短每周的工作天数。这种方法可以使员工有更多休闲、娱乐的时间,提高员工的工作热情和对组织的认同感,提高生产率和设备运转率,降低加班率和旷工率。②弹性工作时间。只规定每天总的工作时长,员工上下班的时间可以由自己掌握。通常来说,组织会规定一段必须在班的共同时间,以避免员工之间没有机会沟通。这种工作制主要被小型组织采用。

管理专栏

松下激励员工的 21 点技巧

日本松下电器公司的创始人松下幸之助总结自己一生的经营实践,提出了激励员工的 21 点技巧。

①让每个人都了解自己的地位,不要忘记定期和他们交流他们的工作表现。

②给予奖赏,但奖赏要与成就相匹配。

③如有某种改变,应事先通知。员工如能先接到通知,工作效率一定比较高。

④让员工参与同他们切身相关的计划和决策的研究。

⑤给予员工充分的信任,会赢得他们的忠诚和依赖。

⑥实地接触员工,了解他们的兴趣、习惯和敏感的事物,对他们的认识就是你的资本。

⑦注意经常聆听下属的建议。

⑧如果发现有人举止反常,应该留心并进行追查。

⑨尽可能让大家清楚你的想法,因为没有人喜欢被蒙在鼓里。

⑩向员工解释要做某事的目的,他们会把事情做得更好。

⑪万一你犯错误,要立刻承认,并表示歉意。如果你推卸责任,责怪旁人,别人一定会看不起你。

⑫告知员工他们所担负职务的重要性,让他们有责任感。

⑬提出建议性的批评,批评要有理由,并帮助员工找出改进的方法。

⑭在责备某人之前要先指出他的优点,表示你只是希望能够帮助他。

⑮以身作则,树立榜样。

⑯言行一致,不要让员工弄不清到底该做什么。

⑰把握每一个机会向员工表明你为他们骄傲,这样能够使他们发挥最大的潜力。

⑱假如有人发牢骚,要赶紧找出他的不满之处。

⑲尽最大可能地安抚不满情绪,否则所有人都会受到波及。

⑳制定长期、短期目标,以便让员工据此衡量自己的进步。

㉑维护员工应有的权利和责任。

任务四　沟通训练

沟通是现代管理的神经系统。企业如果没有有效的沟通,就会成为可怕的“植物人企业”。

任务描述

1. 时间

15 分钟。

2. 材料

准备总人数 2 倍的 A4 纸(废纸也可)。

3. 适用对象

所有学生。

4. 操作程序

①给每位学生发一张纸。

②教师发出单项指令:

——大家闭上眼睛;

——全过程不许问问题；
——把纸对折；
——再对折；
——再对折；
——把右上角撕下来，转 180°，把左上角也撕下来；
——睁开眼睛，把纸打开。

这时，教师会发现各种结果。

③这时教师可以请一位学生上来，重复上述的指令。唯一不同的是这次学生们可以问问题。

5. 讨论

完成第二步之后可以问大家："为什么会有这么多不同的结果？"（也许大家的反应是单向沟通、不许问问题，所以才会有误差。）

完成第三步之后又问大家："为什么还会有误差？"（希望说明的是，任何沟通的形式及方法都不是绝对的，它依赖于沟通者对彼此双方的了解、沟通环境的限制等。沟通是意义转换的过程。）

在平时的沟通过程中，经常使用单向的沟通方式，而听者总是见仁见智，按照自己的理解来执行，结果通常都会出现很大的差异。但使用了双向沟通之后，差异依然存在，虽然有改善，但增加了沟通过程的复杂性。所以，什么方法是最好的？这要依据实际情况而定。沟通的最佳方式要根据不同的场合及环境确定。

知识准备

一、沟通的含义

沟通是指为达到一定的目的，将信息、思想和情感在个人或群体间进行传播与交流的过程。

管理过程中的每一件事都包含沟通的任务（注意：不是一些事情，而是每一件事）。管理者没有信息就不可能做出决策，而一旦做出决策，没有沟通就不可能实现目标。因此，管理者和员工都要从各自的角度认识沟通的重要性，掌握沟通的有效方法，否则就会陷入无穷的问题与困境之中。

首先，沟通包含着意义的传递。如果信息或想法没有被传送到，则意味着沟通没有发生。也就是说，如果说话者没有听众或写作者没有读者，就都不能构成沟通。其次，要使沟通成功，信息不仅需要被传递，还要被理解。例如，某人收到一封来自美国的英语信件，但他对英语一窍不通，不经翻译他就不能看懂信件内容，那么也就无法称之为沟通。所以根据上述定义，沟通有以下 3 个方面的含义：①沟通是双方的行为，必须有信息的发送者和接收者。其中，双方既可以是个人，又可以是群体或组织。②沟通是一个信息被传递和理解的过程。如果信息没有被传递到对方，则意味着沟通没有发生。而信息在被传递之后还应该被理解，一般来说，信息经过传递之后，接收者感知到的信息与发送者发出的信息完全一致，这才是一个有效的沟通过程。③沟通要有信息内容，并且这种信息内容不像有形物品一样由发送者直接传递给接收者。在沟通过程中，信息的传递是通过一些符号来实现的，如语言、身体动作和表情等。这些符号经过传递,往往都附加了发送者和接收者一定的态度、思想和情感。

良好的沟通常常被错误地理解为沟通双方达成协议,而不是准确理解信息的意义。例如,有人与我们意见不同,不少人认为此人没有完全领会我们的看法,换句话说,很多人认为良好的沟通是使别人接受我们的观点。但事实上,我可以很明白你的意思,却不同意你的看法。当一场争论持续了相当长的时间时,旁观者往往断言这是由于缺乏沟通导致的。然而调查表明,恰恰此时正进行着大量有效的沟通,他们中的每一个人都充分理解了对方的观点和见解。存在的问题是人们把有效的沟通与意见一致混为一谈了。

管理专栏

孔雀向百鸟之王诉苦

孔雀因为大家都爱听黄鹂唱歌,而自己的歌声只会招致嘲笑而苦恼,就向百鸟之王凤凰诉苦。

凤凰对它说:"我的孩子,别忘了,你的项颈间有着如翡翠般熠熠生辉的羽毛,你的尾巴上有华丽的尾翼,所以你是很出色的。不要心存嫉妒。"

孔雀仍不满足:"可是在唱歌这一项上有人超过了我,像我这样唱,跟哑巴有什么区别呢?"

凤凰回答道:"我已经公正地分给你们每样东西,你拥有美丽,鹰拥有力量,黄鹂能够唱歌,喜鹊报喜,乌鸦报凶。这些鸟都很满意我对它们的赐予。"

得到凤凰的答复后,孔雀终于满意了。自此之后,当它想在人们面前展示自己的时候,就会亮出自己的羽毛。

如果凤凰没有及时为孔雀打开心结,恐怕孔雀仍然会为黄鹂的歌喉比自己动听而闷闷不乐,而忽略了自己的美丽其实也是黄鹂所羡慕的。

在成功的企业里,最重要的是沟通。沟通是企业了解员工所思、所想,并能因此采取相应解决办法的最重要的途径和最直接的手段。良好的沟通氛围能使公司内的信息被畅通地传递,促使决策者快速做出决定,使员工保持较高的工作效率。因此,有效沟通是使公司成为一个高效、透明的优秀组织的前提条件。

二、沟通的过程

沟通是信息在发送者与接收者之间被传递和被理解的过程。在沟通过程中,发送者制作信息,并将信息传递给接收者;接收者收到信息后,立即将信息加以破解,然后采取行动,如果他的行动符合信息发送者的原意,就说明沟通成功了。

需要指出的是,反馈是指接收者将对信息的了解、接收和执行情况返回给发送者,使发送者发现信息是否被接收和执行。

沟通应包括以下要素:

①发送者需要向接收者传递信息。这里所说的信息包括的范围很广,如想法、观点和资料等。

②发送者需要将信息做成接收者能够理解的一系列符号。为了有效地进行沟通,这些符

号必须能够符合适当的媒体要求。例如,如果媒体是书面报告,符号的形式应选择文字、图表和照片等。

③将上述符号传递给接收者。由于选择的符号种类不同,传递的方式也不同。传递的方式可以是书面的,也可以是口头的,甚至还可以通过形体动作来表达。

④接收者接收这些信息。接收者根据这些符号传递的方式,选择相应的接收方式。

⑤接收者破译、理解信息的内容。但由于接收者接收和破译水平的差异,信息的内容和含义经常被曲解。

⑥接收者执行理解后的信息内容。

⑦通过反馈完成双向沟通,从而了解信息是否被准确无误地接收。

三、沟通的形式

1. 正式沟通与非正式沟通

按照信息传递渠道的不同,可以将沟通分为正式沟通与非正式沟通。

正式沟通就是通过组织明文规定的渠道进行信息传递和交流。例如,组织规定的汇报制度、定期或不定期的会议制度和将上级的指示按组织系统逐级下达或将下级的情况逐级上报制度等。正式沟通的优点是沟通效果好,比较严肃,约束力强,易于保密,可以使信息沟通保持权威性;缺点是比较刻板,沟通速度慢。

非正式沟通是在正式沟通渠道之外进行的信息传递和交流。例如,组织中的员工私下交换意见,议论某人某事等。现代管理很重视研究非正式沟通,因为人们的真实思想和动机往往是在非正式沟通中表现出来的。非正式沟通的信息传递快而且不受限制,它起着补充正式沟通的作用。

2. 书面沟通与口头沟通

按照传播媒体形式的不同,可以将沟通分为书面沟通与口头沟通。

书面沟通是以书面文字的形式进行的沟通,信息可以长期保存。在组织中,一些重要的文件,如合同、协议、制度和规划等都要运用书面沟通。文字上要求准确、简练,避免在解释上出现歧义。

口头沟通是以口头交谈的形式进行的沟通,包括人与人之间的面谈、电话、开讨论会,以及发表演说等。口头沟通的特点是信息传递快,双向交流,信息能够得到立即反馈,是最常见的一种沟通形式。口头沟通也常常带有感情色彩,其规范性不如书面沟通强。

3. 上行沟通、下行沟通和横向沟通

按照信息传递的方向,可以将沟通分为上行沟通、下行沟通和横向沟通。

上行沟通是指下级向上级进行的信息传递,如各种报告、汇报等。上行沟通是管理者了解实际情况的重要手段,是掌握决策执行情况的重要途径。所以,管理者不仅要鼓励上行沟通,还要注意上行沟通信息的真实性和全面性,防止报喜不报忧的现象出现。

下行沟通是指上级向下级进行的信息传递,如企业管理者将计划、决策和制度规范等向下级传达。下行沟通是组织中最重要的沟通形式。通过下行沟通,可以使下级明确组织的计划、任务、工作方针、程序和步骤。企业管理者必须做好下行沟通工作,通过下行沟通还可以使员工感受到自己的主人翁地位,从而激发他们的积极性。

横向沟通是指正式组织中同级部门之间的信息传递。横向沟通是在分工基础上产生的,

是协作的前提。做好横向沟通工作,在规模较大、管理层次较多的组织中尤为重要,它有利于及时协调各部门之间的工作步调,减少矛盾。

四、有效沟通

思政园地

“外交双杰”杨洁篪和王毅:“杨”眉吐气,“王”者归来

在2021年中美高层战略对话过程中,杨洁篪指出,中方主张和平、发展、公平、正义、民主、自由的全人类共同价值,主张维护以联合国为核心的国际体系、以国际法为基础的国际秩序,而不是以一小部分国家制定的规则为基础的秩序。中国坚持走和平发展道路,为国际和地区和平与发展、为维护联合国宪章宗旨和原则做出不懈努力,而不像美国动辄动用武力,造成世界动荡、不安。美国国内在人权等方面存在很多问题。美国应当做的是改变自己的形象,管好自己的事,而不应自己的问题没解决好,向世界转嫁矛盾、转移视线,不应对中国的人权、民主说三道四。中国共产党领导和中国政治制度得到中国人民衷心拥护,任何要改变中国社会制度的做法都是徒劳的。

在美方发表开场白后,王毅表示,过去几年,由于中国的正当权益受到无理打压,中美关系遭遇前所未有的严重困难。这种局面损害了两国人民利益,损害了世界稳定与发展,不应再继续下去了。中方过去、现在、将来都绝不会接受美国的无端指责,同时我们要求美方彻底放弃干涉中国内政的霸道行径。美国的这个老毛病要改一改了!

在本次中美会谈谈判场中,他们挥斥方遒,气场强大,据理力争显国威。

(一)有效沟通的原则和先决条件

1. 有效沟通的原则

①确立问题:人们常说,明确叙述问题,便解决了问题的一半。在管理活动过程中,除非管理者本身建立清晰的观念,认清问题的本质,否则他将无法给员工以清晰的印象;只有清楚地认识问题,才能去收集资料,选择最佳的信息沟通方式。

②征求意见:通常管理所面临的问题都比较复杂,而且牵涉面较广,不是一两个人就能解决的。所以,在做出决策之前,管理者最好能与有关人员磋商,征求下属的意见和建议。这种方式的优点是可以借他人意见观察、验证自身意见的正确性;可以收集他人的想法和建议,有助于对问题进行周全的设想;由于下属有参与机会,可以减少措施推行的阻力,赢得更多的支持。

③双线沟通:管理者在传达意见时,必须考虑传达的内容、对象和方法等,同时还应该顾及许多组织上与心理上的问题。一般而言,组织内不同的层次对同一个问题或同一项措施的看法会有所不同。所以,双线沟通十分重要,它可以使下情有所上达,以此来缩减地位上的障碍,增进彼此之间的信息了解。

④强调激励:在组织中,信息(尤其是任务)的传递着重体现激励。要做到使员工不但能了解命令,而且在了解命令之后又能欣然产生工作的热情。在交流意见时,管理者的诚意与表达方式,都直接影响沟通的效果。

2. 有效沟通的先决条件

(1)在自上而下方面

①管理者必须了解员工的工作情况、欲望及个人问题。

②管理者应该有主动沟通的态度：一个团队的管理者，应该主动地与下属分享团队内的所有消息、新闻、政策及各项工作措施。这样，才能使上下一致，培养团队的合作精神。

③团队内必须制订完备的沟通计划：任何政策措施在付诸实施前，必须将其内容传达给所有员工，以求共同了解政策，减轻员工在工作中的紧张情绪，并在人事方面产生和谐关系。

④管理者必须获得员工的信任：员工能否了解管理者沟通的要义，完全依赖于他对管理者是否信任。对管理者的不信任会导致员工对所有的事情都产生疑惑，往往会曲解管理者的用意，使沟通难以达到预期的效果。

(2)在自下而上方面

①管理者必须平等对待员工：管理者和蔼可亲、平易近人，是下级与上级沟通的主要因素。如果一个管理者终日摆出一副严厉的面孔，使别人不敢亲近、望而生畏，也就谈不上良好的沟通了。

②经常与员工举行工作座谈会：让所有的员工都有发言的机会，而管理者应多听，并注意综合大家的意见，绝不能趁开会的时候训话或表现自己的口才。

③建立建议制度：开明的管理者，为力求团队的不断进步，应经常采纳员工的意见和建议；无论建议能否立即得到实施，凡提建议的人都应受到鼓励。管理者应定期把建议实施情况或不能采纳的原因婉转地向提出人进行解释，一方面表示对建议的重视，另一方面感谢提建议的人，使他们内心愉快而乐于再提建议。

④公平而合理的制度：鼓励自下而上的沟通，最主要的是建立公平而合理的升迁、奖惩和考绩等制度。一个组织如果在这些制度上有了不公平的待遇，员工必定心灰意冷或阳奉阴违，沟通也就不能发挥作用了。

(3)在平行沟通与斜向沟通方面

在采取集权制的组织中，上级事事过问，凡事都必须统一指挥，层层上报。在这种情形下，沟通必然贫乏，平行单位或人员之间失去了自由处理问题的权力，从而减少了协调的机会。对于采取分权制或授权制的组织来说，平行沟通一般比较畅通，因为下级单位或人员有充分的自由来处理本身权责范围以内的工作，不必事事上报；如果有需要，他们可以在合作的原则下通过平行沟通尽快地处理工作任务，以提高效率。可以说，平行沟通的先决条件就在于管理者能否适当地授权。

(二)实现有效沟通的方法

1. 强调有效沟通的重要性

首先，要加强组织中管理者与被管理者对沟通重要性的认识。通常，人们认为沟通是件非常简单的事，并不重视沟通的重要性，同时又在某种程度上对沟通存在误解。例如，人们常常以为向对方讲述一件事后，沟通就完成了，没有考虑“语言”本身并不代表“意思”，其中还存在一个破译转化的过程。沟通虽然非常普遍，看起来非常容易，但是有效沟通却常常是一项困难和复杂的行为。

其次，管理者和被管理者还要了解组织沟通过程的一些规律。例如，在组织中建立重视沟通的氛围,创造一个相互信任的沟通环境。不仅在各项管理职能中有效地运用沟通手段,还要重视非正式沟通中"小道消息"对组织管理的重要性等。

2. 提高人际沟通技能

信息发送者和信息接收者都要努力提高自己的人际沟通技能和有效沟通的水平。

(1)改进沟通态度

信息沟通不仅是信息符号的传递,它还包含着更多的情感因素。所以在沟通过程中,沟通双方采取的态度对于沟通效果有很大的影响。只有双方坦诚相待,才能消除彼此间的隔阂,从而求得双方的合作。另外,在信息沟通过程中还要以积极、开放的心态对待沟通,要愿意并且有勇气用恰当的方法展示自己的真实想法。如果在沟通过程中顾虑重重,就会产生很多误解。

(2)提高自己的语言表达能力

身边经常发生这种现象:员工总觉得管理者在说"鸟语",而管理者总觉得员工在办"猪事",从而造成管理者和员工互不理解。这就需要双方提高自己的语言表达能力,用双方都很熟悉的、简单的共同语言来传递信息。只有用平等、真诚才能消除双方的隔阂,使双方荣辱与共。

(3)培养倾听的艺术

管理是在倾听中实现的。但如果你听到什么就是什么,对说话者的目的不加以分析,就可能会误入歧途。以前人们往往只注重说写能力的培养,忽视了听的能力的培养和训练。事实上,没有听就很难接收到有用的信息,而倾听区别于一般的听,它是一种通过积极的听来完整地获取信息的方法,主要包括注意听、听清内容、理解含义、记忆要点和反馈5层内容。

①注意听:要听得投入,全神贯注地听,不仅要用耳朵去听,还要用整个身体去听。例如,要保持与说话者的目光接触,身体微微前倾,以信任、接纳、尊重的目光让说话者把要说的意思表达清楚;同时,注意控制自己的情绪,克服心理定式,保持耐心,尽可能站在说话者的角度去听,认真地顺着说话者的思路去听;另外,自己不要多说,尽量避免在中间打断别人的谈话。

②听清内容:要完整地接收信息,听清全部内容,不要听到一半就心不在焉,更不能匆忙下结论;同时,要营造一种轻松、安静的气氛,排除谈话时的各种噪声干扰,使听者能努力抓住其中的关键点。

③理解含义:理解信息并能听出对方的感情色彩,这样才能完全领会说话者的真正含义。同时要准确地理解和评价所接收的信息,对一些关键点要及时加以回顾,通过重复要点或提一些问题来强化和证实你所理解的信息;对一些疑问和不清楚的问题,也要在适当的时候向对方提问,以保证对信息的准确理解。另外,还要借助一些辅助材料,如报告、提纲、小册子或讲义等来帮助理解信息。

④记忆要点:在理解对方的基础上要记住所传递的信息,可以通过将对方的话用自己的语言来重新表达,或者通过记住所说的典型事例,以及对信息加以分类和整理的方法,增强有效记忆。另外,如有必要,在听的时候做些笔记,以便于事后回忆和查阅。

⑤反馈:给予说话者适当的反馈,可以使谈话更加深入和顺利。在听的时候,用点头、微笑和手势等体态语言对说话者做出积极反应,让对方感觉到你愿意听他说话;通过提一些说话者感兴趣的话题,可以加深双方的感情,并使谈话更加深入。

3. 构建合理的沟通渠道

为实现有效的组织沟通，管理者应在注重人际沟通的基础上，进一步考虑组织的行业特点和环境因素。结合正式沟通和非正式沟通的优缺点，通过对组织结构的调整，设计一套包含正式沟通和非正式沟通的沟通渠道，同时缩短信息传递的链条，以便使组织的信息沟通更加迅速、及时和有效。

4. 采用恰当的沟通方式

采用恰当的沟通方式对增强组织沟通的有效性也十分重要，因为组织沟通的内容千差万别，针对不同的沟通需要，应该采取不同的沟通方式。从沟通的速度来看，采用口头沟通和非正式沟通的方法，比采用书面沟通和正式沟通的方法速度快。从反馈性能来看，面对面交谈可以获得立即反馈，而书面沟通有时则得不到反馈。从可控性来看，在公开场合宣布某一消息，对于其沟通范围及接受对象毫无控制；反之，选择少数可以信赖的人，利用口头传递某种信息则能有效地控制信息。从接收效果来看，同样的信息，可能由于沟通渠道的不同，被接收的效果也不同。以正式书面文字通知的信息，可使接收者十分重视；反之，在社交场合提出的意见，却被接收者认为讲过就算了，并不加以重视。因此，要根据沟通渠道的不同性质，采用不同的沟通方式，这样沟通效果才会更好。

管理专栏

张经理的沟通艺术

某公司张经理在实践中深深体会到，只有运用各种现代科学的管理手段，充分与员工进行沟通，才能调动员工的积极性，使企业充满活力，在竞争中立于不败之地。

首先，张经理直接与员工进行沟通，避免中间环节。他告诉员工自己的电子信箱，要求员工，尤其是外地员工大胆反映实际问题，积极参与企业管理，多提建议和意见。张经理本人则每天上班时先认真阅读来信，再进行处理。

其次，为了建立与员工的沟通体制，公司又建立了经理公开见面会制度。经理公开见面会定期召开，也可因重大事情临时召开，参加会议的员工是员工代表、特邀代表和自愿参加的员工代表。每次会议前，员工代表都广泛征求群众意见，并将其提交至经理公开见面会来进行解答。调资晋级和分房 2 项工作刚开始时，员工中的议论较多。公司及时召开了会议，张经理就调资和分房的原则、方法和步骤等进行了解答，使部分员工的疑虑得以消除，保证了 2 项工作的顺利进行。

5. 改进组织沟通的各种技术

在组织的管理中，采用一些积极有效的管理技术和方法会增强组织沟通的有效性。一般有以下方法：①采取信息沟通检查制。这种方法是将信息沟通看成实现组织目标的一种方式，而不是为了沟通而沟通，因而就可以把组织内外部的信息沟通看成一组与组织目标相关的沟通因素。利用信息沟通检查制，可以分析所涉及的许多关键性管理活动中的沟通。它既可以用于出现问题之际，又可以用于事前防范。②设立建议箱和查询制度。通过设立建议箱来征求员工的意见，以此改善自下而上的沟通。查询制度是组织设立的另外一种答复员工所提出的关于组织方面问题的方法。这些问题和答复可以在组织内部刊物上刊出,从而使组织与员工之间有广泛而有效的交流,促进组织的有效沟通。③进行员工调查和反馈。对组织中员工的态度和意见进行调查,是组织一种有用的自下而上的沟通手段。这种形式的调查使员工感到他们可以自由表达真实观点。当调查结果反馈到员工那里时,则变成了自上而下的沟通。调查反馈使员工感到他们的意见已被管理者听到和考虑,因而促进了组织与员工的有效沟通。

技能训练

角色扮演考绩练习

1. 技能培养目标

培养学生的沟通能力。

2. 管理情境设计

这是一套角色扮演练习,背景是一家制造公司,一个角色是总裁张维,另一个角色是生产经理刘彬。

(1)第一步:10 分钟

教师介绍本练习中要扮演的角色。学生分成5组,每组6~8人。一组中找出一人扮演总裁,一组中找出一人扮演下属生产经理,其他3组是观察者。观察者要阅读“总裁角色说明”“生产经理角色说明”和“观察者角色说明”3份文件,其余2组只阅读各自组要扮演角色的说明文件,不能阅读其他组的角色说明文件。

(2)第二步:20 分钟

上司约下属进行考绩谈话。这个过程中观察者要保持沉默,以“观察者角色说明”为指导,用笔记本记录谈话过程和内容。在谈话过程结束时,观察者对2人给予反馈。

(3)第三步:15 分钟

讨论:

①观察者指出谈话过程的得当之处,说明谈话是如何开始的,有没有什么关键点使事情发生转变;说明谈话过程中的欠妥之处,关键点何在;说明谈话过程的不当之处,应如何改进。

②下属对上司采用的方法有什么反应?

③每个人应如何做,以使讨论更有效?

总裁角色说明

刚才你请了刘彬来你办公室开会。刘彬是公司的一位生产经理。从许多方面来说,你承认他是一位不错的经理人员,他有节约意识,聪明能干,积极主动,为人诚恳。在他的领导下,产量稳步上升。此外,他还是你的私人朋友,你们2人私交挺好。

你请刘彬到你办公室讨论一下自去年以来一直困扰你的问题。尽管刘彬有许多优点,但有一个不容忽视的问题,那就是生产部的一些主管拒绝为他工作。没有一个生产部主管能在公司里工作6个月以上,他们抱怨刘彬独断专行,从不允许他们自己处理问题;他们说刘彬是在监视他们,并明确指示他们该怎么干,甚至具体的事务也是如此。

公司执行副总裁的位置空缺，你本想提拔刘彬担任该职务。但你有一个不同的念头：为了公司，让刘彬离职。这个问题你已经同刘彬谈过好几次了，你觉得你已经足够清楚地告知他能否升职取决于他能否培养出一位继任者来接替他的生产经理职位。

最近，许多不错的年轻人离开了公司。你决定要么让刘彬改变他的做法，以遏制人才外流的趋势，要么让他辞职。

（你在文件处理上稍微落后了一点，不知道刘彬最近给你送来了一份报告。如果他提到，你就说还没有看到。）

正在此时，刘彬如约来到了你的办公室。

生产经理角色说明

你刚才接到上司张维的电话，他要见你。在去他办公室的路上，你寻思他找你干什么。你想可能是下列 2 件事之一：

一件事可能是要提升你做执行副总裁。张维以前已经数次谈过这件事。如张维所言，如果你能在生产经理职位上证明自己是称职的，执行副总裁一职非你莫属。你当然听出他在暗示你理应得到提升，因为你们的产量创了纪录，生产部门在你的领导下有效地运转，你对自己的成绩感到自豪。

另一件事可能是关于你上周提交给他的那份报告。你在那份报告中提出要招聘一些生产监督人员和工人，你提出：

①实质性地增加工资，以期招揽资质更佳的人；

②建立一项人事测评制度，以便刷掉不合格的求职者。

虽然你对自己在生产部门的成绩感到自豪，但有一个问题困扰你，那就是中、基层管理者的素质太差。这些人当中有几个新近离职，但你宁愿他们统统离开公司。这些家伙大多让你感到厌烦，不负责任，也不怎么聪明；他们大多都不能胜任工作，没有一个可以被提升。

你总是为促进这些下属的工作而疲于奔命，不管你怎样教导、鼓励甚至威胁，你似乎还是得检查 2 遍才能保证他们把工作做好。

在你看来，你已通过纠正他们的错误，为公司节约了很多成本。张维是你的一位老朋友，你对你们之间的工作关系一直是感到满意的。

想到这里，你踏进了总裁办公室。

观察者角色说明

首先，观察上司开始谈话的方式：

①上司做了什么？他是否以某种方式创造一种融洽的气氛？

②上司是否开门见山地说明谈话目的？

③谈话目的是否表达得清楚简明？

其次，观察谈话是怎样进行的：

①上司在多大程度上了解下属对工作的感觉？

②上司是否从广泛、一般的问题开始谈话？

③上司是否批评了下属？

④上司是否能理解下属的思想感情？

⑤谁说话多?

⑥上司了解到别的什么没有?

⑦上司有没有表扬下属?

最后,观察、评价谈话结果:

①谈话结束时,上司对下属的评价在多大程度上做到了公正和准确?

②上司是否给予下属以激励?

③谈完话后,2 个人之间的关系是改善了,还是恶化了?

④上司怎样才能做到更好?

项目六　控　制

管理名言

没有控制，就没有管理。控制是预防问题的最佳策略，管理控制需要定期检查和复盘。

控制是管理过程的终点，同时又是新一轮管理循环的起点，它是保证企业计划与实际作业动态相适应的管理职能。一个有效的控制系统可以保证各项活动朝着实现组织目标的方向进行，而且控制系统越是完善，组织目标就越易实现。本项目着重介绍控制的含义、控制的类型、控制程序的编制及控制方法的应用。

知识目标

- 了解控制的含义、控制的对象和控制的类型；
- 理解控制的作用与目的、控制的基本原则和控制实施应注意的问题；
- 掌握控制程序的编制和控制方法的应用。

技能目标

- 区分 3 种不同类型的控制；
- 掌握控制原理，培养控制意识；
- 会寻找控制的关键点，并提出解决方案。

思政目标

- 践行社会主义核心价值观；
- 传承并弘扬中华优秀传统文化。

思政园地

海尔的全面质量控制

质量控制一方面是产品的质量，即产品合格与否；另一方面是产品生产过程的质量，即生产过程是否合理，是否与企业设定的管理基准一致。质量控制要保证产品合格，符合产品的规格要求。并且，整个生产流程严格遵守企业生产流程的管理规定。

海尔集团的质量控制措施如下：

1. 树立全面质量管理的观念

事件经过：有一年，海尔从德国引进了世界一流的冰箱生产线。一年后，有用户反映海尔冰箱存在质量问题。海尔公司在给用户换货以后，对全厂冰箱进行了检查，发现库存的76台冰箱虽然不影响制冷功能，但外观有划痕。时任厂长张瑞敏决定把这些冰箱当众砸毁，并提出“有缺陷的产品就是不合格产品”的观点，在社会上引起了极大的震动，也砸醒了员工的质量意识。

2. 产品零缺陷

传统的质量控制观点是把错误减到最少，海尔集团的质量控制观点是“只有优和不合格，产品零缺陷”。为了提高产品质量，张瑞敏提出“下道工序是用户”，依靠“三检制（自检、互检、专检）”对生产过程进行质量控制，同时开展群众性的质量控制小组，强化员工的自我管理意识。

3. 用质量保证体系、产品国际认证等高标准来要求产品质量

（1）ISO 9001质量保证体系；

（2）产品国际认证——德国VDE、GS、TUV，美国UL，加拿大CSA等认证；

（3）检测水平必须得到国际认可，如加拿大EEV、CSA等能效认证，美国UL用户测试数据的认可。

任务一　控制认知

知识准备

自从诺伯特·维纳创立控制论以来，控制论的概念、理论和方法被许多学科广泛吸收，用于丰富自己的理论和方法体系。管理学就是其中之一。在管理实践中，任何组织，无论决策多么正确，计划多么周密，组织机构多么科学合理，激励多么有力，也难以确保组织所有的活动都按计划进行。在实际工作中，由于外部环境的变化和组织内部因素的影响，计划的实际执行情况和计划标准之间总会出现或多或少不一致的地方。因此，为了能实现组织目标，提高组织的有效执行力，就必须建立科学完善的控制系统，强化组织的控制职能。

控制与人们的日常学习、工作和生活都息息相关。在国家机关、企事业单位、社会团体和人民群众学习、工作及生活的地方，每个人都会受到各种控制的影响，并且处处感受控制的作用。例如，发射运载火箭需要地面的工作人员不断地发送指令校正火箭飞行中的方向，以保证火箭能顺利地进入轨道；在大海中航行的舰船需要舵手的控制，以将偏离航线的船只拉回到正常的航线上来；高速公路上飞奔的汽车需要司机结合路标和路况等实际情况，通过方向盘控制它的方向和速度。可以说，离开了控制，计划和预想的结果都会落空；离开了控制，人们的工作和生活将无法正常进行。

一、控制的含义

控制是为了确保实现组织的目标而实施检查、监督及纠正偏差的管理活动的过程。具体工作涉及以计划为依据制定控制标准，由管理者对被管理者的实际执行活动进行检查、监督，

在衡量实际工作绩效时找出偏差并分析原因，根据偏差调整实际工作活动或调整既定标准，采取有效的措施使组织活动符合既定要求。计划和决策提出了管理者追求的目标，组织提供了完成这些目标的结构、人员配备和责任，领导提供了指挥和激励的环境，而控制则提供了有关偏差的认识以及确保与计划相符的纠偏措施。

控制的含义包括 3 个方面：①控制有很强的目的性，即保证组织中的各项活动按计划或标准进行；②控制是通过监督和纠偏来实现的，要求控制系统具有良好的信息系统；③控制是一个过程，是管理者对被管理者的行为活动进行检查、监督和调整等管理活动的过程。

控制工作有 2 种情形：①在计划不变的条件下的纠偏；②顺应环境变化而修改计划的纠偏。因此，控制工作的核心在于纠偏，而控制要有效地纠偏，就要准确地"识偏"。对管理者而言，只有先确定了一定的标准，再通过将实际执行情况与标准进行对比，才能发现偏差的存在。

控制与计划相互依存、密不可分：一方面，计划为控制表明目标，没有计划，人们既不知道要控制什么，也不知道怎样控制；另一方面，控制为计划提供信息，没有控制，人们无法知道自己干得怎样，存在哪些问题，哪些地方需要改进。计划与控制的效果相互依赖，计划越是明确、全面和完整，控制的效果也就越好；控制越是科学、有效，计划也就越容易得到实施。此外，计划与控制本身相互依存，计划的制订要有一定的控制，才能保证计划工作的质量；控制本身也要有计划，离开了计划，控制工作将寸步难行。预算、目标管理和网络计划技术等控制方法就是一种计划方法。

无论在计划制订过程中考虑得多么周密、细致，因为各种不可估量的环境因素的影响，在计划实施过程中总会出现与预定计划偏离的情况。处理各种意外的情况，使组织行动与计划、环境变化相适应，就是控制的任务。

管理专栏

戴尔公司的别样控制

通常情况下，供应商需将供应的零部件运送到买方那里，经过开箱、触摸、检验和重新包装等环节，经验收合格后，产品组装商便将其存放在仓库中备用。为确保供货不出现脱节，公司往往要储备未来一段时间内可能需要的各种零部件，这是一般的商业惯例，而戴尔公司对部分供应商却采取了特免验收和库存的做法。

戴尔公司是以网络型组织形式来运作的企业，它联结有许多为其供应计算机硬件和软件的厂商。其中有一家供应商的电脑显示屏做得非常好，戴尔公司花费很大的力气和投资使这家供应商做到每百万件产品中只能有 1 000 件瑕疵品，并通过绩效评估确信这家供应商能达到要求的水准后，就完全放心地让他们的产品直接打上"DeLL"的商标，并取消了对这种供应品的验收和库存。类似的做法也发生在戴尔其他外购零部件的供应中。

具体运作方式是：当物流部门从电子数据库得知公司某日将从自己的组装厂提出某型号的电脑 *X* 部时，便在早上向这家供应商发出配领多少数量显示屏的指令信息，这样等到当天傍晚时分，一组组电脑便可打包完毕分送到顾客手中。这样不但可以节约验收和库存成本，而且加快了发货速度，提高了服务质量。

二、控制的作用和目的

(一)控制的作用

控制是管理过程中的一个阶段,它在允许的限度内维持组织的正常活动。组织的控制活动与计划不可分离地交织在一起,计划规定控制活动的范围;来自控制阶段的反馈也经常确定是否有制订新计划的必要,或是对现行计划进行调整的需求。控制在整体管理工作中起着重要的作用,是实现计划的保证。许多组织失败不是因为计划不周或缺乏制度,而是因为控制不力。例如,有的企业财务管理松懈,导致资金失控,发生严重亏损。控制是上至总经理,下至基层班组长等每一个主管人员的职责和任务。计划和组织一般是阶段性的,而控制则是连续性的。控制的主要作用如下:

①可以有效减轻环境的不确定性对组织活动的影响:现代组织所面对的环境具有复杂多变的特点,再完善的计划也难以将未来出现的变化考虑得十分周全。因此,为了保证组织目标和计划的顺利实施,就必须有控制工作,以有效的控制来降低环境的各种变化对组织活动的影响。

②可以使复杂的组织活动协调一致地运作:现代组织的规模有日益扩大的趋势,组织的各种活动日趋复杂化。要使组织内众多的部门和人员在分工的基础上协调一致地工作,完善的计划是必备的基础,但计划的实施还要以控制为保证手段。控制还可以检验组织的各项活动是否按组织的既定计划进行,同时也检验计划的正确性和合理性。

③可以避免和减少管理失误造成的损失:组织所处环境的不确定性以及组织活动的复杂性,会不可避免地导致管理失误。控制工作通过对管理全过程的检查和监督,可以及时发现组织中的问题,并采取纠偏措施,以避免或减少工作中的损失,为执行和完成计划起到必要的保障作用;也可以当偏差存在时,调整实际工作或计划,使二者相吻合。

(二)控制的目的

管理者进行控制的根本目的在于保证组织活动开展过程和实际结果与计划内容协调一致,最终保证组织目标的实现,具体包括限制偏差的累积和提高组织的环境适应力。

1. 限制偏差的累积

在实际工作执行过程中,出现偏差是难以避免的,但小偏差会逐渐累积放大,并最终对计划的正常实施造成威胁。因此,及早地发现潜在的问题并进行及时处理,有助于确保组织按既定的路线发展下去。控制应密切关注那些经常发生变化而又直接影响组织活动的关键性问题,应随时将计划的执行结果与标准进行比较,若发现有超过计划允许范围的偏差,则及时采取必要的纠偏措施,使组织内部的系统活动趋于相对稳定,以确保既定组织目标的实现。

2. 提高组织的环境适应能力

组织目标的实现总是需要相当长的一段时间。在这期间,对于那些长期存在、影响组织素质的慢性问题,控制要根据内外部环境的变化对组织提出新的要求,打破执行现状,重新修订计划,确定新的管理控制标准,使标准更先进、更合理。

三、控制的对象

组织控制系统的对象，即控制客体，是衡量绩效的要素或指标。控制的对象可以从不同角度进行划分。从投入角度看，控制的对象应该包括各种资源的获得和使用，这些资源包括人力资源、物质资源、资金资源、信息资源和关系资源等；从中间转换过程角度看，控制的对象应该是组织的运作过程，这个过程包括诸多的活动，如设计、采购、生产、销售和服务等价值链各环节的运作，以及文化建设、团队建设等；从产出角度看，控制的对象既包括财务工作，又包括非财务的一些指标；从利益相关者角度看，控制的对象就是组织所开展的与利益相关者有关的各种工作活动。在不同时期，不同的利益相关者对于组织的存续具有不同的影响。因此，控制工作的重点也会有所不同。显然，组织中那些与重要利益相关者有关的工作活动，应该是控制工作的重点。

四、控制的类型

管理专栏

扁鹊论医术

魏文王问名医扁鹊："你们家兄弟3人，都精于医术，到底哪一位最好呢？"扁鹊答："长兄最好，中兄次之，我最差。"文王再问："那么为什么你最出名呢？"扁鹊答："长兄治病，是治病于病情发作之前，由于一般人不知道他事先能铲除病因，所以他的名气无法传出去；中兄治病，是治病于病情初起时，一般人以为他只能治轻微的小病，所以他的名气只及本乡里；而我是治病于病情严重之时，一般人都看到我在经脉上穿针管放血，在皮肤上敷药，所以以为我的医术高明，名气因此响遍全国。"

（一）按控制目的和对象划分

控制职能可以按控制目的和对象划分为2种类型：纠正执行偏差和调整控制标准。

1. 纠正执行偏差

如果偏差是由于业绩不足造成的，管理者就应该采取一定的纠正行动来改善实际工作绩效。纠正执行偏差是使执行结果符合控制标准的要求，为此需要将管理循环中的实施环节作为控制对象。这种控制的目的就是要缩小实际情况与控制目标的偏差，即负馈控制。这种纠正行动既可以是管理方式的改变，又可以是组织机构的调整，以及人事方面的变动。

2. 调整控制标准

在有些情况下，产生偏差的原因可能来自不合理的标准。如果标准制定得过高或过低，即使其他因素都正常发挥作用，也难以避免偏差的出现。当发现控制标准不切实际时，管理者应调整控制标准。调整控制标准就是使控制标准发生变化，以便更好地符合内外部现实环境条件的要求，其控制作用的发生主要体现在管理循环中的计划环节。这种控制的对象包括控制标准本身，控制的目的就是使控制标准产生动荡和变动，使之与实际情况更接近，即正馈控制。

正馈控制和负馈控制应该并重使用，现实中要处理好这2方面控制工作的关系并不容易，管理者一定要非常谨慎。在实际工作中，无论是普通员工还是管理阶层，当实际工作与控制标准的偏差超过允许范围时，他们总会指责标准有问题，而这样做就会导致系统运行不稳定、不平衡。但需要注意的是，平衡不应该是静态的平衡。现代的企业面临复杂多变的环境，环境条件变了，计划的前提也变了，如果还僵硬地抱着原先的控制标准不放，不做任何调整，那么组织很快就要衰亡。现代意义下的控制应该持有一种动态平衡的观念，应能促进被控制系统在朝向目标行为的同时，适时地根据内外部环境条件做出调整，妥善处理好适应性和稳定性。正馈控制和负馈控制既相互对立又需要统一的关系，是现代企业控制的难点。

（二）按控制点的时间位置划分

如图6-1所示，根据控制点处于整个活动过程中的时间位置，可以将控制划分为3种类型：前馈控制、现场控制和反馈控制。

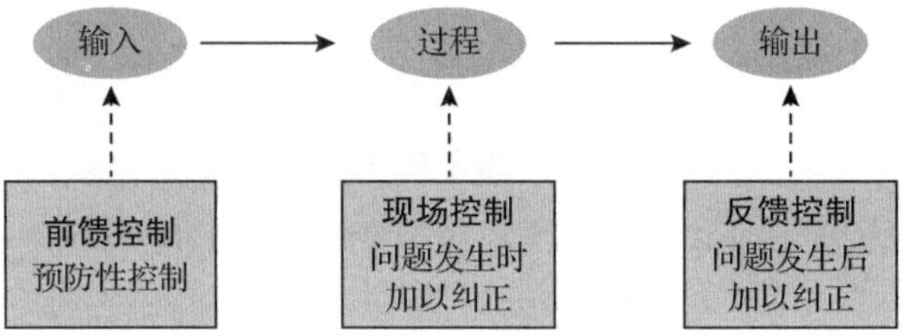

图6-1　按控制点的时间位置划分的控制方法

1. 前馈控制

前馈控制也称事先控制或预先控制，是一种在实际工作开始之前进行的控制，其目的是防止问题的发生而不是当问题出现时再进行补救。前馈控制是指组织活动开始之前对工作中可能产生的偏差进行预测、估计，并采取措施防患于未然，将可能出现的偏差消除于偏差产生之前。它通过情况的观察、规律的掌握、信息的分析和趋势的预测来预计未来可能发生的问题，在问题发生前采取措施加以防止。前馈控制的特点是在偏差产生之前，管理者就采取各种预先防范措施，尽可能地减少偏差的出现，把损失降到最低。前馈控制的着眼点是通过预测，对被控制对象的投入或过程进行控制，以保证所期望的产出，并可较好地解决一些非正常现象所带来的问题。前馈控制把重心放在组织人力资源的选聘考核、原材料的质量检测和成本预算等方面。

前馈控制可以防患于未然，减少问题所造成的损失，避免反馈控制对已造成的损失无能为力的弊端；准确的前馈控制能使管理者把握环境的主动性，还能树立管理者的威信；在工作开始之前针对某项计划行动所依赖的条件进行控制，不针对某一具体员工，因而不易造成冲突，易被员工接受而付诸实施。但是，前馈控制需要及时和准确的信息，并要求管理者充分了解前馈控制因素与计划工作的影响关系，而及时、准确的信息难以得到保障，因此管理者对活动过程不易充分了解。前馈控制适用于一切领域的所有工作。

管理专栏

预防比治疗更重要

有位客人到某人家里做客，看见主人家灶上的烟囱是直的，旁边又有很多木柴，于是，客人忠告主人说："烟囱要改曲，木柴也要移到别的地方去，否则将来可能会有火灾。"主人听了没有任何表示。

不久，主人家里果然失火，四周的邻居赶紧跑过来救火，最后火被扑灭了。于是，主人烹羊宰牛，宴请四邻，以酬谢他们救火的功劳，但是并没有请当初建议他将木柴移走、烟囱改曲的人。

有人很不解，问主人为何不请那个提建议的人。主人说："他没有帮我救火，没给我做任何事，我为什么要请他呢？"

那人对主人说："如果当初你听了那位先生的话，今天也不用准备宴席，而且也没有火灾的损失。现在论功行赏，原先给你建议的人没有被感恩，而救火的人却都是座上宾，真是很奇怪的事呢！"

2. 现场控制

现场控制是一种同步、实时的控制，即在组织活动开展过程中同步进行的控制，又称为过程控制、同步控制或同期控制。管理者亲临现场进行指导和监督，是一种最常见的现场控制活动。现场控制的特点是在活动进行中，一旦产生偏差，马上予以纠正。现场控制的目的就是保证本次活动而非下一次活动尽可能少地产生偏差。现场控制取得实效的程度取决于实时信息的获得。

现场控制主要有 2 大职能：监督与指导。监督是按照预定的标准检查正在进行的工作，以保证目标的实现；指导是管理者针对工作中出现的问题，根据自己的经验指导下属改进工作，或与下属共同商讨纠正偏差的措施，以便使员工能正确地完成所规定的任务。现场控制可分为 2 种：①驾驭控制，犹如驾驶员在行车过程中根据道路的路标和路况等使用方向盘和制动系统来把握行车方向和行车速度。这种控制是在活动过程中随时监控各方面情况的变动，一旦发现干扰因素介入，立即采取对策，以防执行中出现偏差。②关卡控制，它规定某项活动必须经由既定程序或达到既定水平后才能继续进行下去。整个活动可能需要达到多个既定水平，通过多道关卡。计算机技术的飞速发展极大地提高了数据的收集、传送和存储能力，信息系统的不断完善为管理决策提供了实时信息，大大缩短了控制决策的周期，这为实现现场控制提供了条件。

现场控制的成效不仅取决于控制人员的素质，还取决于计划执行人员的配合。例如，教师在授课时可根据学生的反应（如表情、提问等）及时调整自己的讲课内容，使之能符合学生的要求。只有学生及时将疑问等有关信息传递给教师，教师才能及时调整讲课内容，及时解答疑问。再如，企业生产线上每道工序只接受上道工序传来的合格产品，每道工序的不合格产品不下传、不出厂。这时，每个工人都是质检员，没有他们的通力合作，只靠专职质检员，则无法满足质量要求。

现场控制有助于提高员工的工作能力及自我控制能力，提高现场工作效率，减少相应的工作浪费。但是它容易受管理者的工作作风、领导能力、业务水平和时间等因素的制约，因为管理者不能时时事事都进行现场控制，只能偶尔或在关键项目上使用这种控制方式。现场控制的应用范围较窄，一般来说，对于便于计量的工作较易进行现场控制，而对一些难以计量的工作，就很难进行现场控制。现场控制容易造成情绪上的对立，伤害被控制者的工作积极性。

3. 反馈控制

反馈控制是指在活动完成之后，通过对已产生的工作结果或行为进行测定而发现偏差和纠正偏差，或者是在内外部环境条件已经发生重大变化导致原定标准和目标脱离现实时，采取措施调整计划的控制。它根据过去的情况来指导现在和将来。反馈控制又称事后控制或产出控制，其控制重心放在组织的产出结果上，尤其是最终产品和服务的质量上。反馈控制通过对已形成的结果进行测量、比较和分析，发现偏差情况，依此采取措施，以便于纠正组织今后的活动，并将它作为未来行为的基础。例如，企业发现不合格产品后追究当事人的责任且制定防范再次出现质量事故的新规章，发现产品销路不畅而相应做出减产、转产或加强促销的决定，以及学校对违纪学生进行处罚等，都属于反馈控制。反馈控制并不是最好的控制，但它目前仍被广泛地使用，这是因为有许多工作现在还没有有效的预测方法。反馈控制的目的是总结经验教训，为未来的计划制订和活动安排提供借鉴。在组织中，应用最广泛的反馈控制方法有财务报告分析、标准成本分析、质量控制分析和工作人员成绩评定等。

反馈控制的优点是有助于总结经验教训，了解工作失误的原因，为进一步实施计划创造条件，形成良性循环，提高工作效率，为奖惩提供依据。反馈控制的一个致命弱点是滞后性，只能起到“亡羊补牢”的作用，很容易贻误时机，增加控制的难度。

反馈控制可在如下 3 个方面发挥作用：①在周期性重复活动中，可以避免下一次活动发生类似的问题。②可以消除偏差对后续活动过程的影响，如产品在出厂前进行最终的质量检验，剔除不合格产品，避免这些产品流入市场后对品牌信誉和顾客使用造成不利的影响。人们可以总结经验教训，了解工作失误的原因，为下一轮工作的正确开展提供依据。③反馈控制可以提供员工奖惩的依据。

（三）按采用的手段划分

按采用的手段，可以把控制分为直接控制和间接控制 2 种类型。

1. 直接控制

直接控制也称预防性控制，它是着眼于培养更好的管理者，使他们能熟练地应用管理的概念、技术和原理，能以系统的观点来进行和改进管理工作，从而防止出现因管理不到位而造成的不良后果。直接控制是指管理者通过行政命令的手段对被控制对象直接进行控制的形式。实现直接控制的关键是对控制者的精心选择和有针对性的培养。因为工作能力强和综合素质高的控制者在控制过程中将会不犯错误或少犯错误，控制效果将是高质量的。

直接控制是建立在如下假设基础之上的：合格的管理者所犯的错误最少；管理工作的成效是可以计量的；在计量管理工作成效时，管理的概念、原理和方法是一些有用的判断标准；管理的基本原理的应用情况是可以评价的。

直接控制的优点是：在对个人分配任务时能有较大的准确性；为使管理者合格，对他们不断地进行评价，必定会揭露他们在工作中存在的缺点，并为消除这些缺点进行专门训练提供依据；可以使管理者主动地采取纠偏措施并使其更加有效；可以获得良好的心理效果；由于提高了管理者的素质，减少了偏差的产生，也就有可能减轻间接控制造成的负担，节约经费开支。

采用直接控制是有条件的，管理者必须对管理的原理、方法、职能，以及管理的哲理有充分的理解。这就需要管理者采取各种途径进行学习，不断提高自己的管理水平。

2. 间接控制

管理的间接控制是相对于直接控制而言的，它是着眼于发现工作偏差，分析偏差产生的原因，并追究个人责任使之改进未来工作的一种控制。间接控制是控制者与被控制对象之间并不直接接触，而是通过中间手段进行控制的形式，如评优、升降职务、税收、奖励和惩罚等措施。间接控制是以合格的管理者差错最少为指导思想，通过控制管理者的素质来控制组织活动。所谓合格的管理者，就是能正确地运用管理的原理、方式、方法和技巧来进行工作的管理者。这样的管理者才能及时地察觉问题，采取合理的纠偏措施，实施有效的控制。间接控制以人们常常会犯的错误，或者常常没有觉察到的将要出现的问题，因而未能及时采取适当的纠正或预防措施等事实为依据。在实际工作中，管理者往往根据计划和标准，对比或考核实际的结果，研究造成偏差的原因和责任，然后才去纠正偏差。

在工作中出现问题、产生偏差的原因是很多的，由存在的未知的不可控因素而造成的失误是难免的。另外，因管理者缺乏知识、经验和判断力等，也会使工做出现问题。对于由不可控因素造成的工作失误，间接控制也不起作用。但对于由于管理者主观原因造成的管理上的失误和工作上的偏差，间接控制则可帮助管理者对其加以纠正。同时，间接控制可以帮助管理者总结、吸取经验教训，增加经验、知识，提高判断能力和管理水平，减少管理工作中的失误。

间接控制也存在许多缺点，最明显的缺点是当出现偏差造成损失后才采取措施。因此，它的费用支出是比较大的。

间接控制是建立在若干假设基础之上的：①工作成绩是可以计量的；②人们对工作成绩具有个人责任感；③追查偏差的时间是有保证的；④出现的偏差可以预料并能及时发现；⑤有关部门或人员将采取纠正措施。但这些假设在实际工作当中有时是不能成立的：工作成绩的大小和对责任的重视程度有时是难以精确计量或准确评价的，而且二者之间可能关系不大或根本无关；有时管理者可能不愿意花费更多的时间去调查、分析偏差产生的原因；有的偏差并不能被预先估计或及时发现。因此，间接控制有很大的局限性，还不是普遍使用的控制方法。

（四）按控制力量的来源划分

按控制力量的来源，可以把控制分为 3 种类型，即正式组织控制、群体控制和自我控制。

1. 正式组织控制

正式组织控制是由管理者设计和建立的机构或规定来进行控制，如规划、预算和审计部门等都是正式组织控制的典型例子。组织通过规划指导组织成员的活动，通过预算来控制消费，通过审计来检查各部门或各成员是否按照规定进行活动，并提出具体更正措施和建议意见，对违反规定或操作规程者给予处理等，都属于正式组织控制。正式组织控制是确保组织生存、发展和获利的重要手段。

在多数组织中，普遍实行的正式组织控制的内容包括：实施标准化，包括制定统一的规章、制度，制定标准、工作程序，以及制订生产作业计划等；保护组织的财产不受侵犯，如防止盗窃、浪费等，还包括设备使用的记录、审计作业程序，以及责任的分配等；质量的标准化，包括产品的质量及服务的质量，主要采取的措施有：对职工进行培训、工作检查、质量控制，以及激励政策等；防止滥用权力，这可以通过制定明确的权责制度、工作说明、指导性政策、规划，以及严格的财务制度来完成；对员工的工作进行指导和考核，这可以通过评价系统、产品报告、直接观察和指导等方式来完成。

2. 群体控制

群体控制基于非正式组织成员的价值观念和行为准则，它是由非正式组织发展和维持的。非正式组织有自己的一套行为规范，虽然这些规范往往没有明文规定，但对其成员却有很大的约束力和控制力。组织内部成员都十分清楚这些规范的内容，都知道自己遵守这些规范就会得到本组织其他成员的认可，强化自己在非正式组织中的地位。群体控制可能有助于达成组织目标，也可能给组织带来危害，关键在于能否对其加以正确引导。群体控制在某种程度上可以左右员工的行为，如果处理得好，有利于组织目标的实现；如果处理得不好，会给组织带来很大的危害。

3. 自我控制

自我控制是个人有意识地按某一行为规范进行活动。例如，员工不愿意拿回扣，不单是因为他怕被处分，可能是因为他具有廉洁的品质、较高的层次需求。自我控制的成本低，效果好；但它要求上级对下级充分的信任和授权，还要把个人绩效与奖惩、薪酬和升职联系起来；要求组织成员具有良好的素质，顾全大局。自我控制的能力取决于个人本身的素质。具有较高层次需求的人比具有较低层次需求的人具有更强的自我控制能力。

（五）按问题的重要性和影响程度划分

按问题的重要性和影响程度，可以把控制分为任务控制、绩效控制和战略控制 3 种类型。

1. 任务控制

任务控制又称业务控制，是针对基层生产作业和其他业务活动而直接进行的控制。任务控制多采用负馈控制法，其目的是确保有关人员或机构按既定的质量、数量、期限和成本标准完成所承担的工作任务。

2. 绩效控制

绩效是指那些经过考评的工作行为、表现及其结果。对企业来说，绩效就是任务在数量、质量、时间、成本和效率等方面的完成情况；对员工个人来说，绩效就是上级、同事和他人对自己状况的评价。绩效控制是针对组织、部门及员工个人等各个层级的绩效进行控制，其目的是提升绩效，从而增强组织的竞争优势。绩效控制属于绩效管理范畴。

所谓绩效管理，是一种包括财务、客户、流程和学习发展 4 个或更多维度在内的管理，由这些维度推导并分解出一定的绩效指标，利用这些指标数据来检测企业的经营活动状况，以此考评各责任中心的工作成绩，控制其经营行为。绩效管理涉及绩效计划的制订、绩效实施与管理、绩效评估、绩效反馈面谈和绩效评估结果的应用等工作。

3. 战略控制

战略控制是对战略计划和目标实现程度的控制。战略控制站在更高的角度看待问题，而不像低层次的控制活动那样仅局限于纠正眼前的、内部的具体执行工作。

五、控制的基本原则

任何组织要想实现计划目标，必须有一个适宜、有效的控制系统作为保证，构造这个系统应遵循以下基本原则。

（一）反映计划要求原则

控制的目标是实现计划，控制是实现计划的保证。因此，计划越明确、全面和完整，控制系统越能反映计划，控制就越有效。控制系统和控制方法应当与计划和组织的特点相适应。因此，在设计控制系统时，每个管理者都必须紧紧围绕计划，要根据计划的特点确定控制标准、衡量方法和纠偏措施。

（二）组织适宜性原则

控制还应当反映组织结构的类型和特征。计划需要人来执行，控制也需要人来执行。组织结构决定了组织内每个人所承担的职责和分工，因此，它也就可以成为确定计划执行的职权所在和产生偏差的职责所在的依据。控制必须符合组织结构的要求。组织结构的设计明确、完善和健全，控制系统符合组织结构的职责分工，控制的效用才能得到充分发挥；否则，只能是空谈。例如，如果产品成本不按制造部门的组织结构分别进行核算和累计，每个车间主任都不知道该部门所生产产品的成本目标，那么他们就不可能知道实际成本是否合理，也就不可能对成本负责任，就更谈不上进行成本控制了。

（三）控制关键点原则

任何控制都不可能面面俱到、事无巨细、被同等对待，而是根据具体情况选择关键点实行重点控制，以取得事半功倍的效果。控制的过程可以说是发现偏差和纠正偏差的过程。在控制过程中，不仅要注意偏差，还要注意出现偏差的具体事项。在工作中，人们不可能控制所有的事项，而只能针对关键事项，且仅当这些关键事项的偏差超过了一定限度，足以影响目标的实现时才予以控制纠正。事实证明，想要完全控制工作或活动的全过程几乎是不可能的，也是不现实的。因此，应抓住活动过程中的关键点进行局部和重点控制，这就是所谓的关键点原则。选择关键点，除了要有丰富的经验、敏锐的洞察力和决策能力外，还可以借助有关方法。例如，美国的北极星导弹研制工程和杜邦化工厂的建造，就是运用了计划评审技术使工期大大缩短。

控制作为一种管理职能，它为组织目标服务。良好的控制必须有明确的目标，不能为了控制而控制。无论什么性质的工作往往都有多个目标，但总有几个是最关键的。管理者要在这众多的目标中，选择出关键的、反映工作本质的和需要控制的目标加以控制。

（四）例外原则

有效的控制不仅要对关键点进行控制，还要对超出一般情况的特殊点给予足够的关注，这可以使管理者把有限的精力集中在真正需要引起注意和重视的问题上。例如，质量控制中就广泛地运用例外原则。工序质量是反映生产过程是否稳定的指标，如果影响产品质量的主要因素（如原材料、工具、设备和操作工人等）没有发生明显变化，那么产品质量也就不会产生很大差异，这时可以认为生产过程是稳定的，或者说工序质量处于控制状态。不过，例外并不能仅仅根据偏差的大小来确定，还要考虑客观的实际情况。在同一个组织中，对于不同类别的工作，一定限度的偏差所反映的事态的严重程度并不一样。如果生产过程出现违反规律性的异常状态时，就表明某些因素可能有问题，应立即查明原因，采取措施使之稳定。

需要指出的是，仅仅注意例外情况是不够的，它们也要被区别对待。有些例外情况，如利润的下降、产品废品率的上升和市场投诉的增加等必须引起重视；而像出现 6 月员工“节约奖”超出预算 20%、春节期间福利费用超出预算 15% 等情况，则不必紧张。另外，控制关键点原则和例外原则应结合起来运用，二者虽有共同之处，但区别在于前者强调选择控制点，后者则强调观察在这些控制点上的异常变化。管理者应把更多的注意力集中在关键点例外情况的控制上。

（五）灵活性、及时性和经济性原则

灵活的控制是指控制系统能适应主、客观条件的变化，持续地发挥作用。控制工作本是变化的，其依据的标准、衡量工作所用的方法等都可能随着事情的变化而变化。如果事先制订的计划因为预见不到的情况而无法被执行，而事先设计的控制系统仍在如期运行，那将会在错误的道路上越走越远。例如，假设预算是根据一定的销售量制订的，那么，如果实际销售量远远高于或低于预测的销售量，原来的预算就变得毫无意义了，这时就要修改甚至重新制订预算，并根据新的预算制定合适的控制标准。

控制工作还必须注意及时性。信息是控制的基础，为提高控制的及时性，信息的收集和传递必须及时。如果信息的收集和传递不及时，信息处理时间过长，偏差便得不到及时纠正。更有甚者，实际情况已经发生了变化，这时采取的纠偏措施不仅不能产生积极作用，反而会带来消极的影响。

为了进行控制而支出的费用和由控制而增加的收益都直接与控制程度相关。这就是说，控制工作一定要坚持适度性的原则，以便提高经济性。所以，从经济性角度考虑，控制系统并不是越复杂越好，控制力度也不是越大越好。控制系统越复杂，控制力度越大，只意味着控制的投入越大。而且，在许多情况下，这种投入的增加并不一定会导致计划的顺利实施。

六、实施控制应注意的问题

（一）避免出现目标扭曲问题

组织在将规则程序和预算这些低层次的计划作为控制标准时，最容易产生目标与手段相置换的问题。本来，规则程序和预算只是组织实现高层次计划目标的手段，但在实际控制过程中，有关人员对这些手段的关注可能超过对实现组织目标的关注，或者忘记这些手段性措施只是为实现组织目标服务的，以致出现为遵守规则或完成预算而不顾实际控制效果的种种刻板、僵硬和扭曲的行为。控制的机能障碍也就由此产生。当人们丧失了识别组织整体目标的能力时，往往会出现“不是组织在运用控制职能，而是控制在束缚着组织”的不正常现象。因此，管理者在控制工作过程中要特别注意次一层级控制标准的从属性和服务性地位，这点对于成功、有效地实施控制至关重要。

（二）培养组织成员的自我控制能力

广大员工在生产和业务活动的第一线，是各种计划、决策的最终执行者。所以，员工进行

自我控制是提高控制有效性的根本途径。自我控制具有很多优点：

①自我控制有助于发挥员工的主动性、积极性和创造性。自我控制是指员工主动控制自己的工作活动，这是员工自愿的。这样，他们在工作中便能潜心钻研技术，对工作中出现的问题会主动设法去解决。

②自我控制可以减轻管理者的负担，减少企业控制费用的支出。

③自我控制有助于提高控制的及时性和准确性。实际工作人员可以及时、准确地掌握工作情况的第一手材料，因而能及时、准确地采取措施，纠正偏差。

当然，鼓励和引导员工进行自我控制，并不意味着员工可以放任自流。员工的工作目标必须服从于组织的整体目标，并有助于组织整体目标的实现。管理者要从整体目标的要求出发，经常检查各单位和员工的工作效果，并将其纳入企业的全面控制系统之中。

任务二　控制程序的编制

任务描述

如何控制目标的实现？

①将目标写下来→贴起来（贴到眼睛随时可以看见的地方——目标可视化）→录下来（听觉刺激）→讲出来（展示给别人，起到监督作用）；

②目标的制定要符合 SMART 法则（明确、具体、可量化、可实现和有期限）；

③拥有详细的计划；

④经常衡量目标进展，如果出现偏差马上进行纠正。

思政园地

“日事日毕，日清日高”——海尔“OEC”管理法

“OEC”管理法，即英文“Overall Every Control and Clear”的缩写，其含义是每天的工作每天完成，每天的工作要清理，且每天要有所提高。“OEC”管理法是海尔公司在管理实践中不断创新并提炼总结的企业内部管理控制体系，该体系由日清目标体系、日清控制体系和激励机制 3 部分构成。

①日清目标体系：目标体系是企业各项工作的指南和日常管理的重要依据，是管理体系中提纲挈领的部分。目标体系由集团公司（决策层）、部门及分厂（执行层）和车间（作业层）3 个层次组成。将目标体系进行逐级分解，最终细化为每个岗位、每个员工每天的工作项目和责任，并列入工作控制台账。

②日清控制体系：控制体系分为纵向（生产作业现场）控制和横向（职能管理）控制，按照问题、发生地点、发生时间、责任者、原因、问题数量、损失程度、解决措施和安全事项 9 个因素进行控制。生产作业现场日清的主要对象是质量、工艺、设备、物耗、生产计划、文明生产和劳动纪律 7 个项目。由管理者进行巡回检查，每 2 个小时将检查结果记录在相应的 7 张日清表中，同时将各项结果进行综合评价，然后填写日清栏考评意见，

将其一起公布于各车间的日清管理栏内。每个员工对照7个方面的标准和要求将自检结果填入“3E”(即每人、每天和每件事3个英文单词的第一个字母),日清工作记录卡交给班长进行考核确认。各职能管理部门按照月度目标和计划实施控制,每天将实际完成值分别与目标值、上期完成值相比较,记录在日清控制表上,同时找出薄弱的环节和存在的问题并将其列入重点控制项目,分析原因,及时向有关单位发出纠偏单。对纠偏情况进行跟踪检查,每天记录在现场日清记录表上,对临时性的工作填写工作活页,随时进行控制,纳入例行管理。日清所要解决的问题是使月度目标和工作项目处于受控状态,对出现的问题及时进行分析,提出整改措施,确定责任,严格考核。

③激励机制:管理者每天按日清实际完成值与目标值、上期完成值进行对比,或超过,或持平,或下降,分别给予A、B、C 3个等级的评价。每月全A率在95%以上,则月度考核定为A;每月全C率在60%以上,则定为C;其余为B。B为标准值(即100%的工资),A=1.5B,C=0.5B,这样就可以直接计算出该岗位的工资金额。对现场作业人员采取签发工作责任价值卷考核奖惩制度,按日清的7个工作项目责任分别规定奖罚金额。例如,发生质量问题的处罚原则是:干错1个相当于白干100个;干废1个,按材料成本的1/10处罚。每天的日清考核中,对发现问题者当场给予红卷并予以奖励;对责任者发给黄卷并予以处罚,计入“3E”卡,月终发工资时予以兑现。除此之外,还要多方面建立激励机制:一是完善用人机制,通过公开招聘、竞争上岗,充分挖掘人才;二是实行“三工并存,动态转换”的用工制度,即设置优秀员工、合格员工和试用员工3个等级,依据考核标准有升有降;三是为管理者设置海尔金奖、银奖和铜奖,为工人设置海尔希望奖、合理化建议奖、信得过班组奖和自主管理班组奖。

知识准备

尽管控制的种类很多,但其基本过程是相同的,一般包括制定控制标准、衡量工作绩效和分析偏差并予以纠正3个步骤,如图6-2所示。其中制定控制标准是基础,分析偏差并予以纠正是目的。

一、制定控制标准

简单地说,标准是衡量工作绩效的尺度。离开了标准,控制工作就无从谈起。因此,控制标准制定得合理与否是能否有效执行控制的关键。没有科学合理的标准,控制就可能流于形式。

制定控制标准是控制过程的起点。计划是控制的依据,所以制订计划就是控制过程的第一步。控制标准是控制工作得以开展的前提,是检查和衡量实际工作的依据和尺度。如果没有控制标准,就无法衡量实际工作,控制工作也就失去了目的性。目标和计划是控制的总标准,但计划相对来说比较概括,不可能对组织运行的各方面都制定出非常具体的工作标准。因此,各项业务活动实施控制还必须以总标准为依据设置更加具体的标准。计划方案的每个目标、每项活动、每项政策、每项规程和每项预算,都可以成为衡量实际业绩或预期

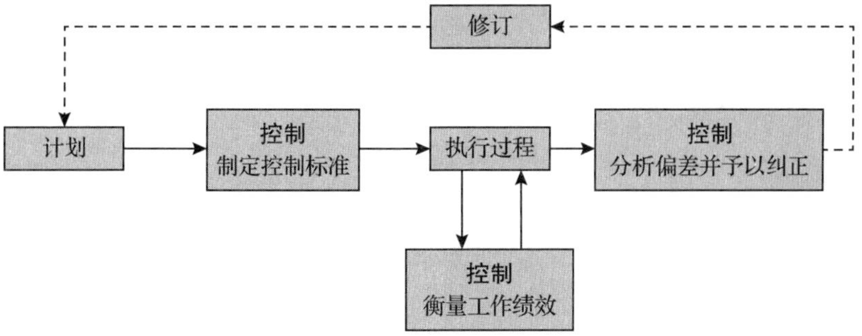

图 6-2　控制的步骤

业绩的标准。标准是一种作为模式和规范而建立起来的衡量单位或具体的尺度。对照标准，管理者可以判断绩效和成果。标准是控制的基础，离开标准，对一个人的工作或劳动成果进行评估则毫无意义。标准的类型有很多，如实物标准、成本标准、资本标准、收益标准和计划标准等。在实际工作中采用哪种类型的标准，需要根据控制对象的特点来决定。

常见的控制标准多种多样，有定量化和定性化 2 类。相比较而言，定量化的控制标准更能保证控制的准确性。在实际工作中，应尽可能地采用定量化和定性化相结合的控制标准。

1. 常用的控制标准

①质量标准：主要从定性的角度规定工作的范围、水平及质量要求，如产品等级标准、合格标准和名优产品的规定等；

②成本标准：是反映各种工作与活动所支出费用的标准，如人力资源总成本、人力资源平均成本、产品总成本、单位产品成本和质量成本等；

③数量标准：主要从量的方面规定工作和活动所应达到的水平和完成的时间，如单位工时产品数量、合格品数量和废品数量等；

④时间标准：是反映工作时间进度的各种标准，如工时、完工日期、生产周期和交货日期等。

2. 控制标准的制定过程和方法

①确定控制对象：控制需要明确控制对象。只有明确了控制对象，才能有针对性地制定控制标准。一项控制标准可能是为某一个员工、某一个部门，也可能是为整个组织制定的。

②选择关键控制点：在制定控制标准的同时，还必须明确关键控制点。所谓关键控制点，是指对计划的完成更具有影响力、控制效果最明显的因素。例如，可选择品种、产量和质量等作为生产部门的关键控制点，选择熟练度、工作态度和顾客满意度等作为服务部门的关键控制点。只有把握好关键控制点，才能分清主次，提高管理效率。

在选择关键控制点时，管理者一般应考虑如下问题：什么信息能最好地反映本组织的指标，什么信息能让我最好地确定关键的偏差，什么信息能告诉我谁对成功或失败负责，什么样的标准在控制信息的收集中更经济、易于衡量和把握等。

③制定控制标准常用的方法：主要包括统计计算法、工程方法和经验估算法。统计计算法，即利用统计方法分析各个历史时期的数据，以此为基础来为组织的未来活动制定标准。但历史与现实往往存在差距，因此用此方法制定的标准可能低于实际情况。工程方法，是指通过对工作情况进行全面、科学的分析，以获得的数据和参数为基础建立标准的方法。用这种方法

建立的标准的准确性高,但代价也较大。经验估算法,是指由经验丰富的管理者依据经验和判断来制定标准,这种方法是以上 2 种方法的补充。

3. 控制标准的制定要求

制定控制标准是控制的前提。控制标准制定得科学与否,以及水平的高低,关系到整个控制工作的有效性。

①总括性和一致性:控制标准应具有总括性的特点,不能过于繁杂,以免给衡量和鉴定工作带来麻烦;控制标准还要保持一致性。控制标准之间要相辅相成,完成一个控制标准对完成另一个控制标准有促进作用,不能相互矛盾、互相影响。

②可行性:是指制定的控制标准既不能过高,也不能过低。控制标准过高,经过努力也无法实现,会挫伤员工的积极性;控制标准过低,不经过努力就能实现,控制也就失去了本来的意义。

③稳定性:控制标准一旦制定,就要在一定的时间内保持稳定。这样一方面可以简化控制工作,另一方面也有利于保持员工工作的积极性。

二、衡量工作绩效

控制工作的第二步就是衡量工作绩效。它是按照控制标准来衡量工作实际达到标准的程度,其实也是控制当中信息反馈的过程。在制定了控制标准以后,为了确定实际工作的绩效,管理者需要收集必要的信息,考虑如何衡量和衡量什么。当工作绩效与控制标准产生差异时,就说明工做出现了偏差。偏差信息是指实际工作情况或结果与控制标准之间发生偏离程度的信息。了解和掌握偏差信息,是控制工作的重要环节。如果没有或无法得到这方面的信息,那么就无法知道是否应该采取纠偏措施以及应采取多大强度的纠偏措施,这样控制工作便无法正常地开展。信息是控制的前提和基础。衡量工作绩效包括 2 个方面的内容:①了解实际工作绩效;②比较实际工作绩效与标准,找出差异。

1. 了解实际工作绩效

了解实际工作绩效是控制过程中工作量最大的阶段。这一阶段的主要工作就是通过收集实际工作的数据和信息,全面了解和掌握工作的实际情况。掌握实际工作绩效的首要问题是了解什么和如何了解。另外,还要明确衡量的手段和方法,设置监测机构,落实进行衡量和检查的人员。

①确定衡量项目:管理者应该针对决定实际绩效好坏的重要特征项目进行衡量。

②设计衡量的方法:管理者可通过个人观察、统计报告及图表、口头报告及书面报告、抽样检查和召开会议等多种方法获取实际绩效方面的资料和信息。

③明确衡量的频率:管理者要考虑间隔多长时间衡量一次工作绩效。衡量次数过多,会增加控制成本,引起有关人员的不满;次数过少,则可能无法及时发现活动过程中出现的问题或偏差。衡量频率的确定主要取决于控制对象的特性、控制对象发生变化的时间周期和控制对象的主要影响因素,如新产品开发的控制可能需要以月为单位,而质量的控制可能要以小时或日为单位。

④确立衡量主体:衡量主体可能是员工本人、同级人员、上级主管、职能人员或者客户。衡量主体不同,控制工作的类型、效果也会有所差异。衡量主体应根据衡量项目的性质、内容和要求来确定。

2. 比较实际绩效与标准，找出差异

衡量工作绩效是以预定的控制标准为依据来进行的，偏差会有 2 种情况：正偏差和负偏差。正偏差是指实际工作绩效优于控制标准，而负偏差则是指实际工作绩效劣于控制标准。出现正偏差，表明实际工作取得了良好的绩效，应及时总结经验，肯定成绩。但正偏差如果太大也应引起注意，很有可能是控制标准定得太低，这时应对其原因进行认真分析。出现负偏差，表明实际工作绩效不理想，应迅速、准确地分析其中的原因，为纠正偏差提供依据。按照控制标准衡量实际绩效，最理想的方法是在偏差尚未出现之前就有所察觉，并采取措施加以避免。这一步工作的总体要求是收集到的信息要准确、及时、可靠和适用。

一般情况下，偏差产生的原因可归纳为 3 大类：计划或控制标准制定得不合理、组织内部因素变化和组织外部因素变化。

3. 衡量绩效时应注意的问题

在衡量实际工作绩效时应注意以下几个问题：通过衡量工作绩效，检验控制标准是否科学合理、切实可行；建立有效的信息反馈系统，使实际工作情况的信息能及时地传递给管理者，使管理者能及时地发现问题并采取有效的处理措施。

三、分析偏差并予以纠正

纠正偏差是控制过程的最后一个阶段，也是控制过程最关键的一步。任何控制行动都是针对问题及其产生的原因而采取相应的解决措施。控制措施、对策和办法的提出必须建立在对偏差原因进行正确分析的基础上。因此，纠正偏差大致可以分为 3 个步骤：①分析偏差产生的主要原因；②确定纠偏对象；③采取纠偏措施。

1. 分析偏差产生的主要原因

偏差可能是在执行任务的过程中由于工作的失误而产生的，也可能是原有计划不周全所致。必须对所产生的偏差做出及时而准确的判断。并非所有的偏差都对企业的最终结果有影响。有些偏差可能反映了计划本身和实际工作过程中的严重问题，而另一些偏差的产生则纯属偶然，不一定会对组织活动的最终结果产生重要影响。因此，在采取纠偏措施以前，一定要对反映的偏差信息进行正确的分析和判断。

2. 确定纠偏对象

在现实的管理活动中，偏差的产生可能是实际工作绩效不理想造成的，也可能是控制标准不切实际造成的。因此，需要予以纠正的可能不仅是组织的实际工作绩效，还包括指导这些活动的计划或制定的控制标准。

3. 采取纠偏措施

纠偏措施有 2 种：修订控制标准和改进实际工作绩效。

①修订控制标准：控制结果显示的偏差过大，有可能是原有计划安排不当，在控制活动中这些不当之处逐渐暴露出来；也可能是由于内外部因素的变化，使原有计划与现实状况偏离甚远；还有可能来自不合理的控制标准，如果控制标准制定得过高或过低，即使其他因素都发挥正常，也难以避免偏差的出现。不切实际的控制标准会给组织带来很大的危害，如过低的控制标准容易养成员工的懈怠情绪，而过高的控制标准会在很大程度上打击员工的士气。所以，一定要对不切实际的控制标准进行修订。

②改进实际工作绩效：如果偏差是由于组织的实际工作不理想造成的，管理者就应该采

取措施改进绩效，具体的措施包括重申规章制度，明确责任，强化激励措施，加大处罚力度，变动组织机构，调整领导班子，加强员工培训等。可以从2点分别进行考虑：①改进技术。若工作绩效达不到原定的控制标准，技术上的原因占有重要的地位。特别是在企业组织中，生产与计划的目的之一就是生产出符合社会需要的高质量的产品，因此计划工作和控制工作都要以生产为中心。生产技术往往是生产过程的重中之重，在很多情况下是产生偏差的主要原因。为此，就要采取措施，及时处理生产过程中出现的技术问题，纠正偏差，完成计划目标。②改进组织工作。控制职能是与组织职能相互影响的。在这里，组织工作的问题可以分成2种，即制订计划后，在组织实施方面的工作没有做好，没有完成预定的目标；控制阶段本身的组织体系不完善，不能对已产生的偏差加以及时的跟踪与纠正。在这2种情况下，都要进一步改进组织工作，如调整组织机构，调整责权分配关系，改进分工协作关系，调配和培训人员等。

管理专栏

别样的控制措施——共同学习错误

底特律一家名叫博根的广告公司，14年来一直实施着一项特别的控制措施，那就是在这里工作的员工如果将事情搞砸了可以获得"月失误奖"奖金，即奖励愿意在同仁面前分享错误经验的员工。

事实上，要员工在众人面前讲述自己的错误并不是一件容易的事情。起先，该公司CEO博根先生连哄带骗地让资深员工在每月的大会上进行示范。如今，每月的大会上都会有3名员工自愿分享错误经验，然后由60名员工选出最有价值的错误，并颁发50美元作为奖励。要知道如果员工不说出来，相同的错误可能会在组织内重复发生无数次。

在纠偏措施的选择和实施过程中，管理者需要注意以下几点问题：

①保持纠偏方案的双重优化：纠正偏差可以采取多种不同的措施，所有措施的实施成本都应小于不采取任何措施、任由偏差发展可能给组织带来的损失，这是第一重优化；第二重优化是在第一重优化的基础上，通过对各种纠偏方案进行比较，找出其中投入最少、纠偏效果最好的方案来组织实施。

②关注原计划实施的影响：在决策和制订计划的过程中，要充分体现控制的观点和方法。由于客观环境发生了重大变化，可能会导致原计划与控制标准的局部甚至全局的否定，从而要求管理者调整组织活动的方向和内容。这时要考虑原计划实施已经消耗的资源及这些资源所造成的影响。

③消除员工对纠偏措施的疑虑：纠偏措施总会在不同程度上引起组织结构的调整和人事关系的变动，从而会使某些组织成员的利益受到影响，并对纠偏措施产生抵触情绪。因此，管理者在采取纠偏行动前，要注意组织成员对纠偏措施的不同态度，尽力消除他们的疑虑，争取更多人的理解、支持和赞同，以保证纠偏方案的顺利实施。

任务三 控制方法的应用

可以控制的因素是指控制的内容和管理控制工作的着力点，也就是控制的对象，在工商企业中可分为人员、财务、作业、信息和组织的总体绩效 5 个方面。

任务描述

开学初制订一项工作计划，在计划实施过程中，阶段性填写表 6-1，以便控制任务完成的情况。

表 6-1 完成工作进度检查表

任务名称：

序号	计划步骤	完成标准	检查时间	检查结果	完成经验	未完成原因	备注
1							
2							
3							
4							

知识准备

一、控制系统设计的基本方法

任何组织要想有效地实现自己的目标，合适的控制系统是不可或缺的。用于控制系统设计的方法主要有市场控制法、科层控制法、族群控制法和平衡计分法 4 种。

1. 市场控制法

市场控制法强调利用外部价格竞争和市场份额等市场机制进行控制。运用这种方法的组织的各分部（如事业部）被视为独立的利润中心。各分部以市场为导向来建立控制标准，实现对内部运营的控制，并且对各分部的评价也依据它们对企业总体利润的贡献度。

2. 科层控制法

科层控制法强调组织的权威。运用这种方法的组织，强调内部层级链的管控机制，强调运用规则、条例、程序、政策、行为的标准化、职务说明和预算等，来确保员工行为适当并符合绩效标准的要求。

3. 族群控制法

族群控制法强调族群内部具有凝聚力和约束力的文化因素。运用这种方法的组织，强调通过共享的价值观、规范、传统、信念，以及组织文化的其他方面来规范员工的行为。

4. 平衡计分法

平衡计分法是指将传统的财务评价和经营评价结合起来，从与企业成功经营的关键因素的相关联方面建立绩效评价指标体系，并采用这个体系对组织进行综合的管理控制。它包含财务绩效、顾客服务、内部业务流程，以及学习和成长4个主要方面，如图6-3所示。平衡计分法是一种综合的控制方法，它促使管理者将注意力集中在决定一个组织未来成功与否的关键性战略绩效指标上，有助于从更全面、更长远的视角看待组织的控制工作。

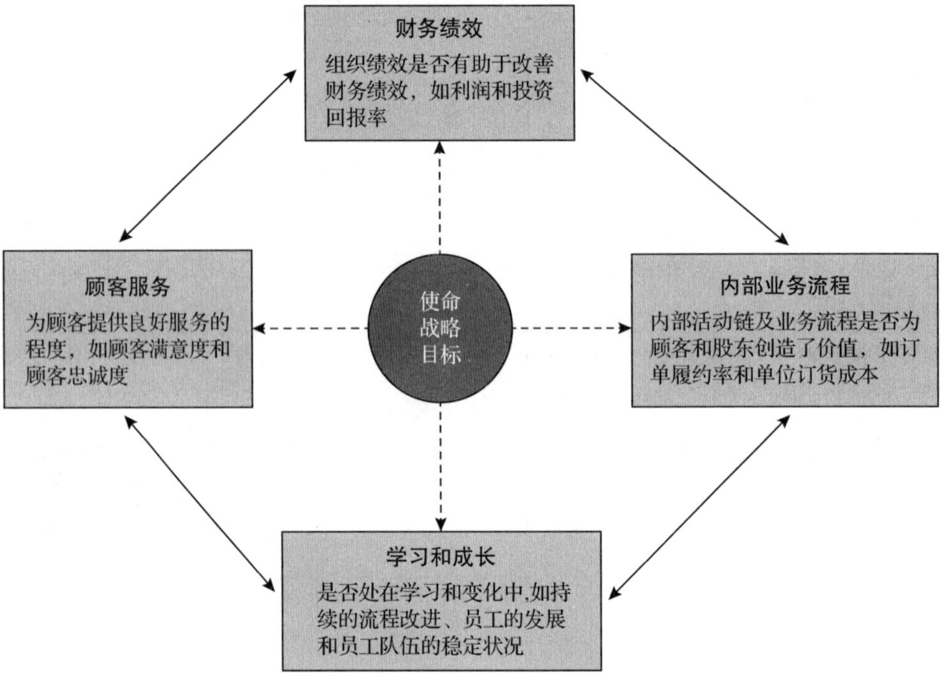

图6-3 平衡计分法

二、控制方法

（一）预算控制

预算控制是组织管理中运用最广泛、最直接的一种控制方法。预算以财务术语（如货币、收入、费用和资金等）或者非财务术语（如实物数量、直接工时、材料、实物销售量和生产量等）来表明组织的预期成果，它是用数字编制的反映组织在未来某一个时期内的综合计划，被称作"数字化"或"货币化"计划。管理者通过预算为组织的各个部门或各项活动规定了在资金、能源、劳动和原材料等方面的支出额度，把计划分解落实到组织的各个层次和各个部门中去，使管理者能清楚地了解计划将涉及的部门、人员、支出、收入，以及实物的投入量和产出量等。预算控制根据既定的收入支出标准来监督和检验组织各个部门的活动，以保证组织的各个部门在既定的支出额度内达成组织目标，实现利润的增长。预算控制的种类有很多，概括起来可以分为以下几种。

1. 收支预算控制

收支预算又称营业预算，是指组织在对某个计划期（预算期）内有关的收入和支出所进行的以货币单位表示的收入和经营费用支出的计划预算，其中收入预算应考虑可能的各方面的收入。最基本的收入是销售收入和财政拨款。收支预算反映了组织在计划期内生产经营的财务状况。

收支预算必须尽可能准确地估计各项收入的数量和时间,并努力提高预算实现的可靠性。

一般来说,组织的收入有销售收入、专利收入、租金收入和投资收益等,但组织的主要收入是销售收入。组织经营费用的支出往往比收入复杂得多。在制订收支预算时,应尽可能全面地考虑可能产生的经营费用支出,并在支出预算中预留一定的费用,以备不时之需。常见的经营费用支出有材料费、生产耗材费、人工费、旅差费、营销费、管理费、固定资产折旧费、资金筹措费和税金等。

2. 实物量预算控制

实物量预算又称非货币预算,是一种以实物的数量为计量单位表示的预算,是货币量收支预算的重要补充和认证。以货币量表示的收支预算会受到商品价格等其他经济波动的影响,常常会造成收支预算与实物的投入产出计划不一样,所以许多预算用实物单位来表示。常用的实物量预算包括原材料消耗量预算、直接工时数预算、燃料消耗量预算、固定资产用时预算、产量预算和库存预算等。普遍运用实物单位的预算有直接工时数、台数、空间占用、原材料消耗,以及产品的产量、面积、体积和质量等。

3. 投资预算控制

投资预算又称资本支出预算,它是指组织为了扩大规模或更新设备而投资于厂房、机器、设备、库存和其他一些项目的专门性的资本支出。资本支出预算通常是企业最有限制性的因素之一,而且这类预算数额大,回报周期长,因此需要慎重考虑,单独列支,并将它与组织的发展战略和长远规划密切结合起来。管理者在做资本支出预算时应考虑的问题主要包括投资时机、投资金额、融资渠道、每年的现金流量、投资回报期、投资回报率和对固定资产投资项目的预算等。

4. 负债预算控制

现代组织常常通过负债经营来保持财务收支平衡,包括向银行贷款,发行企业债券、股票,向社会集资等。负债预算是指考虑一定时期内资产、债务和资本等账户的情况,设计筹资方式、途径和数量,以及还款时间、方式和能力,防止出现“资不抵债”的情况,保持财务收支的平衡。负债经营是组织保持财务收支平衡的重要措施,它将各部门和各项目的分预算汇总在一起,表明组织的各种业务活动是否符合预先规定的标准。另外,通过负债预算,管理者可以判断组织的财务状况是否良好,是否可能产生不利的变化,从而指导事前控制。从某种意义上说,这种预算是组织中最重要的一种控制。

5. 总预算控制

总预算是一种对计划期最后一天(通常是会计期末)的财务状况的预算。它把各部门的预算集中起来,编制预算汇总表,用于公司的全面业绩控制。总预算是依据组织目标和计划编制的,它综合反映了公司的各项预算,从中可以看出销售收入、成本费用、总利润、销售利润、投资收益和投资利润率及其相互关系。总预算还要附有编制预算所必需的有关数据和资料,以及可能出现的情况分析。通过总预算,最高管理层可以了解各个部门为了实现公司的总目标而奋斗运行的具体情况。总预算能够较全面地反映组织在预算期内的资产、负债和权益状况,反映预计的经营成果,揭示组织目标的进展情况。

预算控制具有计划性、协调性和可控性等优点,作为一种典型的控制手段被广泛采用。但过分依赖预算,也会在一定程度上带来危害,主要表现在以下几个方面:

①让预算目标取代组织目标:有些管理者热衷于使所辖部门的各项工作符合预算要求,甚至忘记了自己的首要职责是保证组织目标的实现,如有时一些部门会因为没有预算而拒绝

做某些有助于实现目标的特殊工作。同时，预算还会加剧各部门间难以协调的局面，这一问题应在编制预算时加以考虑。

②预算过于详细：过于详细的预算容易抑制员工的创造力，甚至使员工产生不满或放弃积极的努力，还会为员工提供逃避责任的借口。同时，预算太细，产生的预算费用也大，这是得不偿失的。

③预算合理性降低：预算带来一种惯性，有时它会保护既得利益者。因为预算往往是根据基期的数据加以调整的，不合理的惯例或以前合理、现在已不合理的惯例会给一些人带来利益。同时，基层预算的提供者总是把预算数据抬高一点，以便让高层管理者在审批中削减预算，这样又增加了预算的不合理性。总之，不严格的预算可能成为某些无效工作的保护伞，而预算的反复审核又将加大预算编制的工作量。

④预算缺乏灵活性：在计划执行过程中，有时由于一些因素发生变化，一个刚制订的预算很快就会过时。如果在这种情况下还受预算的约束，就可能造成重大的损失。

为了克服预算控制中存在的不足，使预算控制能更加有效地实施，有必要采用可变的或灵活的预算控制方案。预算的结果常被用于制定控制标准，因此预算方法的选择非常重要。一般的预算采用固定预算的方法，而且多根据基期数据进行调整，从而带来一定的危害，这些在前面已有所提及。另外2种方法，即弹性预算和零基预算，可以在一定的程度上改善上述情形。

①弹性预算：又称可变预算，其基本思想是按固定费用（在一定范围内不随产量变化的费用）和变动费用（随产量变化而变化的费用）分别编制固定预算和变动预算，以确保预算的灵活性。在编制变动预算时，应根据具体情况研究各种费用的变动程度，以确定各种换算系数，这样更有利于预算的合理性和准确性，减少预算变动的频繁程度。

②零基预算：其基本思想是在编制预算时，不受前一年度预算水平的影响，对每项费用都予以重新核查，以目前的需求和发展趋势作为核查基准。零基预算要求每个项目的预算费用以零为基数，通过仔细分析各项费用开支的合理性，并在成本 - 效益分析的基础上确定预算。它避免了固定预算中只重视前段时期变化的倾向，迫使管理者重新审视每个计划项目及其费用开支，能充分调动员工的积极性和创造性，挣脱某些惯例的束缚，并促使员工精打细算，量力而行。但需要注意的是，零基预算的工作量很大，成本比较高，而且在费用估计时有一定的主观性。

管理专栏

预算编制的程序

预算编制的程序一般包括以下6个步骤：

①组织下属各职能部门制订本部门的预算草案，呈交给归口负责人审批；

②各归口负责人对所属部门的预算草案进行综合平衡，并制订本系统的总预算草案；

③各系统将其预算草案呈交给预算领导小组；

④预算领导小组审查各系统的预算草案，并进行综合平衡；

⑤预算领导小组与最高决策人进行磋商，拟订出整个组织的预算方案；

⑥预算领导小组将整个组织的预算方案提交给最高领导层审批之后下发至各部门执行。

（二）非预算控制

1．审计法

审计是一种常用的控制方法，它是对反映组织资金周转过程及其结果的会计记录和财务报表进行审计、鉴定，以判断其真实可靠性，从而为决策和控制提供依据。财务审计、管理审计和业务审计是审计控制的主要形式。

（1）财务审计

财务审计是指以财务活动为中心内容，以检查并核实账目、凭证、财务、债务和结算关系等客观事务为手段，以判断财务报表中所列出的综合会计事项是否正确无误、报表本身是否可以信赖为目的的控制方法。通过财务审计还可以判断财务活动是否符合国家法令和财经政策。财务审计包括外部财务审计和内部财务审计2类。

外部财务审计是指由组织外部专门的审计机构和审计人员（国家审计部门、公共审计师事务所）对本组织的财务经济往来及财务程序所做的有目的的综合审核检查。国际上有许多国家都在此方面有所规定，企业的年度财务报告必须经过持有有关合格证书的会计师审查并签署意见，说明企业所提交的财务报告是否符合和遵守国家颁发的有关会计制度。这种审计不是管理控制职能所指的“控制”，因为它不是企业内部的一种管理活动。

内部财务审计是指由本组织系统内部的财务人员对本组织的财务活动进行的有目的的综合审核检查。

外部财务审计与内部财务审计的最终目的都是保证本组织的财务报表能真实、准确地反映本组织的财务状况。

（2）管理审计

管理审计是对组织的战略目标及各项职能进行的全面审计。它不仅要关注一个组织的最终工作成效，还要关注组织内在的素质能力；它是检查和评价一个单位或部门管理工作的好坏，评价人力、物力和财力资源利用的有效性的一种重要控制手段。管理审计的内容包括组织结构的合理性、客户的满意度、研究与开发的周期、生产效率、销售能力和员工的学习成长性等方面，其目的在于通过改进管理工作来提高经济效益。

（3）业务审计

审计是一项原则性很强的工作，为了保证审计的客观公正和有效性，审计工作必须符合国家的方针政策；审计监督部门应能独立行使职权，不受任何干涉；审计工作一定要实事求是，客观地做出评价并得出结论；审计工作必须站在客观的角度，不偏不倚、公正地进行判断；审计工作应经常化、制度化；审计工作应依靠群众来开展。

将内部财务审计进行扩展就是业务审计，业务审计的范围包括财务、生产、市场和人事等方面。这种审计可以由本组织聘请外部的专家和独立的咨询机构来进行。

2．财务报表分析

财务报表分析是指以财务报表和其他资料为起点和依据，采用专门的分析方法，来判断企业的经营成果和财务状况的好坏，并分析财务状况的变动趋势及企业经营的优劣势。财务报表分析的结果是对企业的营运能力、偿债能力和盈利能力做出评价。

财务报表分析法主要有实际数字法和比率法2种。实际数字法是用财务报表中的实际数字来分析，但有时这种绝对数字因为可比性的问题，不能准确地反映企业在不同时期或不同企业的实际水平。比率法是求出实际数字的各种比率后再进行分析，因为是用相对数字进行分析，体现了对比的科学准确性，比较常用。

(1)企业营运能力分析指标

企业的生产经营活动从货币资金开始，用货币资金购买原材料、支付工资和管理费用，通过生产过程制造产品，产品销售后再转换为货币资金或应收账款。这一过程循环往复，就形成了资金的周转过程。资金周转过程越快，带来的盈利越多，说明企业的营运能力越强。常用的企业营运能力分析指标有应收账款周转率、存货周转率和总资产周转率等。

①应收账款周转率：反映企业应收账款转变为现金的速度。计算公式：应收账款周转率 = 赊销收入净额 / 平均应收账款 ×100%。

②存货周转率：反映企业的销售能力和存货是否适当。周转率过低，说明存货过多，销售能力不足。计算公式：存货周转率 = 销售收入 / 平均存货 ×100%。

③总资产周转率：反映全部资产的流动速度与营运效率。计算公式：总资产周转率 = 销售收入 / 资产总额 ×100%。

(2)企业偿债能力分析指标

企业对债务负有还本付息的责任。企业债务按偿还期限可以分为长期借款、应付债券等长期负债和短期借款、应付票据、应付账款、应付工资、应交税金、应付利润及预提费用等流动负债。常用的偿债能力分析指标有流动比率、速动比率和资产负债率等。

①流动比率：是衡量企业流动资产通过兑现偿还流动负债的能力的指标。一般来说，流动比率越高，偿债能力越强。计算公式：流动比率 = 流动资产 / 流动负债 ×100%。

②速动比率：是反映流动资产中可以立即用于偿还流动负债的能力的指标。速动比率越高，企业迅速偿债的能力越强。计算公式：速动比率 = 速动资产 / 流动负债 ×100%，速动资产 = 流动资产 - 存货。

③资产负债率：是反映企业利用债权人提供的资金进行经营活动的能力的指标，同时也可以反映债权人发放贷款的安全程度。计算公式：资产负债率 = 负债总额 / 资产总额 ×100%。

(3)企业盈利能力分析指标

盈利能力是指企业运用资金获得利润的能力。常用的盈利能力分析指标有销售净利润率、资产净利润率、净资产收益率(ROE)和成本费用利润率等。

①销售净利润率：用于反映单位销售收入带来的净利润的数额，体现销售收入的收益水平。计算公式：销售净利润率 =(净利润 ÷ 销售收入)×100%。

②资产净利润率：用于衡量企业运用全部资产获取利润的能力。计算公式：资产净利润率 =(净利润 ÷ 平均资产总额)×100%，平均资产总额 =(期初资产总额 + 期末资产总额)÷2。

③净资产收益率：体现股东权益的收益水平，用于衡量公司运用自有资本的效率。计算公式：净资产收益率 =(净利润 ÷ 平均净资产)×100%，平均净资产 =(期初净资产 + 期末净资产)÷2。

④成本费用利润率：用于反映企业的投入 - 产出水平，即每付出一元成本费用可获得的利润。计算公式：成本费用利润率 =(利润总额 ÷ 成本费用总额)×100%，成本费用总额 = 营业成本 + 营业税金及附加 + 销售费用 + 管理费用 + 财务费用。

3. 作业控制

作业控制是为了保证各项作业计划的全面完成而做的一系列管理工作，即衡量作业计划的实际执行情况,将其与控制标准进行比对,发现偏差并分析偏差产生的原因,采取一定的措施纠正偏差,以保证作业计划的顺利实施。一般来说,作业控制主要包括成本控制、质量控制和采购库存控制等。

(1)成本控制

成本控制是在对系统的所有工作进行全面、详细的分析后,层层分解成本指标,以其作为衡量控制标准的过程。也就是说,通过监控成本形成的过程来控制成本,从而增加企业的竞争优势,确保组织在预定成本下获得预期的目标利润。现行的成本控制方法主要有损益平衡分析法和降低成本法 2 种。

损益平衡分析法是通过寻找损益平衡点来确定保本销售量的方法;降低成本法是通过降低采购成本、生命周期成本,通过规模经济、减少浪费等手段来实现成本控制的方法。应具体情况具体分析,如管理者在选择机器设备时,不能简单地考虑机器设备的直接拥有成本(价格、关税和运输费用等),而是应该考虑它的生命周期的全部成本(不仅包括直接拥有成本,还包括燃料消耗费、保养维护费、故障检修费和保险费等)。

(2)质量控制

质量是企业的生命,质量控制历来是各个组织管理控制的重点。质量控制是指管理者通过监控质量的全过程,以确保产品质量符合既定的标准。质量控制经历了事后检验、统计抽样检验和全面质量管理 3 个阶段。

事后检验是在产品已经完成后进行的终端检查,只能防止不合格品出厂,对已经造成的损失无法挽回,而且还可能有“漏网之鱼”,对一些需要进行破坏性检验的产品更是束手无策。

统计抽样检验将质量控制的重点从生产过程的终端移到生产过程的每道工序,通过随机抽样检验,将其数据用统计分析方法制作成各种“控制图”,由此来分析、判断各道工序的工作质量,从而防止大批不合格产品的产生,减少大量的损失,但是其质量控制的重点仍然停留在具体的产品生产过程上。

全面质量管理是由美国管理专家戴明最先提出的,它是指为保证产品质量符合规定标准和满足用户的使用要求,企业需要在产品设计、试制、生产制造直至使用的全过程中,将全员参与、事后检验和预先控制相结合,从产品赖以形成的工作质量到最终产品的质量,控制影响质量的每个环节,全方位抓好质量管理。全面质量管理突破了事后检验和统计抽样检验的局限性,贯穿于组织的整个价值流程。

随着国际竞争的加剧和顾客期望值的提升,许多企业都采用全面质量管理的方法来控制质量,把质量观念渗透到每一个组织成员和组织的每一项活动中,以实现质量的持续改进和自身竞争优势的不断增加。全面质量管理有 4 个主要的特征:

①全过程的质量管理:质量管理不仅是生产过程的管理控制,还应“始于市场,终于市场”。从产品设计开始,直至产品进入市场,以及售后服务等,质量管理都应贯穿其中。

②全企业的质量管理:质量管理不仅是质量管理部门的事情,它和全企业的每一个部门都息息相关。产品质量是做出来的,不是检验出来的,因此每项工作都与质量密切相关。

③全员的质量管理:每个部门成员的工作质量决定了每个部门的工作质量,所以每个部门成员都要保证工作质量。为此,由组织成员成立了很多质量小组,专门研究所在部门或工段的质量问题。

④全面、科学的质量管理方法:全面质量管理采用的方法是全面、科学的,它以统计分析

方法为基础,综合应用各种质量管理方法。全面质量管理提出了“一切为了顾客,一切以预防为主,一切凭数据说话,一切按PDCA工作步骤循环进行”的口号。尤其值得一提的是,这里说的“顾客”,不仅是产品或服务的购买者,还包括“公共顾客”,即与企业有关的周边环境、社会公众,企业的各类中间商,还有生产过程中的下道工序等。PDCA循环也称戴明循环,整个质量管理体系按照其顺序循环运行,大环套小环,一环扣一环。

从质量管理的发展进程可以看出,质量控制从事后检查产品或服务,转变为控制工作质量,即从间接控制发展为直接控制,变事后控制为事先控制及现场控制;控制重点越来越靠前,控制方法越来越科学,控制范围越来越全面,而且形成了完整系统的质量保证体系,即包括实施质量管理所需的组织结构、程序、过程和资源的质量保证体系。

随着科学技术的进步和社会生产力的发展,产品的种类越来越多,越来越多的使用者无法判断产品的质量和性能。另外,国际贸易迅速发展,采购方要求得到质量保证的渴望也越来越强烈。所以,质量管理不仅是每个组织内部的要求,而且还已延伸到组织外部,大家都希望在质量管理方面有共同的语言、统一的认识和共同的规范。与此同时,由于质量管理的发展,特别是全面质量管理的广泛应用,世界各国都积累了丰富的经验。因此,国际标准化组织在全面分析、研究和总结的基础上,制定发布了ISO 9000系列标准。总的来说,全面质量管理需要组织各个层次员工的积极参与和组织的长期投入,以便能持续地提高产品质量,达到满足甚至超过顾客期望的目的。全面质量管理需要对顾客的需求进行分析,评估组织当前能满足顾客需求的程度,以便制订缩短现实与期望差距的计划。人员培训与开发对于实施全面质量管理是至关重要的,对质量的不断改进需要一个称之为“学习型组织”的环境。

(3)采购库存控制

思政园地

京东:智慧采购库存管理,体现企业责任担当

京东作为物流与电商行业的龙头企业,在采购库存控制方面表现卓越。京东利用大数据与人工智能技术,精准地预测用户的商品需求。它通过对海量用户数据的深度分析,包括消费习惯、地域差异、季节变化等因素,构建需求模型,使采购计划高度贴合市场的实际需求。

在库存管理上,京东推行智能仓储系统,实现货物的高效存储与快速调配。例如,在“618”等商品大促期间,既能保障消费者下单后快速收到货物,又能避免库存的积压。这一举措体现了企业的责任担当。从思政角度看,京东积极响应国家的创新驱动发展战略,以科技提升运营效率,降低资源浪费,为行业树立绿色、高效发展的典范,展现了龙头企业在推动经济健康发展、服务社会大众中的引领作用与使命意识。

一般来说,库存是指为了满足未来需要而暂时闲置的资源,人、财、物和信息等各方面的资源都有库存问题。企业的生产要正常连续地进行,供应流不能断,这就需要一定的库存。但库存过多或过少都会给企业带来不利的影响:库存过多,不仅占用生产面积,还会产生占用大量的流动资金、保管费用上升、资金周转减慢和材料腐烂变质等问题,造成极大的浪费;库存过少,又容易造成生产过程因停工待料而中断,生产成品因储备不足而造成脱销损失等问题。

因此，库存控制的目标不是增加库存，而是在保证一定服务水平的基础上，不断降低库存。

库存控制主要解决哪些物资需要库存，合理的库存量是多少，每隔多长时间检查一次库存量，何时提出补充订货，以及每次订多少货等问题。

①库存什么：企业生产所需的物资材料的种类成千上万，甚至几十万种，如果每种物资的控制方法都一样，“胡子眉毛一把抓”，将得不偿失。企业生产所需物资应根据数量和资金占用等情况分别对待，常用的方法是ABC分类法。ABC分类法是根据“20/80”原则（20%的关键因素决定80%的成果）制定的，它是一种重点管理法，其基本思想是少量的因素带来大量的结果。也就是说，少数的关键因素起了决定性作用，抓住关键因素就可以事半功倍。ABC分类法将企业的物资按其资金占用比例进行排列，分为A、B、C 3类。A类资金占用比例很大（65%~80%），但品种较少（15%~20%）；C类则相反，品种较多（40%~55%），但资金占用比例很小（5%~15%）；B类介于二者之间。通过分类，对各类物资实行不同的管理。

A类物资品种少，但资金占用比例大，是库存控制的重点，应严格控制其库存量，严格进行盘点，设立最完整、最精确的记录，具有最高的作业优先权；应精确地确定订货点和订货量，以加速资金周转；密切追踪，从而将库存量压缩到最低水平。

B类物资介于A类物资和C类物资之间。对该类物资施以正常的控制，每隔一段固定的时间检查一次库存量并进行准确记录，可按经济批量订货，根据具体情况采取适当的管理方式。只有在特殊的情况下，才给予B类物资较高的作业优先权。

C类物资品种多，但资金占用比例小。该类物资可适当延长采购间隔期，简化管理，如设立简单的记录，可通过半年一次或一年一次的盘存来补充库存量，其作业优先权最低。

②库存量控制：要考虑总体采购资金、服务质量等因素。对库存进行优化的目的就是在保证一定服务水平的基础上，使库存总费用最小。库存量的控制取决于是控制采购间隔期，还是控制采购批量。前者是先确定采购间隔期，根据采购间隔期来确定期间的使用量，然后在订货日根据现有库存量确定采购批量；后者则是先确定采购批量，然后确定订货时间和订货点量，如果库存量等于订货点量，则发出订货。企业可控制采购间隔期或是采购批量来满足需要，也可设定一个订货点量来控制库存量，当库存量低于订货点量时就需要再次订货。例如，经济订货批量模型通过确定最佳订货批量，使订货费用和保存成本之和最小。

定期订货是以时间作为库存控制的决定因素。一般来说，它是按照一个既定的时间间隔（每月、每季度或每年）来进行订货。在订货之前，对现有库存量进行统计，并与期望水平库存量进行比对，计算出差值，以差值作为每次的订货量，通过补充订货使库存量恢复到期望水平。定量订货是以库存量作为库存控制的决定因素。它需要先确定一个合理的安全库存量水平，一旦实际库存量抵达这一水平就需要进行补充订货。

③准时生产：虽然库存被认为是必需的，但库存问题给许多企业带来了极大的烦恼。有统计数据表明，许多公司60%~80%的流动资金被压在库存上，企业千方百计地想降低库存。其中，日本丰田汽车公司的准时生产在这方面做出了良好的成绩。准时生产又称为“无库存生产方式”“零库存”。它是一种新的生产方式，它的目标是在需要的时间和地点，生产绝对必要的数量和完美质量的产品。为此，要彻底消除生产过程中的无效劳动和浪费，实现零废品、零库存和零准备时间。这里的“零”，并不是真正意义上的零，而是无限小，永远达不到，但永远有一个努力的目标。这样，企业不断降低库存量，不断发现问题，不断解决问题，形成良性循环，不断提高生产率。

按需生产是组织生产过程的基本出发点，准时性是组织生产过程的基本要求。可采用“拉动式”的“看板管理”在大量重复性生产中控制生产进度，使之达到准时生产的目的。“拉动式”生产方式根据市场需求制订生产计划，只对最后的生产工序的工作中心发出指令，最后的生产工序的工作中心根据需要向它的前一道生产工序的工作中心发出指令，这样按反工艺顺序逐级“拉动”。在生产现场，其“拉动”靠“看板”来实现，每一张看板都代表一定的数量，很容易计算和检查。它实际上是将库存放在现场，由看板数量确定各零配件的库存量，每当生产运行平稳后，就减少一些看板数量，使生产中的一些问题暴露出来，从而采取措施加以改进。

技能训练

制订目标管理方案

1. 技能培养目标

①增强对目标管理的感性认识；

②掌握目标管理的实施要领。

2. 管理情境设计

学生自愿分组，每组6人。每组选定一个经营项目与规模大体相当的企业，通过调研了解企业的基本情况，并为企业制订下一季度的目标管理方案。

3. 实训要求

① 应进行必要的调查研究，正确地确定目标项目与标准，使其具有可操作性；

②方案必须充分体现目标管理的特点与要求，有完整的结构；

③每个人都要起草一份目标管理方案，在组内进行交流并评分；

④经过优选和完善，每组确定一份公司的目标管理方案；

⑤班级组织一次交流，介绍、分析与评价各公司的目标管理方案。

项目七　创　新

管理名言

重要的是创新。别的都不重要，创新就是一切！

——毕加索

知识目标

◆ 了解创新的含义、本质、内容与方法；
◆ 掌握管理创新的概念与内容；
◆ 理解技术创新的概念、内容及技术创新战略的选择。

技能目标

◆ 培养创新思维；
◆ 能够运用创新原理，开展实践性的创新活动。

思政目标

◆ 培养开拓创新的品格；
◆ 树立热爱祖国、勇于创新的家国情怀。

任务一　创新认知

创新是管理的重要职能，更是企业进步的根本途径。企业这种现代经济组织形式，从诞生之日起就没有停止过创新。正是由于不断创新，一批巨型企业雄霸市场，一批科技先导型企业独领风骚，一批企业常胜不败，一批企业充满生机和活力。一个企业的发展史，必然也是一部创新史。这种创新，既可能表现在企业成立之初就以崭新的理念和经营风格走向成熟，又可能表现在发展过程中以不断创新跟上时代前进的步伐；既可能是在企业跌入困境时通过创新转危为安，又可能是在企业成功之后继续创新寻求新的发展。世界企业发展的历史充分表明，创新是企业生命力的源泉。

思政园地

孙红梅：给飞机“心脏”做手术

航空发动机是飞机的心脏，对飞机发动机进行维修就是在心脏上做手术。“大国工匠”孙红梅就是这个“主刀医师”。航空发动机维修是世界机械维修中难度最高的技术之一。2013年，一批某型军用飞机发动机机匣损坏，国内没有成功修复这种机匣的案例。如果无法修复，将意味着30多架飞机变为废铁。孙红梅主动请缨维修这批机匣。机匣的内部构造就像俄罗斯套娃，一层又一层，故障点多发生在腔内，查找困难。孙红梅在机匣外壳上切割出半个手掌大小的窗口，通过仿真建模和封闭检测搞清内部结构，查找故障点，而这个窗口不能开大，否则就会引发机匣变形，机匣只能报废。有些故障点在切口的视线盲区，微型焊枪也无法准确完成焊接。

孙红梅通过镜子反射找寻死角焊点，实现精准仰焊，这一道工序后来被命名为"镜面反光仰焊法"。她成功解决了这款机匣死角故障的修复难题。最后的关键，就是把打开的窗口复原。通过精确的工艺参数，她把修复的变形误差控制在0.003 mm。产品修复精度不断提升，再一次实现了技术的跨越。修复后的机匣，从性能到使用寿命，与原配件没有任何差别。

想要在岗位中有所创新，需要做有心人，有迎难而上的勇气，不怕失败，同时要具有扎实的专业基础；不故步自封，要有突破的勇气，还要具有执着的精神和严谨的工作作风。在生活、工作中多听、多看，不断发现问题，试着解决问题，以提升自己的创新设计能力。大众创业、万众创新已经成为现实。创新思维不是经过一两次训练就能达到预期效果的，在学习、工作中要不断养成勤于思考、勇于创新的习惯。

任务描述

圆球传送

1. 任务规则

①将所有的人分成3组，每个小组约20人，分别配有1、2、3号球。

②将球按1、2、3号的顺序从发起者手里发出，最后按此顺序回到发起者手里。在球传送的过程中，每一个人都必须触及球，所用时间最少的小组获胜。

③球掉在地上一次额外加10秒时间。

2. 传送过程

①任务开始时，3组人一般会不约而同地围成3个圈，一个接一个地传送球，记下3组的成绩。

②组织者提出挑战："有没有更好的办法让时间变得更短些？这个任务的最好成绩为8秒。"（参考思路：把手围成一个圆筒状，让3个球分别从上面滑下。还有更快的方法吗？组织者要不断启发组员去思考新的方法。）

3. 点评

通过不断地创新，最快的小组用时居然不到1秒！通过这个任务让组员感受到：当每一件看似不可能成功的事情摆到面前时，"不可能"的心理定式使每个人都会想到放弃。事情只有做了才能成功，但最终的成功不是取决于你做了什么，而是取决于你怎样去做。发挥团队智慧，集合团队的创意，一件不可能完成的事情奇迹般地完成了，这就是团队的力量！思维可以指导人们的行动，同时也会约束人们的行动。要想成功，唯有敢于突破自己的思维。

对企业而言，为员工建立一种启发创造性和“冲破框架”的环境条件，鼓励创新精神，从而开发突破性的解决方案与策略，可以为企业创造出更多意想不到的机会。

知识准备

一、创新的含义

美国经济学家约瑟夫·熊彼特在《经济发展理论》一书中首次提出了创新的概念。他认为，创新是对“生产要素的重新组合”，具体来说，包括以下5个方面：

①生产一种新产品，也就是生产消费者还不熟悉的产品，或是发现已有产品的一种新用途和新特性。

②采用一种新的生产方法，也就是在有关制造部门中未曾采用的方法，这种方法不一定非要建立在科学新发现的基础上，它可以采用新的商业方式来处理某种产品。

③开辟一个新的市场，就是使产品进入以前不曾进入的市场，不管这个市场以前是否存在。

④获得一种原材料或半成品的新的供给来源，不管这种来源是已经存在的，还是第一次创造出来的。

⑤实现一种新的企业组织形式，如建立一种垄断地位或打破一种垄断地位。

许多研究者也对创新进行了定义，有代表性的定义有以下几种：

①创新是开发一种新事物的过程。这一过程从发现潜在的需求开始，经历新事物技术可行性研究阶段的检验，到新事物的广泛应用为止。创新之所以被描述为一个创造性过程，是因为它产生了某种新的事物。

②创新是运用知识或相关信息创造和引进某种有用的新事物的过程。

③创新是对一个组织或相关环境的新变化的接受。

④创新是指新事物本身，具体说来就是指被相关使用部门认定的任何一种新的思想、新的实践或新的制造物。

⑤创新是新思想转化为具体行动的过程。

我国学者则认为，创新是在经济活动中引入新产品或新工艺，从而实现生产要素的重新组合，并在市场上获得成功的过程。这一定义明确了创新的界定，它是国内学者对创新这一概念所进行的比较具有代表性的概述。

结合我国企业实际情况，我们认为，创新是形成一种创造性思想并将其转化为有用产品、服务或作业方法的过程，也指富有创新力的组织能够不断地将创造性思想转变为某种有用的结果。各种各样以新的方式提高资源配置效率的活动都可称之为创新，创新行为可以表现在技术、管理和文化等方面。

二、创新的本质

创新的本质是人们充分发挥主观能动性，采用新颖、独特的方式，发现和创造新的知识、事物和方法。对创新本质的理解，有下面几种不同的角度：

①创新是一种理念：创新作为一种理念，是基于知识经济的时代背景，将知识转化在社会

生产方式和生活方式的活动过程中。这一观点提出,社会主体应不断对自身进行多方位的思考,而且社会主体之间需要多渠道的交流。创新理念针对传统理念而言,具有新颖性、独特性和开放性等特性。

②创新是一种精神:创新作为一种精神,是人类作用于自然、社会和人本身的各种主观反映,它集中体现出人的个性与社会性的统一,主要包括创新意识、创新态度、创新情感和创新意志等。

③创新是一种能力:创新作为一种能力,它的特性包括敏锐性、变通性和原则性,创新能力的发展依托于个性的充分发展。

④创新是一个过程:创新作为一个过程,需要不断探索、付出代价,是一个不断努力奋斗的过程。创新的过程是复杂的,一般要经过寻找机会、提出构想、迅速行动和忍耐坚持4个阶段。

管理专栏

创新思维

美国教育心理学家科勒斯涅克认为,创新思维是发明或发现一种新方式,用以处理某些事情或表达某种事物的思维过程。

一、创新思维的特点

1. 突破性

创新思维是在思维方法、思维形式和思维过程等方面富有独特性的思维,因此,它表现为一种思维突破:突破一般性思维的常规惯例,突破旧观念和旧的理论框架,突破科学上未知王国的层层设防等。

2. 非逻辑性

创新思维往往是在超出逻辑思维、出人意料地违反常规的情形下出现的。创新思维通常都伴随着直觉、顿悟和灵感,以及新观念的提出和问题的突破,往往经历从逻辑的中断到思维的跳跃再到思想的飞跃的过程。

3. 综合性

创新思维是多种思维形式协调活动的综合性思维,既有知觉的洞察和灵感的闪现,又有想象的驰骋和类比的启迪,更不乏演绎与归纳、发散与集中和假象与试探等。

二、创新思维的方法

1. 扩散思维和集中思维

扩散思维又称发散思维和多向思维,它是在思维过程中,充分发挥人的想象力,突破原有的思维定式,从一点向四面八方进行想象、思维,通过知识的重新组合,找出更多更新的可能答案、设想或解决办法。

集中思维又称收敛思维,它是从众多的信息中引出一个正确的答案或人们认为满意的答案,即以某个思考对象为中心,从不同的方向和不同的角度,将思维指向这个中心点,以达到解决问题的目的。集中思维能力的高低,取决于一个人的分析、综合、抽象、概括判断和推理等逻辑思维能力。

2. 逆向思维法

逆向思维法又称反向思维法，它是从常规思考解决问题的反面来探求寻找解决问题的思维方法。逆向思维法有以下3种具体方法：

①反转型逆向构思法：这是常用的典型的逆向思维法。它是指从已有事物的相反方向，通过逆向思维来引导创造发明构思的方法。通过对事物与现象的反面思考，可以获得创造发明成果。

②转换型逆向构思法：它是指当某种技术目标或技术创造课题，按习惯性思路，从一个方向上难以突破时，可以从另一个方向、角度，或者从相反方向来思考，则有可能打开新思路，获得新突破。

③缺点逆用构思法：它是指巧妙地利用缺点，化弊为利，获得创造发明成果。

三、创新的内容

（一）目标创新

企业是在一定的经济环境中从事经营活动的，特定的环境要求企业按照特定的方式提供特定的产品。当环境发生变化时，企业的生产方向、经营目标，以及企业在生产过程中与其他社会经济组织的关系就要进行相应的调整。我国的社会主义工业企业，在高度集权的经济体制背景下，必须严格按照国家的计划要求来组织内部的活动。经济体制改革以来，企业同国家和市场的关系发生了变化，企业必须通过自身的活动来谋求生存和发展。因此，在新的经济背景中，企业的目标必须调整为“通过满足社会需要来获取利润”。至于企业在各个时期的具体经营目标，则更需要适时地根据市场环境、消费需求的特点，以及变化趋势加以调整，每一次调整都是一种创新。

（二）技术创新

技术创新是企业创新的主要内容，企业技术创新贯穿于新产品、新工艺，从设想、开发、生产到消费的各个环节，它包含企业创新意识、研究开发能力、商业化生产水平和市场占有率等要素。技术水平高低是反映企业经营实力的一个重要标志，企业要在激烈的市场竞争中处于主动地位，就必须不断地进行技术创新。技术都是通过一定的物质载体和利用这些物质载体的方法来实现的。因此，企业的技术创新主要表现在要素创新、要素组合方法的创新和产品创新3个方面。

技术创新的基本思路是以市场为导向，以企业为主体，以产品为龙头，以新技术开发应用为手段，以提高企业经济效益、增强市场竞争力和培育新的经济增长点为目标，重视市场机会与技术机会的结合，通过新技术的开发应用，带动企业或整个行业生产要素的优化配置，以有限的增量带动存量资产的优化配置。

技术创新是一个以新技术思想的产生为起点，以新技术思想的首次商业化为终点的过程。因此，技术创新可以分为研究开发前期阶段和商业化后期阶段2个阶段。研究开发是产生新的技术思想和技术方法的重要源泉，商业化是将新的技术思想和技术方法转化为正常生产和销售的新产品或正常生产中使用的新工艺。技术创新又是一种能力，这种能力体现在市场机会与技术能力的结合上，是一种能够把握市场机会和技术机会，正确做出创新决策，有效实施决策并成功地将创新引入市场的能力。

管理专栏

无人驾驶汽车

比亚迪公司已经制造出了一款自动驾驶汽车，被誉为中国无人驾驶汽车的“领军者”。随着无人驾驶技术的发展，这个领域的热度也在逐渐升温。无人驾驶技术的兴起不仅意味着智能化时代的到来，更意味着社会、经济和环境等各方面的深刻变革。在社会层面，无人驾驶汽车将会带来人力资源的极大节省。人们不需要专门的司机，也不用担心交通事故和司机违章问题。同时，这也意味着汽车出行对于年龄、性别和身体健康等条件的限制将逐渐消失。无论是老年人，还是身患残疾的人，都可以自由地享受出行的便利。在经济层面，无人驾驶汽车的到来将给整个产业带来巨大的机遇和挑战。从整个汽车产业链来看，无人驾驶技术推动了整个汽车工业的智能化革命，涉及智能芯片、传感器和云计算等各个方向。同时，无人驾驶汽车脱离了人力因素的限制，可以实现全天候全程服务，在物流配送、出租车和商务差旅等领域都具有广阔的应用前景。

（三）管理创新

管理创新是企业创新系统的重要组成部分，它是指把新的管理要素，如新的管理方法、新的管理手段、新的管理模式等引入企业管理系统的一系列的创新活动，以此创造一种更有效的资源组合模式。管理创新的主要驱动力来源于3个方面：组织环境变化的要求、组织自身发展的需要和管理工作本身的要求。但实际上，管理创新并没有引起人们足够的重视。企业愿意投入资金进行技术开发，也愿意进行市场开拓，但对管理创新却在时间和财力上非常保守，对于运用管理咨询来协助企业进行改进和创新更是不以为然。这种错误的认识使不少企业付出了惨重的代价。事实上，管理创新是企业中各类创新的桥梁和纽带，没有相应的管理创新，技术等其他方面的创新就很难达到预期的效果。没有管理创新的“整合”和“优化”作用，其他创新取得的成功也很难长久。管理创新实际上是其他创新的组织保证，是组织生存、发展的客观需要。

（四）文化创新

文化创新是指将文化因素揉进管理，以形成新的价值观体系，最终达到增强企业生机活力、提升市场竞争力和市场地位、引导企业走向成功的目的的创新活动。某些企业成功的关键在于它们能够在复杂多变的市场环境中进行文化创新，激励和吸引员工，形成能够变被动行为为主动行为的价值观念和行为规范。

思政园地

唯创新者胜

在我们的日常工作中，很多情况下创新思维绝不仅是能力的问题，更主要的是担当与勇气的问题，而担当和勇气的背后则是深厚的人民情怀、强烈的历史责任感和对远大理想的坚持与执着。也就是说，创新思维有“善思”的问题，但更多时候是“敢思”和“敢为”的问题。各种各样的重大创新，必定会与旧的格局、旧的观念和惯性思维发生冲突，常常是在质疑声中诞生，在打压下成长，在困境中挣扎，在磨炼中“破茧成蝶”。即使在自然科学领域，创新思维也难免招来同行怀疑的眼光，面临研究过程的艰难困苦。当前，世界百年未有之大变局加速演进，新一轮科技革命和产业变革深入发展，国际力量对比深刻调整，我国的发展进入战略机遇和风险挑战并存、不确定难预料因素增多的时期。习近平总书记指出：“当代中国的伟大社会变革，不是简单延续我国历史文化的母版，不是简单套用马克思主义经典作家设想的模板，不是其他国家社会主义实践的再版，也不是国外现代化发展的翻版。”习近平总书记还提出：“如果我们不识变、不应变、不求变，就可能陷入战略被动，错失发展机遇，甚至错过整整一个时代。”这些论断高瞻远瞩、思想深刻，对于我们在工作中提振改革创新的勇气，提升善于思考、善于创新的能力都具有极大的鼓舞和指导作用。

企业创新是企业在竞争中不断寻求新的平衡点与发展动力的自我否定与自我超越的过程，企业文化创新对企业创新的成败起着重要的作用，因为企业的任何一项创新最先是观念创新、文化更新与再造。只有企业具备了创新型文化、学习型文化、开放型文化和兼容型文化，企业创新才能更具活力和生命力。

奥地利作家梅依林克写过一则极富哲理的寓言。有一只不怀好意的蛤蟆问一条蜈蚣：“当你向前伸出你的第一条腿的时候，你还有哪几条腿同时向前伸出？当你弯第 14 条和第 19 条腿的时候，你的第 27 条腿的脚掌在做什么？”蜈蚣开始专心思考这些问题，可是却不会走路了。作为一个创新者，千万不能做“蜈蚣式”的思考者，而应该既善于进行创新性思考，又善于有条不紊地进行创新性实践，如果掌握一些创新方法就会如虎添翼。

任务二 创新的方法

任务描述

①请从以下 3 组词中任选一组，联想一个故事：

A. 飞机、沙漠、妈妈；

B. 咖啡、青春、汽车；

C. 钢琴、蝴蝶、皱纹。

② 5 只猫 5 分钟捉了 5 只老鼠，请问多少只猫 100 分钟捉 100 只老鼠？

知识准备

一、组合法

组合法是将现有的科学技术原理、现象、产品或方法进行分析、重配，从而获得解决问题的新方法、新思路或创新出新产品、新对策的过程。这种旧元素的重组过程，就好像转动一个内部装有许多彩色碎片的万花筒，每转动一下，这些碎片就会产生新的组合，产生无穷无尽、变幻莫测的新图案。人的思维也是如此，大脑就像一个能产生无数图案的万花筒，如果你能够将旧信息不停地转动并重新排列组合，就会产生创新。例如，沙发和床组合成新产品——沙发床。

二、逆向思维法

逆向思维法是顺向思维法的对立面。逆向思维是一种反常规、反传统的思维。顺向思维的常规性、传统性往往导致人们形成思维定式，是一种从众心理的反映。因此，顺向思维往往使人们形成一种思维“框框”，阻碍人们创造力的发挥。这时如果转换一下思路，用逆向思维法来思考，就可能突破这些“框框”，取得出乎意料的成功。

天然动物园的建立就是使用逆向思维法的结果，在讨论修建动物园的会议上，人们为如何捕捉老虎、狮子这些猛兽而伤透了脑筋。一位学者提出了一个奇妙的构想：运用数学上的拓扑变换原理将笼子的内部变为外部，即把人关进笼子里而把老虎放出来，于是天然动物园就诞生了。

逆向思维的训练方法如下：

①养成反过来思考的习惯：世界上的事物都有正、反 2 个方面，人们长期的思维习惯是只看到其中的一面，使思维的过程和结果越来越雷同。大多数人都习惯于沿着事物发展的正方向思考问题并寻求解决办法。但如果对于某些问题，尤其是比较特殊的问题，从结论往回推，反过来思考，从求解回到已知条件，或许会使问题简单化。

②养成验证思考的习惯：逻辑思维本身具备灵活性和开放性的特点，经常发挥想象去思考问题、解决问题，从多个角度思考和认识事物，可以厘清事物与事物之间的联系，但单纯的思考是远远不够的，还需要人们经常去验证。

③养成总结的习惯：在执行不同的项目时，项目之间总是会有相似的地方，这就是事物的共性。不断总结之前的经验，把事情的共性和差异性找出来，将思考和验证进行完整的归纳，从而形成自己的知识块，可以有效地帮助人们解决问题。

三、类比创新法

类比就是在 2 个事物之间进行比较。这 2 个事物可以是同类的，也可以是不同类的，甚至差别很大。通过比较，找出 2 个事物的类似之处，然后据此推断出它们在其他方面的类似之处。因此，类比创新法是一种富有创造性的发明方法，它有利于发挥人们的想象力，从异中求同，从同中求异，产生新的知识，得到创新性成果。

四、联想创新法

联想创新法是依靠创新者从一个事物联想到另一个事物的心理现象来产生创意，从而进行发明或革新的一种方法。联想就必须抓住相关事物在外观、功能、结构和本质上的相似之处，由已知推导未知，获得新认识，产生新设想。联想创新法的应用范围很广，要实现成功的创新，必须拥有与创新对象相关的信息资料，抓住事物间的某种联系，进行认真思考。

管理专栏

啤酒广告

一家日本啤酒企业与一家美国啤酒企业要为一种不用开瓶器就能打开的啤酒做广告，有这样2种广告表现：日本人找了一位年轻漂亮的少女，用她纤弱的手指打开啤酒瓶盖，以表示可以毫不费力地打开啤酒，无须开瓶器。美国人则找了一位其貌不扬、衣衫褴褛的50岁左右的老年人做模特，他右手拿着啤酒，对着电视观众说："今后不必再用牙齿了！"随即咧开嘴得意地一笑。就在笑的一瞬间，人们发现原来他没有一颗门牙。这样，人们在惊奇之余，很快就强烈地感受到这种不用开瓶器就能开启的啤酒所带来的好处。美国企业的广告既形象又强烈，还能令人久久回忆，给人留下非常深刻的印象。就这样，美国企业用联想创新法为自己的企业产品进行了令消费者印象深刻的宣传。

任务三　管理创新

任务描述

手机设计与营销

1. 任务目的

让学生认识到营销创新的重要性，并学会如何进行营销创新。

2. 流程

①将学生分为4组，每组6人。

②手机已经成为人们最常用的通信工具，并在产品改进中增加了许多新的型号和功能。给各小组10分钟时间，让每个小组设计一款手机，并对设计的手机及其营销方案进行详尽的介绍，介绍内容包括名称、目标群体、成本、外形、功能、卖点、广告和预算等。

③在每个小组做完介绍之后，让大家评判出最好的小组，即以最少的成本做出最好创意的小组。

④在各小组创意的基础上，讨论是否有更好的产品和方案。

知识准备

世界经济发展的历史和国外管理理论的研究表明，当代经济的发展取决于竞争优势，决定竞争优势的主导因素是人才和科技的管理优势，而决定人才和科技管理优势的是管理创新。

一、管理创新的概念

管理创新是指创造一种新的更有效的资源整合范式，并能有效地加以实施。这种范式，既可以是新的有效整合资源以实现组织目标和责任的全过程管理，也可以是新的具体资源整合及目标制定等方面的细节管理。换句话说，管理创新就是指把新的管理要素，如新的管理方法、新的管理手段、新的管理模式等组合引入企业管理系统的一系列的创新活动，以此创造一种更有效的资源整合模式。理解这一概念需要注意以下几点：

①管理创新的对象是组织中资源运用的模式：管理创新的对象是指组织中资源运用的整体模式，或某个部门资源运用的模式，如企业制度、生产管理模式、财务管理模式、人力资源管理模式和营销管理模式等。

②管理创新的任务是寻求更有效的资源运用模式：不同的资源运用模式存在效果上的差异，资源运用效果又决定了企业的生存和发展。管理创新的任务就是通过寻求有效的资源运用模式来为企业的发展服务。

③管理创新是一个工作过程：管理创新如同其他管理活动一样，是一个管理过程。这个过程需要总结管理经验，寻找发展机会，进行合理的分析、设想，提出并建立新的资源运用模式。

④管理创新有其特定的工作内容：包括提出一种新的发展思路，并加以有效实施；创设一个新的组织机构，并使之有效运转；提出一个新的管理方式、方法；设计一种新的管理模式；进行一项制度的创新。

二、管理创新的内容

管理创新的内容是指现代组织在管理方面可以创新或应该创新的领域，具体包括 5 个方面。

（一）管理理念的创新

理念又称为观念，是指人们对客观事物所形成的看法。理念一旦形成，对人们的行为就具有驱动、指向和制约作用。如同人们的行为一样，组织行为也是在一定理念的支配下产生的，都是受一定理念支配的结果。因此，不同的理念必然支配不同的行为，也自然会产生不同的结果。作为行为主体的组织，只有不断地更新理念，不断地产生适应时代发展的新思维、新观点，并落实在行动上，才能获得发展的机遇，否则，就会被市场淘汰。从这个意义上说，理念创新是组织成功的导向，是其他各项创新的前提。

现代的理念创新是由一系列新理念和新观点组成的，以企业组织为例，主要有以下几点：

①研究市场、以变应变的理念：在市场经济条件下，企业的生产经营必须以市场需要为导向，通过市场调研，使人们清楚地知道用户的需求和竞争对手的竞争策略在变化。因此，研究市场时要用开放、超前的眼光把握市场的变化，在满足市场需求和超越竞争品牌的原动力的驱

动下，快速、准确地制定出市场、技术及发展战略。树立瞄准市场、以变应变的理念，这种理念体现在3个方面：市场创新，引导需求的理念；服务创新，赢得顾客的理念；包装创新，以精取胜的理念。

②顾客第一、用户至上的理念：随着市场经济的发展和收入、文化生活水平的提高，消费者的需求日益朝着求便利、追时尚和多样化的方向发展，企业面临的市场竞争日趋激烈。谁拥有顾客，谁就拥有了生存的基础，“顾客是上帝”“顾客是衣食父母”的理念已日渐成为企业的座右铭。这种理念就要求企业以顾客至上为目标，千方百计地去满足顾客的各种不同需求，为顾客提供更新、更好、更多、更合适的产品和服务。

③可借鉴的、具有时代特色的创新理念：西方经济发达国家，尤其是美国的企业家和管理学家提出了具有鲜明特色的创新理念。如著名的经济学家詹姆斯·莫尔斯提出：“可持续竞争的唯一优势来自超过竞争对手的创新能力。”依靠这种创新精神，英特尔公司和微软公司始终掌握市场的主动权。被认为具有创新精神的3M公司提出的创新理论是“创新=新思想+能够带来改进或创新利润的行动”。未来学家阿尔文·托夫勒提出：“生存的第一定律是，没有什么比昨天的成功更加危险。”这种创新理念是说企业必须有一种强烈的忧患意识和时不我待的紧迫感和危机感，正如比尔·盖茨反复向员工强调的“微软离破产永远只有18个月”，意在使员工保持紧迫感。此外，还应该有以人为本、优胜劣汰、追求卓越、诚实可信、信息化管理和网络化经营等管理理念。

（二）组织结构的创新

美国著名的管理学家赫伯特·西蒙曾说过：“有效地开发社会资源的第一条件，就是有效的组织结构。”组织结构是组织的骨架，它规定了组织的诸多方面。任何一个现代组织都不应该把组织结构看作一个刚性的东西，而是把它看作一个柔性的、有学习能力的有机体。企业的组织结构是否科学、有效，直接影响企业能否进行高效的运转。结合我国企业的实际情况及国内外的先进理论，组织结构的创新应注意以下几个方面：

①注意培育企业组织结构创新的意识：这是建立和完善企业组织结构创新机制的前提。没有创新意识就不会形成组织结构创新的需求拉力，自然不会产生创新的动机，最终也就不可能形成创新的行为。

②注意组织结构创新的优化设计：组织结构的创新不是一种简单的活动，而是受多方面因素制约的系统优化设计活动。企业的组织结构是企业内部各个部门有序结合的状态或形式，是部门设置、职权划分和各部门在企业中的地位与作用及其相互关系的总体体现。例如部门划分，以产品生产过程的划分取代以职能的划分，以适应生产发展的需要；以横向协调代替纵向控制，给予一线人员更大的决策权。另外，组织结构设计还要解决信息资源的分布与传输效果，以及部门与成员的责权等问题，做到以现代信息技术的应用取代传统的人工信息处理方式。例如，企业组织结构扁平化为信息的快速传播提供了可能，从而使管理层次和管理人员减少。

③注意外部环境的变化：知识的重要性使学习变得更加重要，对企业员工的培训成为组织管理中的一个重要问题。信息化是组织结构创新面临的另一个变化。以信息技术为载体的信息革命越来越受到社会各个方面的重视。例如，网络技术的发展使人类步入了数字化时代，互联网已经成为人类生活中不可缺少的组成部分。可见，企业组织结构必须进行创新，才能适

应时代发展的要求。

目前,国外在激烈的市场竞争中出现了多种组织创新形式,主要有如下几种:

①学习型组织:是由美国麻省理工学院的彼得·圣吉教授等在知识化、信息化的时代背景下,充分吸收东西方管理文化的精髓,提出的以系统动力学为基础的一种崭新的企业管理模式。学习型组织强调面临剧烈变化的外部环境,组织要进行终身学习、全员学习、全过程学习和团体学习,基于组织的共同目标和价值观,通过学习提升能力,实现自我超越,搭建沟通平台,改善组织心态,鼓励改善创新,培育变革能力,提升职业再生能力、技术再创能力和核心竞争能力,培植组织的竞争优势。

②柔性化组织:在日趋激烈的市场竞争中,竞争优势已不仅来自成本和价格,还来自维持客户的满意度和忠诚度。为此,企业根据需要建立开发、生产、营销、售后服务、财务和法律等一体化的跨部门的横向组织。这些部门的专业人员相互协作,同步进行工作,既效率高又能迅速解决问题,并且能极大地发挥个人的创造力,从而保证企业快速、灵活地进行决策和管理,满足客户的要求,为企业带来持久的竞争力。这种柔性化组织是适应新的经济发展和市场竞争的新型组织,在国外已经得到了广泛应用。

③虚拟企业:这种企业通过信息网络技术与其他企业、学校、科研单位和政府部门紧密配合,能紧紧抓住机遇发挥自己的核心竞争优势;调用外界资源就如同调用自己的资源一样,对市场变化能迅速做出反应;能根据市场变化适时、不断地推出新产品,并且善于利用外界资源,降低自己的成本,把握信息的时效性,迅速将新产品推向市场。虚拟企业将管理的重点放在了对整个社会资源的整合和利用上,突破了企业自身的有形界限,因而比一般高新技术企业具有更强劲的竞争优势。虚拟企业常用的运作形式有虚拟生产、策略联盟、虚拟营销和虚拟后勤。

(三)管理方式方法的创新

管理方式方法是指在组织资源整合过程中使用的工具,直接涉及组织资源的有效配置。第二次世界大战后,许多管理学家和企业家把当时社会科学与自然科学中的最新科学成果引入企业管理,发展了许多被称为现代管理方法的学科分支,如线性规划、全面质量管理、统计分析、网络计划技术、库存管理、投资项目经济评价方法、决策技术和市场预测技术等。这些方法的产生对企业有效整合资源、提高效益起了相当大的作用。在现代管理方式中,具有代表性且影响较大的管理方式主要有以下几种:

①以人为中心的管理方式:在管理手段上,着眼于最充分地调动人的积极性和人力资源的优化配置;在目的上,追求人的全面发展以及由此而来的企业效益的最大化。以人为中心的管理方式的具体形式有人本管理、人性化管理和伦理化管理。

②以客户为中心的管理方式:随着科学技术的飞速发展和市场竞争的日趋激烈,人们越来越强烈地感觉到客户资源将是企业获胜的最重要的资源之一。因此,以客户为中心的管理方式,如客户关系管理、CS战略等便应运而生,并成为近年来理论界和实践界关注的热点。以客户为中心的管理方式已帮助许多企业获得了应有的回报,赢得了客户,赢得了时间,赢得了效率,赢得了市场,从而赢得了效益。

③以物流为中心的管理方式:该方式主要有物流管理和供应链管理。物流合理化已经成为企业获取利润的第三源泉,是企业扩大市场、降低成本、取得竞争优势的关键因素。供应链管理是指为了满足客户需求,在从原材料到最终产品的整个生产过程中,对物流、信息流、资

金流、价值流和工作流进行计划、组织、协调与控制，以寻求建立供、产、销企业，以及客户间的战略合作伙伴关系，最大限度地减少内耗与消费，实现供应链整体效率的最优化。供应链的出发点是“高度关注客户的实际需求”，其实质是使供应链联结点上的各相关企业充分发挥各自的核心能力，形成优势互补，从而更有效地实现最终的客户价值。

（四）管理模式的创新

管理模式是指基于整体的一整套相互联系的观念、制度和管理工作方式与方法的总称。随着科学技术的进步和社会经济的发展，现代组织伴随着管理创新的新思想和新方法，也创立了一系列管理新模式。

①集成管理：是指用于计划、管理、控制、评价和改善企业从市场研究、产品设计、财务管理状况、加工制作、质量控制、物流直到销售与用户服务等一系列活动的管理思想、方法和技术的总称。集成管理不仅包括企业的战略思想、管理理念、生产组织形式，以及相应的管理方法，还包括体现这些思想并对其进行支持、以计算机和信息技术为中心的技术方法。集成管理主要有 3 种类型：技术中心型、市场中心型和知识中心型。集成管理的运行机理是整体优化，减负、增正并举，协同互动和超前策划。

②企业再造：是在全面质量管理、准时化生产和无欠缺管理等优秀管理经验的基础上创新出来的一种旨在全面变革企业、提升企业整体竞争力的变革模式。企业再造的根本思想在于彻底摒弃大工业时代的企业模式，重新塑造与当今时代信息化、全球化相适应的企业模式。企业再造具有根本性、彻底性、显著性和作业流程等特征，其价值取向是以客户为中心，以员工为中心，以业绩为中心。

③知识管理：是知识经济时代的呼唤，是人类管理史上自泰勒科学管理以来的一次最伟大而深刻的革命，是信息化和知识化浪潮的产物。知识管理是指以知识为核心，对企业知识资源进行的全方位的管理。它通过对知识的“获取→处理→传递→应用”这一完整过程进行引导和约束，促进知识的生产流动，使知识在企业中实现增值，从而达到提高企业核心竞争力的目的，并最终造就企业竞争的持续优势。

④网络管理：网络造就了一个全新的管理世界，引发了管理主体和客体、管理时间和空间、管理内容和形式、管理方法和手段、管理理念和文化、管理目标和使命等一系列的重大变革，促进企业的发展从更多地依靠实物形态向依靠高技术、观念创新和无形资产方面转变。这种转变将应用于企业经营的核心环节，给企业业务流程、管理模式和组织结构的重构，乃至整体的发展带来新的机会。

⑤危机与风险管理：危机与风险是不可避免的客观存在。在经济全球化、需求个性化、知识资本化和竞争国际化的条件下，企业面临的内外部环境变化更加复杂，面临的危机也更加多样。因此，迫切要求组织加强危机管理意识，提高危机管理能力，努力消除内外部环境变化带来的不利影响，防患于未然。危机管理的重点在于危机预防、危机处理和危机恢复3个方面，而风险管理是对管理过程中存在的各种危机的识别、评估和防范等一系列管理过程及活动。

⑥柔性管理：是指对企业内外部环境因素的变化具有应对能力的管理，其重点在于强调柔性，包括生产的柔性和组织的柔性。这种柔性反映了企业能够快速适应日趋多元、快速变化、无法预测的市场竞争体系的能力。柔性管理的主要特点就是实行小批量、多品种的生产经营，对顾客的需求迅速做出反应，并利用计算机技术调整生产经营（服务）流程，降低成本。在

生产销售企业中的定制化就是柔性管理的成功模式。

⑦精益化管理:是在广泛调研和分析对比的基础上,针对大量生产型管理模式存在的问题而提出来的。采用精益化管理就是要解决这些问题,即在资源的配置上,彻底消除无效劳动和浪费。精益的“精”就是少而精,即不投入多余的生产要素;“益”就是所有经营活动都要有效、有益,即具有经济性。这种模式是美国的研究人员通过大量的实地考察和研究,在对西方大量的生产方式与日本丰田的生产方式进行分析的基础上,于20世纪90年代提出的。

(五)管理制度的创新

管理制度主要是指企业内部的管理制度,如企业的人事制度、工资制度、财务制度、生产管理制度、领导制度,以及厂纪厂规等。管理制度的创新主要涉及上述各类管理制度的创新、管理制度的效用评价、管理制度的制定方式以及系统化管理制度的创新等内容。对传统的管理制度进行创新主要包括以下10个方面:

①重组企业结构,调整组织框架:要根据市场需要,参照国际惯例,着眼发展,重新调整企业结构。在结构设置上,既要解决和克服企业规模扩大、经营范围增加造成的旧体制集权管理无法适应的问题,又要适度放权,保证企业运行的集中控制与协调,实现企业的统一目标和任务。

②面向市场决策,提高决策质量:一个企业是否能在市场经济条件下发展与壮大,完全取决于决策的正确与否。修订后的企业管理制度要适应市场经济的需要,在从现代企业体制上确定产权明确、职责分清的同时,在管理制度上建立科学、民主的决策体系,以强化决策管理,提高管理质量。

③突出财务管理,注重效益核算:要改变把财务管理放到次要地位,将其作为一种纯粹的核算工具的传统观念,真正使财务管理成为企业管理的中心。在市场经济条件下,要准确分析企业在市场中的生存状况,就要通过财务活动来考核企业的财务状况、资产负债率的高低和资金利润率的高低等,从而确定企业效益并提出企业管理的改进方案。

④引进竞争机制,完善分配制度:建立员工的竞争体制,营造竞争环境,帮助员工树立自主自强、顽强拼搏、竞争进取的精神状态和思想观念。要改进分配方式,将多劳多得与竞争有机地结合起来,运用分配制度激励员工,通过利益分配调动员工,用竞争的办法来调节收益分配制度,从而调动员工的积极性。

⑤重视人的因素,严格人员控制:建立现代企业管理制度,必须重视人的因素,强调怎样把企业文化、企业精神、思想政治工作和表彰先进等一系列工作抓好,把各个层次人的积极性调动起来。同时,以做好人的工作为根本,使全体员工明确自己的岗位、责权和工作的意义等,从而能主动、积极、创造性地完成自己的任务。

⑥注重人力资源,开发综合智力:市场经济条件下的员工培养,应从开发综合智力着手,重点提高员工在各方面的能力和综合素质,把学好一门知识、掌握一门技能放在次要位置。

⑦转变管理思想,调整人际关系:要改造管理者传统的以职务和权力管人的体制,将管理者职能由原来的指挥、监督转变为指导和教练,使员工逐步树立以市场为中心、让顾客满意的新思想,抛弃以领导为中心、让老板满意的雇佣劳动观念。

⑧加强经营管理,优化经营策略:要明确经营活动在企业中占有的显著位置,注意经营策略的研究和销售队伍的培养,运用“企业第一线在市场”的观点,建立了解市场、研究市场、预测市场,以市场信息为导向占领市场的体系,保证把一定的骨干力量放在经营环节,放在企业

与市场的衔接上，通过优化的经营策略占领市场。

⑨倡导企业文化，塑造企业形象：创造具有活力的企业文化是改革企业管理制度的主要内容。企业文化的建立必须在企业各个方面起到良好的建设作用，使企业展现崭新的精神面貌，树立良好的企业形象。

⑩加强基础工作，严格管理措施：扎实的基础工作是建立现代企业管理制度的立足点。现代管理制度要求基础工作为现代化管理提供资料依据、共同准则、基本手段和前提条件。可以说，推动企业管理制度的现代化，要靠企业扎实的基础工作，而有了较好的制度，就必须制订措施，严格管理。

任务四　技术创新

管理专栏

比亚迪的企业技术创新

2023年，比亚迪新能源汽车全球销量达到302万台，获得了中国市场品牌销量冠军、中国市场车企销量冠军，以及全球新能源汽车市场销量冠军。2024年，比亚迪的技术创新和产品实力得到了广泛认可，品牌影响力不断提升。在北欧企业家参访团“中国科技之旅”活动中，比亚迪向海外企业家展示了中国汽车企业的技术实力和创新能力。

①刀片电池技术：具有高安全性、长续航里程和低成本等优势，其独特的结构设计，使电池在针刺等极端测试条件下也能保持稳定，极大地提高了电动汽车的安全性。并且通过优化电池包的空间利用率，在有限的空间内能够容纳更多的电池单体，从而增加了车辆的续航里程，为新能源汽车的广泛应用提供了有力的技术支持。

②超级混动DM-i技术：将燃油发动机和电动机的优势进行了高效融合，实现了低油耗、强动力的出色表现。在城市拥堵路况下，车辆可以依靠电动机驱动，降低了燃油消耗；在高速行驶或需要较大动力输出时，燃油发动机和电动机协同工作，提供强劲的动力，解决了传统燃油车油耗高和纯电动汽车续航里程焦虑的问题。

③易四方技术平台：是一种全新的车辆动力和控制技术平台，能够实现车辆的四轮独立驱动、精准控制和快速响应。例如，当车辆在高速行驶中爆胎时，该技术可以通过对每个车轮的精确控制，保持车辆的稳定行驶，避免发生危险，极大地提升了车辆的操控性和安全性。

④云辇智能车身控制系统：可以根据不同的路况和驾驶场景，自动调整车身的高度、刚度和阻尼等参数，为驾乘人员提供更加舒适的驾乘体验。例如，在通过颠簸路段时，系统可以自动升高车身，增加底盘高度，提高车辆的通过性；在高速行驶时，系统可以降低车身高度，降低风阻，提高车辆的稳定性。

⑤全产业链技术布局：比亚迪不仅在电池、动力系统等核心技术领域取得了突破，还在整车制造、电子控制和车载芯片等方面进行了深入的技术研发和产业布局，打通了

整个新能源汽车的供应链，实现了从零部件到整车的一体化生产和研发，有效降低了生产成本，提高了产品质量和生产效率。

比亚迪通过持续的技术创新，成为中国新能源汽车行业的领军企业，为中国汽车产业的发展和全球新能源汽车技术的进步做出了重要贡献，是中国企业技术创新的典型代表和值得骄傲的品牌。

知识准备

一、技术创新的概念

技术创新是指从新产品或新工艺设想的产生到实现其商业价值的完整过程。技术创新以获取商业利益为目标，是包括科技、组织、商业和金融等一系列活动的综合过程。理解这一概念需要注意以下几点。

1. 技术创新与发明创造不同

发明创造是科技行为，而技术创新则是经济行为。约瑟夫·熊彼特的重大功绩之一，是把发明创造（包括通常理解的科技成果）与技术创新相区别。他认为，发明创造只是一种新概念、新设想，或者至多是试验品的产生，哪怕是为人类的知识宝库做出了巨大贡献的伟大发明也不例外；而技术创新则是把发明或其他科技成果引入生产体系，利用那些原理制造出市场需要的商品，从而使生产系统产生震荡效应。这种科技成果商业化和产业化的过程，才是技术创新。

2. 技术创新始于研究开发而终于市场

实现任何技术创新都是从研究开发开始，没有研究开发就谈不上技术创新。即使通过技术引进，但技术上的新意不大，要把它们变成本企业自己能实现的商品，也需要做研究开发工作。至于一些重大的技术创新，则更需要研究开发工作来支持。研究开发是系统的创造性工作，原型设计和试验则是研究开发工作的重要阶段。其中，原型包括新产品或新工艺全部特征和性能的初始模型，而原型验收则意味着研究开发阶段的终结和创新过程下一阶段的开始。技术创新最终以市场实现而告终，它将通过营销环节来实现自身的价值。营销环节的创新自然也包含在技术创新过程之中，它对开辟新市场和实现技术创新的价值有着重要的作用。

3. 创新扩散是技术创新经济效益的根本来源

从历史角度看，技术创新一经出现，就会在社会上产生巨大的示范作用，那些未获得超常规利润的企业，便会纷纷渴望分享技术创新的利润，从而形成巨大的模仿高潮。模仿能实现的原因有2个：①任何技术，包括复杂的技术，总是可以被学习的。模仿者可以通过反求工程去模仿创新者的产品，也可以通过合法购买创新者的专利技术或专有技术来进行模仿。②模仿同创新相比，具有省力气、投资少、风险小和进入快等优点。因此，可以说，世界上没有一种产品是不被别人模仿的，同时也没有一个企业（包括研究开发实力极其雄厚的企业）不模仿别人的产品。众多的模仿能使创新成果获得大面积的扩散，这种扩散最终会影响一个国家的经济发展。当然，由技术创新扩散引起的投资高潮也会导致过度发展，即投资过剩，进而出现经济停滞，而要使经济再发展，就必须开展新一轮的技术创新。也就是说，只有不断地推进技术创新及其扩散，经济才能持续不断地发展。

二、技术创新的内容

现代企业的一个主要特点是，在生产过程中广泛运用先进的科学技术。企业的技术创新主要表现在要素创新、要素组合方法的创新和产品创新3个方面。

(一)要素创新

企业的生产过程是一定的劳动者利用一定的劳动手段作用于劳动对象，使之改变物理、化学性质等的过程。参与这个过程的要素的创新包括材料创新、设备创新和人事创新3类。

1. 材料创新

材料是构成产品的物质基础，材料费用在产品成本中占很大的比例，材料的性能在很大程度上影响产品的质量。

材料创新的内容包括开辟新的材料来源，以保证企业扩大再生产的需要；开发和利用量大价廉的普通材料(或寻找普通材料的新用途)，替代量少价昂的稀缺材料，以降低产品的生产成本；改造材料的质量和性能，以保证和促进产品质量的提高。现代材料科学的迅速发展，为企业的材料创新提供了广阔的前景。

管理专栏

低碳生活

人类自工业革命以来，在短短的200多年间，生产能力得到迅速提高。对于自然界通过几十亿年所形成的陆地化石资源，人类有能力在数百年内开发并消耗殆尽。这种爆炸式的开发与能源使用，释放出巨量温室气体，使人类面临严重的环境和气候危机。

2009年12月7日至18日，近200个国家和地区的代表在丹麦首都哥本哈根聚会，商讨《京都议定书》第一承诺期结束后，全球应对气候变化的道路。与以往不同，这次会议处在异常严峻的大环境中：太平洋地区数十个岛国面临消失，马尔代夫将不得不花费巨资在国外买地进行整体搬迁……如果控制温室气体排放不能走在正确的道路上，地球和人类的未来将不堪设想。

低碳生活是指生活作息时所耗用的能量要减少，从而降低碳排放，特别是二氧化碳的排放。低碳生活对于我们普通人来说，是一种态度，而不是能力。我们应该积极提倡并去实践低碳生活，注意节电、节油、节气，从点滴做起。在中国，年人均二氧化碳排放量2.7吨，但一个城市白领即便只有40平方米的居住面积，开1.6升排量的汽车上下班，一年乘飞机12次，碳排放量也会在2 611吨。节能减排势在必行。

伴随着科技的进步和低碳理念的推行，一些企业潜心研究低碳环保汽车等生产和生活用品，为保护地球和人类的可持续发展做出了贡献。对于普通公民，建议从以下几方面来着手践行低碳生活：拒绝塑料袋，巧用废旧品，远离一次性用品，提倡水循环，出行少开车，用电节约化，办公无纸化和争做志愿者等。

2. 设备创新

现代企业在生产过程中广泛地利用了机器和机器设备体系，对劳动对象的加工往往由机器设备直接完成，设备是现代企业进行生产的物质技术基础。马克思曾经说过："各种经济时代的区别，不在于生产什么，而在于怎样生产，用什么劳动资料生产。"设备的技术状况是企业生产力水平具有决定性意义的标志。因此，不断进行设备的创新，对于改善企业产品的质量，减少原材料、能源的消耗，节省活劳动都有着十分重要的意义。

设备创新的内容主要包括通过利用新的设备，减少手工劳动的比例，以提高企业生产过程的机械化和自动化程度；通过将先进的科学技术成果用于改造和革新原有设备，延长原有设备的技术寿命，提高其效能；有计划地进行设备更新，以更先进、更经济的新设备来取代陈旧、过时的老设备，使企业建立在先进的物质技术的基础上。

3. 人事创新

任何生产手段都需要依靠人来操作和利用。企业在增加新设备、使用新材料的同时，还需要提高人的素质，使之与技术进步后的先进生产管理相匹配。

企业人事创新的内容包括根据企业发展和技术进步的要求，不断地从外部取得合格的、新的人力资源；注重企业内部现有人力的继续教育，用新技术新知识去培训、改造和发展他们，使他们适应技术进步的要求。

(二) 要素组合方法的创新

利用一定的方式将不同的生产要素加以组合，是形成产品的先决条件。要素组合方法的创新包括生产工艺创新和生产过程的时空组织创新 2 个方面。

1. 生产工艺创新

生产工艺是指劳动者利用劳动手段加工劳动对象的方法，包括工艺过程、工艺配方和工艺参数等内容。工艺创新既要根据新设备的要求，改变原材料、半成品的加工方法，又要在不改变现有设备的前提下，不断研究和改进操作技术和生产方法，以使现有设备得到更充分的利用，现有材料得到更合理的加工。当前工艺创新的主要方向是数字技术的应用、精密化和绿色化。工艺创新与设备创新是相互促进的，设备的更新要求工艺方法做出相应的调整，而工艺方法的不断完善又必然促进设备的改造和更新。

2. 生产过程的时空组织创新

生产过程的时空组织包括设备、工艺装备、在制品以及劳动在空间上的布置和时间上的组合。空间布置不仅影响设备、工艺装备和空间的利用效率，还影响人机配合，从而直接影响工人的劳动生产率；各生产要素在时间上的组合，不仅影响在制品、设备和工艺装备的占用数量，从而影响生产成本，而且还影响产品的生产周期。

(三) 产品创新

生产过程中各种要素组合的结果是形成企业向社会贡献的产品。企业是通过生产和提供产品来求得社会认可、证明其存在价值的，也是通过销售产品来补偿生产消耗、取得盈余，实现其社会存在价值的。产品是企业的生命，企业只有不断地创新产品，才能更好地生存和发展。产品创新主要包括品种创新和产品结构创新。

1. 品种创新

品种创新要求企业根据市场需要的变化和消费者偏好的转移,及时地调整企业的生产方向和生产结构,不断开发出受消费者欢迎、适销对路的产品。

2. 产品结构创新

产品结构创新在于不改变原有品种的基本性能,对现在生产的各种产品进行改进和改造,找出更加合理的产品结构,使其生产成本更低,性能更完善,使用更安全,从而更具市场竞争力。

产品创新是企业技术创新的核心内容,它既受制于技术创新的其他方面,又影响其他技术创新效果的发挥。新产品、产品的新结构往往要求企业利用新设备和新工艺,而新设备、新工艺的运用又为产品的创新提供了更优越的物质条件。

三、技术创新战略的选择

企业技术创新战略是企业进行技术创新经济活动的总体谋划,决定和统率企业创新的具体行为。企业能否正确选择并贯彻实施良好的创新战略,是其能否顺利推进技术创新、赢得创新利益的先决条件。在当代激烈的市场竞争中,不创新的企业必将走向衰亡,但创新战略选择失误所导致的不良创新反过来可能会加速企业衰亡的进程。

(一)首创型技术创新战略

首创型技术创新是指力求领先于他人获得新技术,或领先于其他企业将新技术实现商业化的技术创新战略,例如率先研制成功或应用某种新技术,率先推出新产品,率先开辟新的市场销售渠道,率先采用新的广告媒介等。

1. 实行首创型技术创新战略的优势

①进行首创型技术创新,可以开辟新的市场领域,提高企业的市场竞争实力,获取高额垄断利润,赢得长期的竞争优势,甚至成为市场领先者。可口可乐问世以来,许多市场竞争对手试图求其配方,破译其生产工艺,结果无一成功,而众多的市场仿创者也一直未能从根本上动摇可口可乐在世界饮料市场上的绝对领先地位。

②首创者容易获得独特的市场信誉,使自己与消费者比较容易建立起良好的关系。

③首创者具有市场优势地位,首创者率先建立起来的较为完善的销售网络使后继者的市场进入成本增加。另外,消费者对首创者的产品可产生某种依赖性,若消费者转向其他产品的消费,会增加他学习的交易费用。同时,首创者通过制定技术标准使随后进入市场的企业在制造同类产品时,须对首创者的技术标准进行认同,从而增加其市场进入成本。

2. 实行首创型技术创新战略的劣势

①首创者的开发成本较高,而这反过来又能减少模仿者的市场进入成本。要进行首创型技术创新,就必须投入相应的技术开发成本。或者组织自己的研发队伍进行自主创新研究,或者购买专利技术,这都需要相当高的成本。将首创型技术应用于产品生产中,新产品在市场导入初期要投入较大的市场开发成本,而市场开发目标能否实现,则存在很大的不确定性。作为首创者,在市场开发初期和市场导入期,往往是孤军作战,独立投资进行基础研究、技术开发、产品推广、消费教育和用户培训等市场开发活动,而这类市场开发投资效果具有较大的外溢性,不能为首创者所独占,其中相当的部分被后来的市场模仿者无偿分享。显然,这种“有福

共享,有难不同当"的现象,使首创者处于一种极为不利的被动地位。

②首创者需花费大量时间去开拓市场,由于新市场本身存在诸多方面的不确定性,在其导入和成长初期常常会出现一定的市场沉默期和反复期。例如,美国3M公司推出的"报事贴"便笺纸在投放市场初期备受冷落,直到10多年后才变为热门畅销产品。这种新市场开发的时滞性,也会给首创者带来一定的风险,使其不能及时获得预期的投资回报,甚至有可能被后来的追随者趁机赶超而使首创者失去其市场领先地位。

3. 实行首创型技术创新战略应注意的问题

首创型技术创新是一种高投入、高风险和高利润的创新活动,也是创新度最高的一种创新,其主要特征在于技术的首创性。在采用首创型技术创新战略时,创新者应根据自己的创新能力、创新资源等实际情况,认真进行市场调查、预测和评估研究,充分考虑各种相关技术创新条件的影响,选择适当的创新时机和方式,及时进行技术创新。

(二)改创型技术创新战略

改创型技术创新是一种具有中等创新程度的创新活动。改创者不必率先创造全新的市场,而只需对首创者所创造的全新产品进行改良或改造。我国青岛的海尔集团就是改创者的典范。海尔集团在传统冰箱的基础上进行改进,创新出了可拆分的海尔双王子冰箱、适合现代家庭核心化趋势的海尔小王子冰箱,受到了市场的广泛欢迎。

1. 实行改创型技术创新战略的优势

①改创者可以有效地减少或避免首创者所面临的各种创新风险。作为首创者的追随者,改创者可以冷静观察首创者的创新活动及其进展,充分吸收先行者的各种经验教训,从而大大降低创新活动中所存在的诸多方面的不确定性。

②改创者可以有效地利用各种创新资源,降低创新成本,分享首创者的创新投资收益。

③改创者可以扬长避短,有针对性地对现有的首创市场进行改创,增强其市场适应性,从而赢得较大的市场竞争优势。

④改创者可以在有利时机快速进入新市场,充分享受市场高速成长阶段的市场收益,促进企业健康、稳定和持续的发展。

2. 实行改创型技术创新战略的劣势

①技术改创毕竟也是一种创新,要创新就会面临相应的风险。改创者在一定程度上进行着另一阶段的首创。如果先行者首创的技术比较完善和成熟,则后来的竞争对手就难以对其进行改创,或者这种改创已是另外一种技术创新。这就需要重新进行市场开发和市场培育,同样面临着各种市场风险。

②技术改创也需要付出相当大的创新成本。一般说来,技术创新投资呈"金字塔"形不断扩大的趋势,随着新技术的逐步开发和市场的成长,所需投入的技术开发和市场成本也不断增加。如果改创者较早进入新市场,则要冒较大的创新风险;如果改创者较迟进入新市场,则需付出较大的市场开发成本。

③改创者将面临更加激烈的市场竞争局面。在一个尚未开发成熟的新市场上,首创者几乎没有同类竞争对手。首创者率先进入新市场,容易在消费者心中留下良好的创新形象,产生名牌效应,并占领较大的市场份额。当后来的改创者进入市场时,一开始就面临着强有力的市场首创者及一大群追随其后的其他市场竞争对手。

3. 实行改创型技术创新战略应注意的问题

改创型技术创新是创新程度处于中等水平的一种技术创新,其主要特征在于改创性。这种改创型的技术创新者不必承担太大的风险,而且可以获取较大的利润,却难以获得市场领先地位。一般来说,技术首创者往往也是市场领先者,大多数市场领先者能长期保持市场竞争优势,而大多数改创者则只能取得市场挑战者、市场追随者的地位,不能取得永久性的市场竞争优势。另外,如果改创者的快速反应战略获得成功,就会引来大批仿创者,将会造成更加激烈的市场竞争局面。

(三)仿创型技术创新战略

仿创型技术创新是指通过逆向工程或反求工程等手段,学习、模仿领先者的创新思路和创新行为,总结领先者成功的经验,吸取领先者失败的教训;引进、购买或破译领先者的核心技术和技术秘密,并在此基础上改进、完善,进一步开发。

1. 实行仿创型技术创新战略的优势

①仿创型技术创新同改创型技术创新一样,可以回避技术风险和市场风险,降低成本。仿创者不做开拓探索者,而是做有价值的新技术的积极追随者。首创者必须独自承担技术探索的风险,承担探索失败的损失,而仿创者却可冷静地观察首创者的创新行为,向多个技术先驱学习,选择成功的创新技术进行模仿、改进。

②在生产方面,仿创者相对于首创者而言,可以购置到性能更趋于稳定、价格更低的设备,也能够一开始便享受配套材料产业规模经济的效率。

③在市场方面,首先,新市场的开辟具有很高的风险,在首创者推出的诸多产品中,虽不乏市场期盼已久、一上市就能引起轰动的产品,但大部分产品都必须经历一个被用户逐步认识、逐步战胜替代品的过程。这个或长或短的沉默期往往会使首创者陷入困境。模仿产品由于进入市场晚,特别是可以观望市场的发展和演变,选择适当的时间进入市场,因而可以有效回避市场的沉默期所导致的损失。其次,从市场投入方面看,首创者要投入大量人力、物力进行新产品市场的广告宣传,这种投入一方面是必不可少的,另一方面又存在很强的外溢效应。因为广告宣传中有相当一部分的宣传必须是对消费者消费观念的引导和对消费知识的普及宣传,很显然这种宣传的受益者绝非首创者自身。模仿产品由于进入市场晚,可以充分享受首创者新市场开拓的溢出利益,节约大量的公益性资金投入,而集中于自己品牌的宣传,这对仿创者新产品的成功是非常有利的。

2. 实行仿创型技术创新战略的劣势

①在技术方面,有时只能被动适应,在技术积累方面难以进行长远的规划。

②在市场方面,被动跟随和市场定位经常性变换也不利于营销渠道的巩固和发展。此外,仿创型技术创新战略有时会受进入壁垒的制约而影响其实施的效果,如核心技术信息被封锁,反求困难,仿创难以进行;首创者先期建立的完备的营销网络难以突破等。

3. 实行仿创型技术创新战略需要注意的问题

①仿创仍要求企业有一定的研究开发投入。仿创并不是单纯的模仿,而是一种渐进性创新行为。仿创并不是照搬照抄先行者的技术,它同样需要投入足够的研究开发力量,从事其特有的研究开发活动。因为没有一定的研究开发投入,不可能去真正掌握这些先进技术。另外,产品的区域性特征客观上要求创新技术的本地化,模仿企业需要对产品做出适合本地环境或

消费习惯的再创新或二次创新。

②瞄准尚未市场化的创新科研成果，提高模仿起点。当5G技术相关的科研成果在学术界崭露头角，但尚未被大规模市场化应用时，华为敏锐地捕捉到其潜力。公司投入大量人力、物力深入研究这些成果，如在5G核心的编码技术、天线技术等方面，华为的科研团队以这些前沿成果为基础，不断进行模仿、优化与创新。他们将基础科研中的理论算法转化为实际可行的通信设备解决方案，提高了设备的传输速率，降低了延迟。凭借高起点的模仿创新，华为在全球5G市场竞争中迅速崛起，其5G基站设备、终端芯片等产品技术领先，获得众多国际订单，成为全球通信技术领域的佼佼者，推动了全球5G技术的商业化进程。

③仿创更强调在模仿基础上的创新。仿创最敏感的问题是可能出现知识产权纠纷。一些实际存在的非法侵权性仿创虽为数不多，但的确造成了很坏的影响。来自方方面面的否定、谴责在一定程度上损坏了仿创的形象，从而干扰人们对仿创进行全面、深入的研究和认识。

技能训练

根除创新"终结者"用语

1. 技能培养目标

培养学生的创新思维。

2. 管理情境设计

①阐明创新"终结者"用语存在于很多企业或组织的文化中，这些用语严重地抑制了创新思维。

②要求学生在一张空白纸上尽可能多地列出他们所能想到的类似用语（时间4~6分钟）。可以给学生一些提示，如：

这不行！

我们去年已经试过了！

这不是我们做事的一贯主张！

我们对此毫无准备！

它不实际！

高层管理者永远不会喜欢它！

这些想法一文不值！

③每个人都要列出平时常用或常听到的类似用语。邀请1~2个人来读一读他们拿到的纸张上写的部分内容，再让所有的人一起大声、快速地朗读他们手中的内容来制造混乱。

④告诉学生这些用语是抑制创新的绊脚石，现在我们要做一件事，那就是将纸张统统扔掉。把废纸篓放在教室的中间，让大家把纸揉成一团并把它们扔进废纸篓。

⑤要求大家以小组的形式集思广益，想出一些激励创新的短语，即促使和激励新观念产生的用语（时间1~15分钟）。以下是给学生的一些提示：

干得漂亮！

告诉我你是怎么成功的！

你还需要些什么才能继续？

我们还能在哪些方面使用它？

你做决定。

加油干！

⑥总结与评估：拙劣的谈吐内容和蹩脚的谈话方式可以轻而易举地扼杀员工的创新积极性。因此，为了营造一个乐于创新的文化氛围，必须善于使用那些能激励创新精神的话语，杜绝使用扼杀创新的用语，使创新之花茁壮成长。

3. 实训要求

①形式：集体参与；

②时间：25~35 分钟；

③要求学生进入设计情境；

④整个实训过程严格按照教师要求的流程进行。

参考文献

[1] 芮明杰．管理学[M]．4版．北京：高等教育出版社，2021.
[2] 薛国安．薛将军精解《孙子兵法》[M]．北京：中信出版社，2019.
[3] 周三多．管理学[M]．5版．北京：高等教育出版社，2018.
[4] 雅瑟．左手哈佛校训右手西点军规[M]．武汉：华中科技大学出版社，2010.
[5] 陈龙海，韩廷卫．企业管理培训故事全书[M]．深圳：海天出版社，2007.
[6] 王晓丽，李群，张楠．管理学原理与实务[M]．北京：北京理工大学出版社，2016.
[7] 王柏林．管理学[M]．2版．西安：西北大学出版社，2011.
[8] 欧少华，徐亚纯，王超，等．企业文化理论与实务[M]．合肥：合肥工业大学出版社，2011.
[9] 芮明杰．管理学：现代的观点[M]．4版．上海：格致出版社，2021.
[10] 程厦千．管理心理学(修订本)[M]．北京：中国商业出版社，1999.
[11] 张一纯，王蕴，陈葵晞．组织行为学[M]．3版．北京：清华大学出版社，2014.
[12] 单凤儒．管理学基础实训教程[M]．7版．北京：高等教育出版社，2021.
[13] 刘秋华．管理学[M]．3版．北京：高等教育出版社，2015.
[14] 孙晓琳，吴玺玫．管理学[M]．北京：科学出版社，2006.
[15] 陈琳，龚秀敏．管理原理与实践[M]．2版．北京：北京航空航天大学出版社，2018.
[16] 王凤彬，李东．管理学[M]．6版．北京：中国人民大学出版社，2021.
[17] 朱晓杰．一生必知de 101个管理寓言[M]．北京：中国商业出版社，2004.
[18] 蒋永忠，张颖．管理学基础[M]．大连：东北财经大学出版社，2017.
[19] 路宏达．管理学基础[M]．5版．北京：高等教育出版社，2023.
[20] 单凤儒．企业管理——基于"互联网+"的创新与实践[M]．4版．北京：高等教育出版社，2020.